Organisation und Führung

Waxmann Verlag GmbH
Steinfurter Straße 555, 48159 Münster
info@waxmann.com

Studienreihe Bildungs- und Wissenschaftsmanagement

Herausgegeben von
Anke Hanft

Band 3

Die Studienreihe ist hervorgegangen aus dem berufsbegleitenden internetgestützten Master-studiengang Bildungsmanagement (MBA) an der Carl-von-Ossietzky-Universität Oldenburg.
www.mba.uni-oldenburg.de

Stephan Laske,
Claudia Meister-Scheytt,
Wendelin Küpers

Organisation und Führung

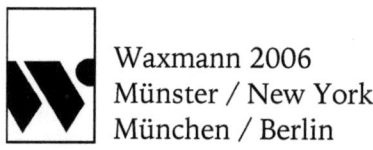

Waxmann 2006
Münster / New York
München / Berlin

Bibliografische Information Der Deutschen Bibliothek
Die Deutsche Bibliothek verzeichnet diese Publikation in der
Deutschen Nationalbibliografie; detaillierte bibliografische
Daten sind im Internet über http://dnb.ddb.de abrufbar.

ISSN 1861-3284
ISBN 978-3-8309-1595-9

© Waxmann Verlag GmbH, 2006
Postfach 8603, D-48046 Münster

www.waxmann.com
info@waxmann.com

Umschlaggestaltung: Pleßmann Kommunikationsdesign, Ascheberg
Satz: Stoddart Satz- und Layoutservice, Münster
Gedruckt auf alterungsbeständigem Papier,
säurefrei gemäß ISO 9706

Inhalt

Vorwort 7

Einführung 10

1   Organisation 13

1.1   Was sind Organisationen? 13
1.2   Der instrumentelle (oder: funktionale) Organisationsbegriff 13
1.3   Der institutionelle Organisationsbegriff 15
1.4   Der prozessuale Organisationsbegriff 15
1.5   Grundelemente der Organisation/des Organisierens 16

2   Organisations- und führungstheoretische Zugänge 24

2.1   „Klassische" Managementlehre: Der Taylorismus oder
       „Die wissenschaftliche Betriebsführung" 24
2.2   Die Human-Relations-Bewegung 26
2.3   Das Weber'sche Bürokratiemodell 27
2.4   Die verhaltenswissenschaftliche Entscheidungstheorie 28
2.5   Der situative Ansatz 31
2.6   Neoinstitutionalistische Organisationstheorie 34
2.7   Organisation als Spiel und Mikropolitik 37

3   Organisationsgestaltung 41

3.1   Grundtatbestände der Organisationsgestaltung 41
3.2   Stellen und Instanzen 42
3.3   Stellenbildung 46
3.4   Organisationsformen 48
3.5   Funktionale Organisation 49
3.6   Diversifikation und divisionale Organisation 50

4   Motivation und Integration von Individuum und Organisation 54

4.1   Die Anreiz-Beitragstheorie als klassischer Integrationsversuch 54
4.2   Integration menschlicher Bedürfnisse und der Motivation in
       die Organisation 57
4.2.1 Begriffsklärung: Identifikation; Motiv, Motivation, Motivierung 57
4.2.2 Maslows Bedürfnisansatz als Beispiel einer inhaltsorientierten
       Motivationstheorie 60
4.2.3 Menschenbilder der Theorie X und Y sowie Perspektiven einer
       reifen Organisation 63
4.2.4 Neuere motivationsorientierte Organisationsmodelle 73

4.3   Ein Integrationsmodell zur Verknüpfung von Individuum
        und Organisation.. 77
4.3.1   Grundstruktur und -dimensionen des Modells 78
4.3.2   Inhalte und Bestimmungen der einzelnen Sphären............................ 82
4.3.3   Gestaltungsmöglichkeiten in den einzelnen Sphären........................ 90
4.3.4   Zusammenhang der vier Sphären... 99

5   Bildungsorganisationen als Expertenorganisationen......................... 104

5.1   Merkmale der Expertenorganisation 104
5.2   Koordination und Kontrolle in Expertenorganisationen 109
5.3   Die Gestaltung von Expertenorganisationen.................................... 110
5.4   Bildungsorganisationen 111
5.4.1   Besonderheiten von Bildungsorganisationen 111
5.4.2   Logik von Bildungsorganisationen 112
5.4.3   Zielvorstellungen von Bildungsorganisationen 113
5.4.4   Wissen als Ziel und Gegenstand von Bildungsorganisationen......... 114

6   Integrale Führung in Bildungsorganisationen 118

6.1   Einführung.. 118
6.2   Besonderheiten der Führung von Bildungsorganisationen............... 120
6.2.1   Lose Kopplung und Widersprüchlichkeiten in der Führung 120
6.2.2   Führung in Bildungsorganisationen zwischen symbolischer
        und materieller Ebene 122
6.2.3   Führung als symbolisches Handeln in verschiedenen Logiken 124
6.3   Führungsstile in Bildungseinrichtungen 126
6.3.1   Autoritär-patriarchalische Führung.. 127
6.3.2   Konsultative Führungskonzepte... 128
6.3.3   Kooperative Führung.. 130
6.3.4   Delegative Führung 133
6.4   Integrale Führung in Bildungseinrichtungen.................................... 142
6.4.1   Intra-subjektive Selbstführung und -entwicklung (Sphäre I) 143
6.4.2   Objektiviertes Führungshandeln (Sphäre II).................................... 144
6.4.3   Führung in soziokulturellen Lebenswelten (Sphäre III)................... 145
6.4.4   Strukturell-systemische Führungssysteme (Sphäre IV) 147
6.4.5   Interdependenzen der Bereiche integraler Führung 148

7   Stichwortverzeichnis.. 152

8   Glossar.. 154

9   Literaturverzeichnis.. 162

Vorwort

Warum gibt es, so kann man fragen, im deutschsprachigen Raum eine wachsende Anzahl von Veröffentlichungen zum Management von Bildungs- und Wissenschaftseinrichtungen, aber kaum eine zur Führung dieser Institutionen? Wie ist es zu erklären, dass Führung in der Managementliteratur zu den beliebtesten Themen zählt, dabei die Führung von Bildungs- und Wissenschaftseinrichtungen aber weitgehend ausgespart bleibt? Bietet das Thema Führung in Bildungseinrichtungen so wenig Anreize für eine wissenschaftliche Bearbeitung?

Wohl kaum, denn im anglo-amerikanischen Raum wird man, was das Thema anbelangt, durchaus fündig. Zwar überwiegen biographisch gefärbte Publikationen, aber eine Reihe namhafter Organisationssoziologen haben sich immer wieder mit der Führungsthematik befasst. Die Vernachlässigung des Themas im deutschsprachigen Raum erscheint aus mehreren Gründen prekär:

- Führungskräften in Bildungs- und Wissenschaftseinrichtungen wird immer mehr Verantwortung übertragen. Die gewachsene Autonomie gegenüber dem Staat hat zur Konsequenz, dass nicht nur Managementaufgaben, sondern auch politisch-strategische Verantwortung in die Institutionen hinein verlagert werden. An die Stelle der Autorität des Staates tritt die weitaus präsentere Autorität der Leitung. Unliebsame Entscheidungen, für die bislang Politiker verantwortlich gemacht werden konnten, müssen nun im Hause selbst getroffen werden.
- Erweiterten Handlungsmöglichkeiten und Entscheidungsbefugnissen auf der einen Seite steht ein wachsender interner Druck zum Ausgleich divergierender Interessen auf der anderen Seite gegenüber. Leitungen verfügen zwar über Budgets und können weitreichende Entscheidungen auch ohne Zustimmung der Gremien fällen, stehen dabei aber unter erheblichen Rechtfertigungszwängen gegenüber internen Einflussgruppen und Machteliten.
- Zugleich wächst der öffentliche Druck. Schulleiter haben es zunehmend mit Eltern zu tun, die sehr viel bewusster auf die Arbeit der Einrichtungen schauen und immer höhere Erwartungen an deren Leistungsfähigkeit haben. Und von Hochschulleitungen wird verlangt, dass sie ihre Institutionen zu national und international ausstrahlenden Exzellenzeinrichtungen ausbauen, mit positiver Ausstrahlung auf die gesamte Region.

Mehr denn je müssen Führungskräfte in Bildungseinrichtungen also zwischen widersprüchlichen Einstellungen und Erwartungen, zwischen multiplen und kulturell unterschiedlichen Interessen, internen und externen Einflussgruppen, Wissenschaftlern, Lehrern, Verwaltungen, Studierenden, Öffentlichkeit und Politik vermitteln und unterliegen dabei dem ungeheuren öffentlichen und internen Erwartungsdruck, dass ihnen dieses zum Wohle der Institution gelingt. Manche sprechen daher inzwischen davon, dass die Anforderungen jenseits dessen liegen, was ein einzelner an Fähigkeiten mitbringen kann.[1]

Sind Bildungseinrichtungen unter solchen Bedingungen überhaupt noch führbar? Oder anders: Wie viel Idealismus müssen Führungskräfte mitbringen, um sich die Leitung einer Bildungseinrichtung zuzumuten? Aufgrund mangelnder empirischer Belege lassen sich hierzu kaum Aussagen treffen. Einiges spricht aber dafür, dass die Besetzung von Führungspositionen in Bildungs- und Wissenschaftseinrichtungen zunehmend schwieriger wird. So ist die durchschnittliche Länge der Amtszeit deutscher Hochschulpräsidenten in den vergangenen Jahren kontinuierlich gesunken und beträgt bei mehr als der Hälfte der Universitätsrektoren und -präsidenten derzeit weniger als vier Jahre.[2] Ein weiteres Indiz für die nachlassende Attraktivität der Leitung von Bildungseinrichtungen mag sein, dass die Besetzung freier Leitungspositionen in Hochschulen oft erst im zweiten Anlauf und mit externer Unterstützung gelingt.

Um diesen sich abzeichnenden problematischen Trend umzukehren, bedarf es einiger Anstrengungen, die von strukturellen Veränderungen (z.B. durch Einsetzung von Leitungsteams) bis hin zur Entwicklung von Führungskompetenzen und einer konsequenten Förderung des Führungsnachwuchses reichen. Auf wissenschaftlicher Seite kann die theoretische und empirische Forschung zur Führung in Bildungseinrichtungen einen wichtigen Beitrag leisten, um die Führungswirklichkeit in Bildungseinrichtungen zu verbessern.

Laske, Meister-Scheytt und Küpers liefern hierzu mit der Entwicklung eines auf Bildungseinrichtungen zugeschnittenen integralen Führungskonzepts einen bedeutsamen Baustein. Ausgehend von einem „holonistischen" Verständnis entwerfen sie vier Sphären, in denen Organisationsmitglieder als Subjekte wahrgenommen werden mit unterschiedlichen Befindlichkeiten und Wahrnehmungen (Sphäre I), die ihr Handeln in der Organisation koordinieren (Sphäre II), dabei gleichzeitig die Entwicklung der Identität des Gesamten im Blick behalten (Sphäre III) und letztlich das Funktionieren des Gesamtsystems (Sphäre IV) sichern. Ein komplexes Verständnis von Handeln in Organisationen, das Führungskräften – entsprechend den organisatorischen Anforderungen – Schwerpunktsetzungen abverlangt. Sie können bei der Fokussierung auf das handelnde Subjekt den Aufbau von Vertrauen, Transparenz, Kooperation, Information und Partizipation, also die Selbstregulation des Systems unter Ausgleich divergierender Machtinteressen in den Mittelpunkt stellen oder auf Steuerung und Management, also den Aufbau und Ausbau von Regel- und Steuerungssystemen, fokussieren. Laske, Meister-Scheytt und Küpers verdeutlichen in diesem Band, dass in der Vermittlung zwischen den verschiedenen Sphären die eigentliche Führungsherausforderung besteht.

Die Verfasser legen mit diesem Ansatz ein Führungskonzept vor, das genügend Flexibilität aufweist, um den vielfältigen Anforderungen in Bildungseinrichtungen

1   Bornstein, Rita (2002): Redefining Presidential Leadership in the 21st Century. In: The Presidency, Fall 2002. Download: http://www.findarticles.com/p/articles/mi_qa3839/is_200210/ai_n9094627 am 14.04.06.
2   Röbken, Heinke (2006): Profile deutscher Hochschulleitungen. Arbeitspapier des Arbeitsbereichs Weiterbildung und Bildungsmanagement (we.b), Universität Oldenburg.

gerecht zu werden, und das zudem den organisatorischen Kontext von Bildungs- und Wissenschaftseinrichtungen in den Blick nimmt. Seine besondere Prägnanz gewinnt dieser Ansatz aus seiner organisationssoziologischen Einbettung. Erst die genaue Analyse der organisatorischen Besonderheiten von Bildungs- und Wissenschaftseinrichtungen, ihre Kennzeichnung als lose gekoppelte Systeme, ‚Garbage can Models' und Expertenorganisationen erlaubt es, ein organisationsgemäßes Führungsverständnis zu entwickeln. Im vorliegenden Band werden die Themen Führung und Organisation daher konsequenterweise zusammengeführt.

Mit diesem Band wird ein weiterer Band der Studienreihe Bildungs- und Wissenschaftsmanagement vorgelegt. Die Reihe ist hervorgegangen aus den Studienmaterialien des berufsbegleitenden MBA-Studienganges „Bildungsmanagement" an der Universität Oldenburg, der sich an leitende Beschäftigte in Hochschulen, Weiterbildungs- und Wissenschaftsorganisationen richtet (www.mba.uni-oldenburg.de).

Anke Hanft

Einführung

Mit dem folgenden Text wollen wir Ihnen die grundsätzliche Problematik der Strukturierung und der Führung in Organisationen im Generellen und in Bildungsorganisationen im Speziellen näher bringen. Bildungsorganisationen unterscheiden sich nämlich in mehrfacher Hinsicht von anderen Unternehmen. Ein erster Unterschied besteht darin, dass die Tätigkeit der meisten Bildungsorganisationen nicht auf Gewinn ausgerichtet ist. Vielmehr geht es ihnen darum, Menschen unterschiedlichen Alters und unterschiedlichen Vorwissens „Bildung" anzubieten (das heißt allerdings nicht, dass in diesen Organisationen wirtschaftliche Fragen keine Rolle spielen – im Gegenteil: bei knappen Budgets ist auch dort sorgfältig zu haushalten). Einen zweiten Unterschied sehen wir in der Unterschiedlichkeit des „Produktes": Während ein Konsumprodukt beispielsweise ohne jedes Zutun des Kunden vom Produzenten gefertigt werden kann, muss beim „Produkt" Bildung der Empfänger aktiv mittun, anderenfalls bleibt der Produktionsprozess ohne den gewünschten Erfolg. (Hieraus müssen wir eine erste wichtige Schlussfolgerung ziehen: Das notwendige „Mittun" der Adressaten ist ein zentraler Grund dafür, dass die Übertragung der Kunden-Metapher von Wirtschafts- auf Bildungsorganisationen ein falsches Bild und daraus resultierend auch falsche Erwartungen erzeugt!). Drittens macht es einen Unterschied, dass das „Rohmaterial" des Produktionsprozesses in Bildungsorganisationen, also das Know-How, sehr direkt an die Personen gekoppelt ist. Dies hat zur Konsequenz, dass mit deren Ausscheiden aus der Organisation auch deren besonderes Wissen verloren geht. Viertens haben die Träger dieses Wissens oft ein ausgeprägtes professionelles Selbstverständnis als Experten – das macht es übrigens nicht immer einfach, sie in das Normensystem und in die Strukturen von Organisationen einzubinden.

Bildungsorganisationen weisen also schon allein aufgrund dieser kurzen Überlegungen Besonderheiten auf, die einer einfachen Übertragbarkeit von Denkmustern oder Instrumenten aus anderen Organisationen deutliche Grenzen setzt. In Anlehnung an Gregory Bateson können wir auch sagen: Zwischen Bildungsorganisationen und Wirtschaftsorganisationen gibt es Unterschiede, die einen Unterschied machen. Wer diese Unterschiede ignoriert, zielt an der Praxis vorbei und wird wenig erfolgreich sein, wenn es um gelingende Führung in und die Steuerung von Bildungsorganisationen geht.

Wir persönlich haben uns folgenden Leitsatz zurecht gelegt: *Bildungs*organisationen sind Bildungs*organisationen* sind *Bildungsorganisationen* ... – die Verknüpfung eines zentralen Begriffs der Aufklärung (nämlich „Bildung") mit einem ebensolchen der Ökonomie (nämlich „Organisation") bringt ein fundamentales Spannungsfeld zum Ausdruck, dessen produktive und reflektierte „Bewältigung" eine wesentliche Voraussetzung professioneller Steuerung von Bildungseinrichtungen ist (vgl. Gütl/Orthey/Laske 2006). Angesichts der aktuellen wirtschaftlichen, technologischen und gesellschaftlichen Rahmenbedingungen (und deren Dynamik), denen – auch – Bildungsorganisationen unterworfen sind, ist die „Bewältigung" dieses Spannungsfeldes keine einfache Aufgabe: Zumindest entzieht sie sich einer schnellen instrumentellen Lösung und ist für „Patentrezepte" nicht zugänglich.

Unsere Leitidee ist – dem „Gegenstand" entsprechend – die der lernenden Organisation: Wie kann eine Organisation so gestaltet werden, dass sie selbst Lernprozesse unterstützt und damit Fortschrittsfähigkeit gewährleistet ist? Daraus folgt auch die Frage, welche strukturellen Bedingungen zu schaffen sind, dass Bildungsorganisationen als relativ lose gekoppelte Systeme (Weick), d.h. not-wendigerweise ohne stramme Hierarchie und Anweisungssysteme, ihre eigene Weiterentwicklung ermöglichen und welche Organisations- und Führungsphilo-sophie dies befördern kann. Dabei wird schnell ersichtlich, dass Führung sich von engen „great man"-Konzepten zu lösen hat und an deren Stelle die Idee der Kon-text- oder Rahmensteuerung treten sollte, die der Logik (auch) von Bildungs-organisationen sehr viel angemessener erscheint.

In dem folgenden Text wollen wir uns ganz allgemein mit zwei Themen-bereichen auseinandersetzen: Zum einen wollen wir ausführlicher fragen, was eigentlich das Besondere von Bildungsorganisationen ausmacht, und welchen Ein-fluss dieses „Besondere" auf die interne Gestaltung und die Entwicklung von Bil-dungsorganisationen hat. Zum anderen geht es um die Frage, wie Führung in diesen Organisationen angemessen gestaltet werden kann. Angemessen meint dabei, wie in Führungsprozessen einerseits der Eigen-Art und der Kultur von Bil-dungsorganisationen Rechnung getragen und wie andererseits auch die Tatsache von (meist) begrenzten wirtschaftlichen Ressourcen berücksichtigt werden kann. Dies ist nur eines der Spannungsfelder, dem sich Führung grundsätzlich, be-sonders aber auch in Bildungsorganisationen zu stellen hat.

Zudem wollen wir im Folgenden jeweils einen Überblick über grundsätzliche Modelle der Organisation und der Führung geben. Organisations- und Führungs-theorie ist ein äußerst vielfältiges Gebiet, in dem es zahlreiche Ansätze gibt, die jeweils wichtige Elemente thematisieren. Daraus folgt auch, dass es keineswegs den „one best way" der Führung oder Organisation gibt, wie es manche Bücher aus der Manager-Ratgeber-Literatur uns glauben machen wollen. Es geht um komplexe Beziehungen, z.B. zwischen Individuum und Organisation oder zwischen Füh-rungskraft und Mitarbeiter, oder auch um komplexe Fragestellungen, wie z.B. die Gestaltung von Organisationen, die deshalb alle problematisch sind, weil sehr viele Faktoren die Situation bestimmen und wir oft nicht wissen, wie die Faktoren in ihren unterschiedlichen Ausprägungen auf das Ganze wirken. Eine besondere Sen-sibilität hinsichtlich dessen, was die jeweils konkrete Situation bestimmt, ist daher immer geboten.

Von zentraler Bedeutung für die Auseinandersetzung mit den hier diskutierten Themen- und Fragestellungen ist es, dass die erarbeiteten Inhalte nicht „auf Lager gelegt" werden, sondern die Leser in die Lage versetzt werden, die entsprechenden Erkenntnisse mit den eigenen Erfahrungen zu konfrontieren und weiter zu ent-wickeln. Wir werden versuchen, Sie mit weiterführenden Fragen innerhalb bzw. am Ende der einzelnen Kapitel jeweils zu ermutigen, auch immer Ihren eigenen konkreten Kontext und Ihre Erfahrungen in die Überlegungen einzubeziehen.

Der Text ist so gegliedert, dass Darstellungen der Grundlagen der Führungs- und Organisationstheorie einander abwechseln. Im ersten Kapitel wollen wir kurz auf das generelle Verständnis von Organisation eingehen und die Tatbestände vorstellen, die es überhaupt notwendig machen, warum man etwas „organisieren muss". Kapitel 2 besteht aus einem Ausflug in die führungs- und organisationstheoretischen Ansätze – Führen und Organisieren kann nämlich auf sehr verschiedene Weise betrieben und verstanden werden, und die unterschiedlichen Sichtweisen ermöglichen einen umfassenden Blick auf die Phänomene, wie sie uns im Alltag begegnen. Das dritte Kapitel stellt einführend dar, wie Organisationen praktisch gestaltet werden können und welche Aspekte bei der Gestaltung zu berücksichtigen sind. In dem umfangreichen Kapitel 4 diskutieren wir eine der Kernfragen jeglicher Führung, nämlich die nach den Möglichkeiten und Grenzen der Integration von Individuum und Organisation. Es wird erörtert, wie in der Organisationstheorie das Zusammenspiel von Individuum und Organisation unter dem Aspekt motivationaler Wirkungen konzipiert werden kann. Dabei stellen wir auch ein Erklärungsmodell vor, das nach unserer Einschätzung wesentliche Anregungen für die Gestaltung von Führungsprozessen anbietet. Eines der zentralen Charakteristika von Bildungsorganisationen ist die Tatsache, dass in ihnen Experten, wie z.B. Lehrer, nebenberufliche Vortragende, Hochschullehrer, etc. arbeiten – und natürlich auch an Prozessen der Führung und Organisation beteiligt sind. Die wesentlichsten Merkmale derartiger Expertenorganisationen werden im fünften Kapitel dargestellt. Das im vierten Kapitel erarbeitete Erklärungsmodell wird im abschließenden Kapitel 6 noch einmal aufgegriffen. Hier geht es darum, die Besonderheiten (auch die Schwierigkeiten!) der Führung von Expertinnen und Experten in Bildungsorganisationen herauszuarbeiten und die Grundzüge und Handlungsfelder von Führung entsprechend dem von uns entwickelten integralen Modell von Führung zu erklären. In diesem Zusammenhang wird auch die Angemessenheit verschiedener Führungsstile für die Steuerung in Bildungsorganisationen thematisiert.

Ein wichtiger Hinweis zum Schluss: Der folgende Text verwendet häufig – der besseren Lesbarkeit wegen – die männliche Formulierungsform; diese soll aber grundsätzlich geschlechtsneutral verstanden werden.

Zitierte Literatur

Gütl, B./Orthey, F.M./Laske, St. (Hg.) (2006): Bildungsmanagement: Differenzen bilden zwischen System und Umwelt. München/Mering. (im Druck)

1 Organisation

1.1 Was sind Organisationen?

Haben Sie sich schon einmal die Frage gestellt, was (eine) Organisation ist? Komische Frage, werden Sie jetzt vielleicht denken, schließlich sind wir überall in der Welt von Organisationen umgeben. Schulen, Gewerkschaften, Parteien, Krankenhäuser, Universitäten, Unternehmen, Kirchen, Sportvereine, Armeen, Stadtverwaltungen usw. usw. Außerdem wird ständig in den Medien z.B. von Unternehmensreorganisationen, von Universitäten, die veraltete (= bürokratische und inflexible) Organisationen haben und von einem Sozialsystem berichtet, das reorganisiert werden soll. Worin soll also das Problem bestehen, genauer anzugeben, was Organisation ist?

Schaut man in die einschlägige Fachliteratur zur Organisationsforschung, so lässt sich feststellen, dass die Fachvertreter bisweilen sehr unterschiedliche Bilder von Organisationen entwickeln. Je nach zugrunde liegender theoretischer Perspektive sehen sie Organisationen als ein Mittel zur Steigerung der Effizienz, als ein Instrument zur Herrschaftssicherung, als einen Apparat, der das Individuum einengt und in eine vorgefertigte Rolle zwängt, als eine Möglichkeit, um individuelle Freiheit zu gewinnen, als einen Knotenpunkt von Verträgen, als ein System, dessen Code die Kommunikation von Entscheidungen ist (siehe Morgan 1997). Diese Liste lässt sich fast beliebig erweitern.

Da wir aber kein babylonisches Sprachenwirrwarr anstreben, sollen uns im Folgenden drei grundlegende Unterscheidungen von Organisation als Leitmotiv dienen: der instrumentelle, der institutionelle und der prozessuale Organisationsbegriff.

1.2 Der instrumentelle (oder: funktionale) Organisationsbegriff

In diesem Ansatz wird Organisation als eine Funktion der Unternehmensführung angesehen, also als eine Aufgabe, die wahrgenommen werden muss, um die Zweckerfüllung der Unternehmung sicherzustellen. Organisation wird als ein Instrument der Betriebsführung verstanden, das den Leistungsprozess steuern hilft. Da das Ziel die Rationalisierung von Arbeitsabläufen ist, steht die organisatorische Regelung im Vordergrund. Das Ergebnis des Gestaltungsprozesses, nämlich des Organisierens, verfestigt sich somit in zur Struktur geronnenen Regelsystemen (vgl. Schreyögg 2003). Damit tritt die Organisation als eine weitere Funktion neben andere Funktionen wie z.B. Planung und Kontrolle.

Der funktionale Organisationsbegriff ist im deutschsprachigen Raum am profiliertesten von Erich Gutenberg, einem der bekanntesten Vertreter der deutschsprachigen Betriebswirtschaftslehre (BWL), vertreten worden. Gutenberg (1983) beschreibt den betrieblichen Leistungserstellungsprozess als Kombinationsprozess der drei so genannten Elementarfaktoren (Arbeitsleistung, Betriebsmittel [z.B. Gebäude, Maschinen] und Werkstoffe). Verantwortlich für die Verbindung dieser drei Elementarfaktoren ist der „dispositive Faktor", der durch seine Entscheidungen (Dispositionen) die optimale Kombination der Elementarfaktoren sicherstellt. Der „dispositive Faktor" selbst besteht aus zwei Schichten: einer intuitiven, irrationalen und einer analytisch durchdringenden, rationalen Schicht. Der analytisch durchdringbaren, rationalen Schicht rechnet Gutenberg zwei Funktionen zu: 1. Planung als die „gedankliche Vorwegnahme des Handelns", die „jeder einigermaßen rationalen Entscheidung" (Gutenberg 1951) vorausgeht. 2. Organisation als „der Vollzug der durch die Planung vorgegebenen Ordnung" (ebenda). Die Organisation ist in diesem Ansatz also im Wesentlichen ein reines Umsetzungsinstrument. Ihre Aufgabe besteht darin, das Geplante Realität werden zu lassen.

Wenn Organisation als Vollzug verstanden wird, sind auch alle Regelungen, die zur Planumsetzung entwickelt und verabschiedet werden, unter den Begriff Organisation zu subsumieren. Damit ist die Organisation ein Geflecht aus Regelungen, die selbst wiederum entweder generell (wie z.B. Richtlinien) oder fallweise (einzelne Anordnung) gelten können. Gutenberg selbst trifft keine Vorentscheidung darüber, wie das Mischungsverhältnis zwischen diesen beiden Regelungsformen im Idealfall sein soll, sondern macht dies von der Variabilität der fraglichen betrieblichen Tatbestände abhängig. Allerdings stehen generelle oder fallweise Regelungen in einem substitutiven Verhältnis zueinander, und je „rationaler" der Vollzug gestaltet werden kann, umso mehr generelle Regelungen werden nach Gutenberg Platz greifen. Andererseits sind Einzelfallregelungen immer dort notwendig, wo generelle Regelungen der Besonderheit des zu regelnden Tatbestands nicht (oder nicht genügend) gerecht werden. Demnach gilt ein „Substitutionsgesetz der Organisation": „Der Grad an Generalisierung von Regelungssystemen muss mit der abnehmenden Variabilität der zu organisierenden Tatbestände in richtigem Maße zunehmen." (Gutenberg 1951)

Eine Variation des instrumentellen Verständnisses von Organisation bietet der konfigurative Organisationsbegriff, dessen Hauptvertreter Kosiol (1962) ist. Organisation bezeichnet hier die dauerhafte Strukturierung von Arbeitsprozessen, ein festes Gefüge (Konfiguration), das allen anderen Maßnahmen und Dispositionen vorgelagert ist. Organisation ist hier gewissermaßen das Gehäuse, in dem sich der betriebliche Leistungserstellungsprozess vollzieht. Im Unterschied zu Gutenbergs Verständnis fällt hier allerdings nur die generelle Regelung unter den Organisationsbegriff.

Ausgangspunkt aller organisatorischen Gestaltung ist nach Kosiol die Aufgabe des Unternehmens. Mit „Aufgabe" ist hier die Marktaufgabe gemeint, also z.B. das Angebot eines Sprachen-Intensivkurses, die Produktion eines Automobils, die Vermittlung von Immobilien oder das Betreiben einer Fahrschule. Diese Gesamtaufgabe besteht selbst wiederum aus Teilaufgaben. Organisatorische Gestaltungsmaßnahmen müssen daher zunächst einmal die einzelnen Teilaufgaben ermitteln (Analyse), um sie dann wieder in einem Konstruktionsprozess zu einer zweckmäßigen Gestalt zusammenzufügen (Synthese). Der Kosiol'sche Organisationsbegriff ist eher statisch angelegt, die Organisation soll ein Moment der Stabilität und Ordnung in den betrieblichen Leistungserstellungsprozess bringen.

Merksatz für den instrumentellen/funktionellen Organisationsbegriff:
„Das Unternehmen hat eine Organisation."

1.3 Der institutionelle Organisationsbegriff

Kosiols Organisationskonzept nähert sich mit seiner Betonung der Ganzheit dem heute gebräuchlichen, institutionellen Organisationsbegriff. Der institutionelle Organisationsbegriff lenkt den Blickwinkel auf das gesamte System, also auf die Institution. In diesem Sinne sind Organisationen soziale Gebilde, die dauerhaft Ziele verfolgen und eine formale Struktur aufweisen, mit deren Hilfe die Aktivitäten der Mitglieder auf die verfolgten Ziele ausgerichtet werden sollen (vgl. Kieser/Walgenbach 2003). Allerdings sind für die Gestaltung und das Verständnis von Organisationen nicht nur die mehr oder weniger formalen Regelstrukturen relevant, vielmehr sind eine Großzahl weiterer Faktoren von Bedeutung, die im Folgenden ausführlich dargestellt werden sollen.

Merksatz für den konfigurativen/institutionellen Organisationsbegriff:
„Das Unternehmen ist eine Organisation."

1.4 Der prozessuale Organisationsbegriff

Über den bereits thematisierten instrumentellen bzw. institutionellen Organisationsbegriff hinaus, gibt es auch eine prozessuale Sichtweise von Organisation, der wir uns nun zuwenden. Diese legt kurz gesagt ein aktivitätsorientiertes Verständnis von Organisation zugrunde oder mit anderen Worten: es geht um die Tätigkeit, den Prozess des Organisierens oder auch um die Praktiken, mit denen eine solche Ordnung hergestellt, aufrechterhalten und weiterentwickelt wird.

Wie schon zuvor erörtert, heißt Organisieren auch Regeln schaffen: Regeln für die Festlegung von Aufgabenverteilungen, Verfahrensrichtlinien für die Bearbeitung von Geschäftsprozessen, Festlegen von Beschwerde- und Kommunikationswegen, Regeln für das Verhalten der Organisationsmitglieder, die Ausformulierung von Weisungsrechten, Unterschriftsbefugnissen usw. Je mehr Regeln in Organisationen geschaffen werden, desto mehr werden der Leistungsprozess und seine Steuerung „entindividualisiert" (Gutenberg 1983), d.h. man versucht das Funktionieren der Organisation von einzelnen konkreten Personen unabhängig zu machen. Die Einhaltung der Regeln wird von allen Organisationsmitgliedern erwartet; damit werden die Regeln selbst praktisch.

Organisatorische Regeln sind als formale Regeln offiziell eingeführte, genauer gesagt: spezifizierte Erwartungen an das Verhalten der Mitglieder. Allerdings gibt es auch so genannte informelle bzw. „unsichtbare" Regeln, die nicht selten auf anderen, nicht offiziellen Wegen entstanden sind. Sie sind gewissermaßen die unsichtbaren Fettnäpfchen und Stolperdrähte, deren Unkenntnis vor allem für Neulinge riskant sein kann. Bisweilen sind diese Regeln in ihrer Wirksamkeit stärker als die offiziellen formalen Regeln, weil sie bestimmte heikle Tabuzonen tangieren. Häufig entstehen Regeln spontan aus dem täglichen Handeln heraus, bewähren sich oder werden wieder verworfen. Oft sind es gerade diese informellen Regeln, die das Verhalten besonders stark beeinflussen – Verstöße gegen sie gelten als „dont's", also als Fehler, die einem die Organisation oder die Mächtigen in ihr (meist stillschweigend aber nachhaltig) übel nimmt bzw. übel nehmen.

Darüber hinaus werden im organisationalen Alltag auch Regeln aus anderen Systemen (Branche, einer Berufsgruppe, kulturell gültige Werte usw.) beachtet. Sie werden beachtet, obwohl sie nicht offiziell eingeführt wurden und man beim Eintritt in die Organisation auch nicht darauf aufmerksam gemacht wurde, dass diese Regeln zu befolgen sind. Diese „fremden" Regeln werden entweder indirekt in die Organisation hineingetragen (z.B. in Universitäten durch die Sozialisationsprozesse des wissenschaftlichen und des nicht-wissenschaftlichen Personals) oder sie fließen direkt durch die Interaktion mit anderen Systemen ein. Für Universitäten z.B. wird es immer bedeutender, dass die Wissenschaftler in Forschungsverbünden arbeiten. Dort treffen sie auf Kollegen, die nach „anderen Regeln" (z.B. andere Art der Forschungsarbeit) als sie selbst arbeiten und es gilt, in der Zusammenarbeit beide Regelsysteme zu beachten, wenn die Kooperation fruchtbringend sein soll.

Einladung zum Nachdenken
Gegen welche informellen Regeln sollte man in Ihrer Organisation möglichst nicht verstoßen, wenn man dort auf längere Sicht erfolgreich tätig sein möchte? Auf welche Weise haben Sie selbst diese Regeln kennen gelernt? Was tut die Organisation, damit neu eintretende Mitarbeiter diese Regeln einigermaßen rasch kennenlernen?

Daraus lässt sich zusammenfassend ableiten, dass Organisationen keine isolierten Gebilde sind, sondern dass sie, damit ihr Überleben gesichert werden kann, ständig mit ihrer Umwelt interagieren müssen. Die Unterscheidung von System und Umwelt bringt es mit sich, dass der Prozess des Organisierens die Bearbeitung dieser Grenze einbeziehen muss.

1.5 Grundelemente der Organisation/des Organisierens

Die heutige Organisationstheorie versucht eine Integration aus institutionellem und prozessualem Verständnis herzustellen. Wir werden weiter unten auf entsprechende Ansätze näher eingehen. Zunächst sollen aber jene Grundelemente dargestellt werden, die Organisationen ausmachen. Diese Charakteristika sind – unabhängig von der jeweils eingenommenen Perspektive und vom Gegenstand der Leistungserstellung – die Zielgerichtetheit der Organisation, die formalen Organisationsstrukturen, die Mitgliedschaft in Organisationen, die Gestaltung der Aktivitäten der Organisationsmitglieder und die Grenzen der Organisation.

Zielgerichtetheit

In fast allen Definitionen von Organisationen wird die „Zweckbezogenheit" bzw. die „Zielgerichtetheit" betont (vgl. Cyert/March 1963). Wenn Individuen bestimmte Ziele verfolgen, die sie allein nicht realisieren können, versuchen sie, diese in Kooperation mit anderen zu erreichen. Handelt es sich dabei um dauerhafte Ziele, die von allen Beteiligten verfolgt werden, bezeichnet man einen solchen Zusammenschluss als Organisation. Da mithilfe der Organisationsstruktur die Erreichung der Organisationsziele gewährleistet werden soll, ist die Organisationsstruktur – im Gegensatz zur Sichtweise des instrumentellen Organisationsbegriffs – lediglich Mittel der Verhaltenssteuerung der Mitglieder im Hinblick auf die Organisationsziele.

Die Organisationsziele sind aber auf jeden Fall von den Individualzielen der Organisationsmitglieder zu unterscheiden. Zunächst einmal ist davon auszugehen, dass Organisationsmitglieder persönliche Ziele im Hinblick darauf haben, was sie durch die Organisation bzw. die Mitgliedschaft in ihr erreichen möchten: ein hohes Einkommen, Prestige, einen sicheren Arbeitsplatz usw. Dies sind aber keine Organisationsziele. Erst dann, wenn Zielvorstellungen von Mitgliedern der Organisation in einem formal legitimierten Prozess von den dazu befugten Leitungspersonen oder -gremien als Ziele der Organisation deklariert werden, spricht man von Organisationszielen. Solchermaßen artikulierte Ziele kann man in Protokollen von Vorstandssitzungen, Presseerklärungen, Geschäftsberichten, Leitbildern usw. nachlesen.

In der Regel verfolgt eine Organisation nicht nur ein Ziel, z.B. Gewinnmaximierung oder Sicherstellung eines bestimmten Bildungsangebots, sondern mehrere Ziele parallel, z.B. Steigerung des Marktanteils in Land X, Aufrechterhaltung einer einmal erreichten Angebotsqualität Y, z-prozentige Steigerung der Quote jener Mitarbeiter, die an einer internen Weiterbildungsmaßnahme teilgenommen haben usw. Daher ist es zutreffender von einem Zielbündel zu sprechen. Dabei ist auch darauf zu achten, dass die Ziele, die eine Organisation verfolgt, nicht notwendigerweise miteinander harmonieren müssen. So ist es ohne weiteres denkbar, dass eine Bildungsorganisation die an sich widersprüchlichen Ziele Kostenreduktion und Einsatz von Referenten mit einem hohen Bekanntheitsgrad gleichermaßen verfolgen will. Eine der Aufgaben der Organisationsleitung ist es dann, den Mitgliedern zu kommunizieren, welchen Zielen seitens der Organisation welche Priorität gegeben wird. Es soll auch nicht unerwähnt bleiben, dass Ziele einer Organisation bei aller Dauerhaftigkeit auch Veränderungen unterliegen. Dies ist allein dadurch bedingt, dass sich die (natürliche, gesellschaftspolitische, wirtschaftliche und soziale) Umwelt der Organisation selbst ständig verändert und entsprechende interne Anpassungen erfordert.

Eine wichtige Ergänzung wollen wir zusätzlich festhalten: Nicht immer sind die Ziele einer Organisation ausdrücklich formuliert (das gilt auch für die vermeintlich rationalen Wirtschaftsbetriebe) und wir haben vermutlich alle schon die Erfahrung gemacht, dass nicht die Ziele entscheidend für den Erfolg waren, sondern die Empfindsamkeit bezüglich der in einer Situation konkret gegebenen Möglichkeiten (sog. „windows of opportunity") (vgl. Laske/Kappler 2006).

Einladung zum Nachdenken
Wenn Sie an Ihre „eigene" Organisation denken: Welche Ziele verfolgt diese Organisation? Gibt es überhaupt ein offizielles Zielsystem? Wenn ja, wie und wo ist es dokumentiert? Wie sieht es konkret aus und haben sich diese Ziele in den letzten Jahren möglicherweise verändert?

Formale Organisationsstrukturen

Natürlich widerspricht auch der institutionelle Organisationsbegriff nicht dem Tatbestand, dass Organisationen formale Strukturen besitzen. Allerdings ergibt sich daraus kein Gesamtbild von Organisationen, wie es bei Gutenberg unterstellt wird. Formale Strukturen werden daher im institutionellen Organisationsverständnis wie folgt gedeutet: Organisationen bestehen aus mehreren Personen (auch Organisationsmitglieder genannt), deren Aufgabengebiete nach einem – der Absicht nach – rationalen Muster geteilt und wieder verknüpft werden. Dieses Muster setzen Organisationen in Erwartungen an ihre Mitglieder um, wie sie sich z.B. in Form von Stellenbeschreibungen oder Regeln ausdrücken und an denen sich das Handeln der Organisationsmitglieder ausrichten soll. Die Einhaltung dieser Regeln wird als eine Bedingung der Mitgliedschaft formal abgesichert, z.B. durch Arbeitsverträge und Direktionsbefugnisse (dazu folgen unten noch genauere Ausführungen). Im institutionellen Organisationsverständnis wird dieses Regelwerk als Organisationsstruktur bezeichnet (vgl. Schreyögg 2003).

Merksatz
„Die Gesamtheit aller formalen Regelungen zur Arbeitsteilung und zur Koordination bezeichnen wir als formale Organisationsstruktur." (vgl. Kieser/Walgenbach 2003)

Nun wäre es aber verfehlt, formale Regeln ausschließlich unter dem Aspekt der Leistungssicherung oder Effizienz zu sehen. Formale Regelungen dienen auch der Sicherung von Herrschaft und Macht (vgl. Küpper/Felsch 2000). So kann man etwa die Arbeitsteilung als klassisches Beispiel des alt bekannten Satzes „divide et impera" (teile und herrsche) verstehen. In den einzelnen Stellen oder Arbeitsplätzen ist nicht zu überblicken, zu welcher Gesamtleistung der Organisation sich die verschiedenen Einzelleistungen zusammenfügen. Dieser Gesamtblick ergibt sich nur auf den „höheren" Führungsebenen. Da Organisationsmitglieder im Rahmen der vertraglich geregelten Mitgliedschaftsbedingungen zudem die von der Hierarchie vorgegebenen Verfahrensvorschriften akzeptieren müssen, akzeptieren sie damit gleichzeitig auch Regeln, die ihren persönlichen Freiheitsspielraum einschränken.

Formale Regeln zur Arbeitsteilung und Koordination sind zwar prinzipiell zur Erzielung von Effizienzvorteilen erforderlich. Es ist aber in der Praxis nur schwer feststellbar, wie viel Arbeitsteilung und wie viele (die Handlungsfreiheit einengenden) Kompetenzregelungen und Verfahrensrichtlinien erforderlich sind, um Effizienz zu gewährleisten. Außerdem muss man klar sehen, dass einzelne Elemente der formalen Struktur weder der Effizienzsicherung, noch der Herrschaftssicherung zuzurechnen sind, sondern dass diese vor allem dazu dienen, der Organisation Legitimität zu verschaffen und somit ihren Erhalt zu sichern (vgl. DiMaggio 1991; Meyer/Rowan 1977). So lässt sich beispielsweise die Schaffung der Stelle eines Umweltschutzbeauftragten in einem Unternehmen darauf zurückführen, dass hierdurch die Erwartungen mächtiger Anspruchsgruppen in der Umwelt der Organisation zufrieden gestellt werden.

Mitgliedschaft

Personen gehören zunächst einmal zur Umwelt von sozialen Systemen. Organisationsbildung setzt daher eine „Erkennungsregel" voraus, die die Abgrenzung von systemrelevanten und „externen" Handlungen und Entscheidungen ermöglicht (vgl. hierzu ausführlich Breisig[3] 2003). Damit ist die – oft nicht leicht zu beantwortende – Frage aufgeworfen, wer Mitglied einer Organisation ist und wer nicht. Z.B. kann man durchaus kontrovers diskutieren, ob Studierende Mitglieder der Universität sind, oder ob Schüler als Mitglieder ihrer Schule gelten können. Die Differenzierung zwischen der Mitgliedschaft und der Nicht-Mitgliedschaft bezeichnet allerdings zugleich die *Grenze* der Organisation zu ihrer Umwelt.

Aus einer ganz allgemeinen Sicht heißt Mitgliedschaft das Eingehen einer – im weitesten Sinne formal abgesicherten – Beziehung mit der Organisation. Sie muss Menschen einbinden, damit diese Aktivitäten ergreifen, die der Erreichung der Organisationsziele dienlich sind, selbst wenn die persönlichen Ziele teilweise oder völlig anders gelagert sind.

Je nach Organisationstyp dominieren dabei ganz unterschiedliche Einbindungsmuster. Während beispielsweise die „Einbindung" der Mitglieder in Gefängnissen und geschlossenen psychiatrischen Anstalten auf Zwang beruht, beruht sie in so genannten „normativen Organisationen" wie Kirchen, Parteien oder Gewerkschaften in starkem Maße auf geteilten Überzeugungen und dem Wunsch nach Zusammenschluss und Kooperation mit Gleichgesinnten. Erwerbswirtschaftliche Unternehmen stehen zwischen diesen Integrationsmustern. Etzioni (1961) bezeichnet sie treffend als „utilitaristische Organisationen", weil die Eingliederung der Mitglieder überwiegend aus der vertraglich vereinbarten Aussicht auf materielle Belohnungen resultiert (was aber normativ-ideelle Mitgliedschaftsmotive keineswegs ausschließt). Entscheidend ist also die Mitgliedschaft aufgrund von *Verträgen.* Von daher fallen auch jene Organisationen, die nicht unmittelbar zum Zwecke der Gewinnerzielung gegründet wurden sondern auf die Erfüllung z.B. bestimmter Versorgungsfunktionen abzielen (etwa Krankenhäuser, staatliche

---

3   Wir danken Thomas Breisig für die Möglichkeit, Teile seines Skripts zu Organisation in kleinen und mittleren Unternehmen (KMUs) in überarbeiteter Form verwenden zu dürfen.

oder halb-staatliche Bildungseinrichtungen) und dazu Mitarbeiter beschäftigen, unter die Kategorie der utilitaristischen Organisation.

Im Konzept der marktwirtschaftlichen Wirtschaftsordnung tritt der Unternehmer als nach individueller Nutzenmaximierung strebendes Wirtschaftssubjekt in Erscheinung, das für einen anonymen Markt produziert und die dafür erforderlichen Ressourcen, also auch Arbeitskraft, auf den Produktionsfaktormärkten erwirbt. Die Integration des „Faktors Arbeit" in das Unternehmensgeschehen erfolgt über den Arbeitsvertrag, mit dessen Abschluss er über einen Grundstock an „gekauftem Arbeitsvermögen" verfügt. Über den Arbeitsvertrag sichert sich der Unternehmer gleichsam die generalisierte Anerkennung der Formalstruktur durch die vertraglich gebundenen Beschäftigten und macht sie – zumindest einigermaßen – unabhängig von deren individuellen Motiven.

In arbeitsteiligen Kooperationszusammenhängen ist das am Arbeitsmarkt eingekaufte Arbeitsvermögen eine zwar notwendige, aber noch keine hinreichende Produktionsvoraussetzung. Es besteht ein immer wieder neu zu aktualisierender Konkretisierungsbedarf, da die jeweils benötigte Form der Arbeit, in die das variable Arbeitsvermögen von ihren Trägern gebracht werden soll, mit dem Abschluss des Arbeitsvertrages nicht abschließend festgelegt sein kann.

Um das unspezifische Arbeitsvermögen in reale Arbeit zu überführen (Transformationsproblem!), gibt es das *Direktionsrecht* des Arbeitgebers; dieses soll sicherstellen, dass im Wege von Weisungen die Details der Arbeitsvollzüge von Situation zu Situation bestimmt werden können. Soweit sich diese Weisungen in dem arbeitsvertraglich abgesteckten Rahmen bewegen und ihnen keine anderen gesetzlichen oder vertraglichen (z.B. tarifvertragliche) Regelungen entgegenstehen, bedarf es dazu keiner ausdrücklichen Zustimmung des Arbeitnehmers. Zu fragen ist aber, was mit dem Unternehmer ist, der selbst ja keinen Arbeitsvertrag hat. Selbstverständlich ist auch er Organisationsmitglied, z.B. weil er durch einen Rechtsakt den Betrieb gegründet hat. Auch können mehrere Personen und/oder andere Unternehmen mit eigener Rechtspersönlichkeit („juristische Personen") durch Gesellschaftsverträge Unternehmen gründen. Ihnen stehen nach dem Handelsgesetzbuch dann Vertretungsrechte nach außen und Geschäftsführungsrechte nach innen zu. Diese beinhalten auch die Möglichkeit, Verträge zu schließen, u.a. Arbeitsverträge. Das heißt mit anderen Worten: Sie sind damit auch Partei von Arbeitsverträgen.

Es bleiben aber darüber hinaus eine Reihe von Grenz- und Zweifelsfragen, so dass es bei der Frage der Mitgliedschaft stets eine Grauzone geben wird. So arbeiten z.B. Menschen oft intensiv für ein Unternehmen auf der Basis von Werk- oder Dienstverträgen („freie Mitarbeiter") oder als „selbstständige Handelsvertreter". Auch die in so genannten atypischen Beschäftigungsverhältnissen mit der Organisation in Beziehung stehenden Individuen stellen einen Grenzfall dar.

Die Frage der Mitgliedschaft wird man nur für den konkreten Einzelfall nach Maßgabe der Intensität der Beziehungen beantworten können. Wir können diese Grenze mit Kieser/Walgenbach (2003) dort ziehen, wo die Mitgliedschaft einer Person auf Verträgen dergestalt beruht, dass diese der Organisation bzw. ihren legitimierten Vertretern das Recht gibt, dem Individuum verhaltenssteuernde Vorgaben und Anforderungen aufzuerlegen. Sonstige Vertragsbeziehungen wie Kauf- oder Kreditverträge begründen in dieser hier vertretenen Interpretation jedoch *keine* Mitgliedschaft; selbst dann nicht, wenn die zugrunde liegenden Beziehungen sehr langfristiger Natur sind.

Die Summe der verschiedenen, durch Verträge oder sonstige formale Bindungen abgesicherten Mitgliedschaften bezeichnet die Organisationsforschung auch als Ressourcenpool. Die Bezeichnung „Ressourcenpool" oder auch „korporativer Akteur" (Vanberg 1982) besagt, dass Individuen einen Teil ihrer Ressourcen einer zentralen Disposition unterstellen, die außerhalb ihrer selbst liegt. Die eingebrachten Ressourcen können unterschiedlichster Natur sein: Geld, Arbeitskraft, Nutzungsrechte, usw. Grundsätzlich sind dann bei der Gestaltung von Organisationen gewisse Basisprobleme zu lösen, die u.a. darin bestehen, wie die Leitung über den Ressourcenpool organisiert werden soll und wie die Verteilung des Ertrags erfolgen soll.

Aktivitäten der Mitglieder

Die vertraglich begründete Mitgliedschaft bezieht sich nicht auf die gesamte Persönlichkeit eines Menschen, sondern auf bestimmte Handlungen oder Leistungen (vgl. hierzu ausführlich Breisig 2003). Man kauft ja schließlich keine Menschen ein, sondern nur (teilweise) deren Arbeitskraft. Das Individuum wird dem gemäß nur in einer bestimmten Rolle (z.B. als Arbeitnehmer) in die Organisation eingebunden („Partialinklusion"). Sehr treffend hat dies die klassische betriebswirtschaftliche Organisationslehre auch begrifflich zum Ausdruck gebracht, wenn sie anstatt von arbeitenden Menschen o.ä. zumeist von „Aufgabenträgern" spricht (vgl. z.B. Kosiol 1962). Begriffe wie gewerbliche Arbeitnehmer, leitender Angestellter, Vorstandsmitglied oder Eigentümer stehen für solche Handlungskomplexe oder -bündel.

Einladung zum Nachdenken
Welche Aktivitäten unternehmen Ihrer Erfahrung nach Organisationen, um ihre Mitglieder möglichst umfassend zu integrieren? Was tun Sie selbst, um die Grenze zwischen sich und der Organisation festzulegen – und wo fällt Ihnen das möglicherweise sehr leicht bzw. ziemlich schwer?

Organisationen zielen mit ihren strukturellen Regelungen auf die Kanalisierung und Steuerung der Mitgliederaktivitäten. Die Kanalisierung bezieht sich auf die Aktivitäten, die direkt und indirekt in Bezug zum Zweck der Leistungssicherung stehen. So wird z.B. die Tätigkeit eines Fließbandarbeiters recht exakt durch das Maschinensystem und vermutlich ergänzende Anordnungen des Vorgesetzten gesteuert. Dies ist erforderlich, weil die Menschen als Ganzheiten mit all ihren Bedürfnissen, aber auch mit ihren Eigenheiten in den Betrieb kommen, die sie – bildlich gesprochen – nicht am Werkstor zurücklassen. Dies gilt natürlich auch für Führungskräfte: bei ihnen sind insbesondere die eigenen Werthaltungen von Bedeutung, die in Entscheidungen eingehen – die Organisation kann durch Mission

Statements, Führungsrichtlinien, Anreizsysteme und Ähnliches Rahmenbedingungen für Entscheidungen vorgeben.

Durch die Beschränkung auf bestimmte Aktivitäten werden auch Mehrfach-Mitgliedschaften in Organisationen möglich, die in unserer Gesellschaft eher die Regel als die Ausnahme sind. So kann beispielsweise eine Person in einem Unternehmen als Arbeitskraft tätig, zugleich aber auch als Gewerkschaftsmitglied aktiv und in einer Fernuniversität zum nebenberuflichen Studium eingeschrieben sein.

Beständige Grenzen

Organisationen sind durch Grenzen charakterisiert, die es ihnen möglich machen, organisatorische Innenwelt und Außenwelt zu unterscheiden. Diese Grenze ist jedoch keine „natürliche" Grenze, sondern sie ist absichtsvoll von Menschen hergestellt und weist ein gewisses Maß an Stabilität auf. Eine Organisation kann nur dauerhaft bestehen, wenn es ihr gelingt, diese Grenze auch dauerhaft aufrecht zu erhalten. Die Grenzen sind, wie gesagt, ganz wesentlich durch identifizierbare Mitgliedschaften vorgegeben, d.h. jede Organisation sollte angeben können, wen dieser Kreis der Organisationsmitglieder umfasst.

Andererseits bietet die Grenze auch eine „Erleichterung" für die Organisation. Alles, was außerhalb der Grenzen liegt, ist für die Organisation nicht (direkt!) steuerbar, daher kann das Geschehen außerhalb zumindest teilweise ausgeblendet werden. Die Befindlichkeit von Kunden ist z.B. solange irrelevant für eine Organisation, als sie nicht die Aktivitäten der Organisation betreffen, und die Situation der weiteren sozialen und natürlichen Umwelt spielt in Organisationen meist eine untergeordnete Rolle. Die moderne Organisationsforschung spricht daher von einem Komplexitätsgefälle an der Grenze der Organisation: Was innerhalb der Grenzen geschieht, wird sehr genau gesteuert und beobachtet, das, was außerhalb vor sich geht, hingegen mit sehr viel geringerem Intensitäts- und Genauigkeitsgrad.

Fragen zum Themenbereich „Organisation"

- Die Ziele einer Organisation sind selten einer direkten Beobachtung zugänglich. Bitte überlegen Sie sich verschiedene Techniken, wie man die Ziele von Organisationen ermitteln könnte und welche Probleme mit der jeweiligen Erfassungsform verbunden sind!
- Bitte überlegen Sie sich mindestens drei konkrete Beispiele für zielgerichtete Zusammenschlüsse von Menschen, denen aber das Merkmal der Dauerhaftigkeit fehlt und die daher keine „Organisation" darstellen!
- Wie könnten sich formale Regeln in den folgenden Organisationstypen unterscheiden: Schulen; Krankenhäuser; Gefängnisse; Gewerkschaften; Unternehmen?

Literatur zur Vertiefung

Clegg, St./Kornberger, M./Pitsis, T. (2005): Managing and Organizations – An Introduction to Theory and Practice, London u.a.

*Dieses Buch ist in kürzester Zeit zu einem gut lesbaren, modernen und phantasievollen Stan-
dardwerk zum Management von Organisationen geworden; für Leser mit guten Englischkennt-
nissen eine sehr empfehlenswerte Quelle.*

Kieser, A./Walgenbach, P. (2003): Organisation. 4. Aufl. Stuttgart.

*Wer sich intensiver mit Fragen der Organisation und deren Gestaltung auseinandersetzen
möchte, ist mit diesem leicht lesbaren und dennoch fachlich kompetenten Buch gut beraten.*

Schreyögg, G. (2003): Organisation: Grundlagen moderner Organisationsgestaltung. Mit
Fallstudien. 4. Aufl. Wiesbaden.

*Dieses Lehrbuch zählt im deutschsprachigen Bereich inzwischen zu den Standardwerken – sehr
empfehlenswert, da es eine ausgezeichnete Übersicht liefert.*

2 Organisations- und führungstheoretische Zugänge

Im Folgenden wollen wir einige organisationstheoretische Zugänge skizzieren. Wir tun dies nicht aus Gründen eines ohnehin nicht einlösbaren Vollständigkeitsanspruchs, sondern um Ihnen deutlich zu machen, dass Organisationstheorien wie eine Art Brille zu verwenden sind. Je nachdem, welche Brille Sie benutzen, werden ganz bestimmte Dinge deutlicher sichtbar werden und andere eher in den Hintergrund treten. Wenn Sie dann die einzelnen Bilder miteinander vergleichen, werden Sie feststellen, dass es kein „richtiges" Bild im eigentlichen Sinne, sondern dass es nur brauchbarere und weniger brauchbare gibt.

2.1 „Klassische" Managementlehre: Der Taylorismus oder „Die wissenschaftliche Betriebsführung"

Frederik Winslow Taylor (1911) – ein amerikanischer Ingenieur – wählte zu Beginn des 20. Jahrhunderts zum ersten Mal einen systematischen Zugang zur Optimierung betrieblicher Leistungserstellungsprozesse: das Experiment. Mithilfe des kontrollierten Experiments versuchte Taylor zu zeigen, dass es möglich sei, in einem Unternehmen die best geeigneten Arbeiter, die idealen Bewegungsabläufe bei Arbeitsverrichtungen und das perfekte Entlohnungssystem herauszufinden. Taylor machte so genannte Bewegungsstudien, in denen er einzelne Verrichtungen (z.B. das Verladen von Roheisen auf Eisenbahnwaggons) im Detail analysierte und mit variierenden finanziellen Anreizen versuchte, die Arbeiter zu motivieren, mehr zu leisten. Das Ergebnis dieser Studien waren für die Arbeiter neue und höhere Leistungsstandards und Prämien für diejenigen, die mehr als die vorgegebenen Akkordzahlen erreichten. Als „Taylorismus" oder als „wissenschaftliche Betriebsführung" ist dieser Ansatz in die Geschichte der Arbeitsgestaltung eingegangen.

Dem Taylorismus liegen eine Reihe von Gestaltungszielen bzw. Organisationsprinzipien zugrunde, die sehr wesentlich für das Verständnis dieses Ansatzes sind – und die teilweise noch heute das Bild von Organisationen prägen:

1. Trennung von Kopf- und Handarbeit: Gestaltende und verrichtende Tätigkeiten werden unterschiedlichen Personen zugeteilt, z.B. im Falle Taylors dem Betriebsbüro (Meistern) und den Arbeitern.
2. Pensum und Bonus: Jedem Arbeitsplatz wird ein gewisses Leistungspensum zugeordnet. Schafft ein Arbeiter mehr als das Pensum, erhält er dafür einen Bonus bzw. es wird ein leistungsbezogener Akkordlohn gezahlt.
3. Auslese und Anpassung: Ein permanenter (teilweiser) Umschlag des Personals wird akzeptiert – man versucht sogar aktiv, dasjenige Personal mit geringerer Leistung freizusetzen und dafür jeweils leistungsfähigere Arbeitskräfte einzustellen.
4. Versöhnung zwischen Arbeitern und Management: es gibt keine prinzipiellen Gegensätze zwischen Arbeitern und Management, vorausgesetzt man steuert das Unternehmen „intelligent". Wenn sich Management bzw. Eigentümer und

Arbeiter den Zugewinn aus der Leistungssteigerung teilen, wird vielmehr eine Interessenübereinstimmung systematisch hergestellt.

Der Taylorismus verbreitete sich zunächst sehr stark in den USA, vor allem weil er als ein geeignetes Instrument zur Disziplinierung der Arbeiterschaft erschien. In Deutschland wurden die Ideen Taylors in den REFA-Normen deutlich; das Konzept wurde aber nie mit jener Konsequenz verfolgt wie in den USA.

Allerdings gingen tayloristische Theoriebestandteile in die so genannten Daumenregeln der (instrumentellen) Managementlehre ein. Diese Managementlehre ist im Grunde gar keine Theorie im eigentlichen Sinn, sondern besteht eher aus einer Sammlung bewährter organisationaler Praktiken, anhand derer andere Unternehmen ebenfalls gute Praxis für sich identifizieren können (vgl. Kieser/ Walgenbach 2003). Im heutigen Sprachjargon ist für diese Daumenregeln der Begriff der „best practice" gebräuchlich. Die Managementlehre bietet Leitfäden zur Arbeitsteilung, zur Disziplinierung der Arbeiterschaft, zur Gestaltung des hierarchischen Koordinationssystems, wie Planung und Kontrolle durchgeführt werden sollen und darüber, wie eine entsprechende Aktenlegung erfolgen soll.

Kritik

Die Experimente, die Taylor durchführte, waren keine Experimente im wissenschaftlichen Sinne, d.h. es lagen ihnen keine Hypothesen zugrunde, die man systematisch hätte testen können, die Stichproben waren sehr klein und man brachte die Arbeiter in eine Extrem- oder Laborsituation, aus der man generell gültige Schlüsse ableiten wollte. Außerdem sind die spezifischen historischen Bedingungen der USA um 1910, unter denen Taylor seine Beobachtungen und Experimente machte, zu berücksichtigen: extrem hohe Arbeitslosigkeit, Armut, ständige Angst vor dem Verlust des einmal gewonnenen Arbeitsplatzes, keine oder schwache Gewerkschaften oder Arbeitnehmerrechte, dies alles in einer gesamtwirtschaftlich sehr schwierigen Phase. Darüber hinaus sind die impliziten Annahmen Taylors zu hinterfragen. Sein Menschenbild beschreibt Arbeiter als dumm und faul, die strengen Regeln unterworfen werden müssen. Mit einem solchen Menschenbild ist es auch verständlich, dass man auf die Idee kommt, ausschließlich über Geld (sprich: Prämien) zu motivieren. Nur durch weitgehende Arbeitsteilung, Ersatz von Erfahrungswissen durch Expertenwissen sowie durch unpersönliche Steuerung und Kontrolle durch Arbeitsrichtlinien und Pläne kann – dem Taylorismus zufolge – die Effizienz der Organisation gesteigert werden. Der Taylorismus, der den Menschen auf leicht zu messende Größen „verdichtet", leistet aber auch einer zunehmenden Dequalifizierung der Arbeiterschaft Vorschub, die solange für die Organisation kein Problem ist, solange ausschließlich Massenprodukte hergestellt werden. Diese Dequalifizierung wird aber genau dann kritisch, wenn Produkt und Produktionsbedingungen die Intelligenz, Innovationskraft, die Flexibilität und die Spontaneität der Mitarbeiter erfordern.

Auch die daraus entstandenen Leitfäden der Managementlehre – so wertvoll solche „Leitfäden" auf den ersten Blick auch erscheinen mögen – haben in der Praxis eine Reihe von Schwachstellen:

- Diese Regeln und ihre Durchsetzung in der betrieblichen Praxis befördern ein konservatives Organisationsverständnis, weil man dadurch stets auf Bewährtes setzt. Allerdings muss das, was in der Vergangenheit erfolgreich war, es nicht unbedingt in der Zukunft auch sein.
- Einfache Gestaltungsrezepte vernachlässigen in der Regel die jeweiligen situativen Bedingungen, unter denen sie wirksam waren – und angesichts der Komplexität des Handelns in Organisationen ist es auch meist schwer bis unmöglich, diese Bedingungen eindeutig und in ihrem wechselseitigen Aufeinander-Bezogen-Sein zu identifizieren.
- Schließlich sind diese Leitfäden nicht wert-neutral, da sie sowohl explizit das Kriterium der ökonomischen Effizienz befördern als auch implizit das Moment der Herrschaftssicherung in den Vordergrund stellen.

Auch wenn es den Anschein haben mag, dass tayloristische Ansätze heute weitestgehend aus unserem Managementverständnis verbannt sein mögen, findet sich dieses Gedankengut doch in anderem Gewande wieder: „DIN ISO 9000" oder „Benchmarking" sind die heute gebräuchlichen Konzepte, die z.B. im Begriff des „Wissensmanagements" eher verschleiern, worum es letztendlich geht: Das Wissen der Mitarbeiter soll in formale Regeln übertragen werden und somit der Organisation zur Verfügung stehen. Auch in diesen „modernen" Konzepten – insbesondere in der so genannten Managerliteratur – finden sich also oftmals noch die typischen Denkmuster dieser Ansätze wieder.

2.2 Die Human-Relations-Bewegung

Der Taylorismus führte im Laufe der folgenden Jahrzehnte nicht zu dem erwünschten Ziel einer dauerhaften Disziplinierung und Leistungssteigerung der Mitarbeiter. Folglich wurde die Frage aktuell, wie denn Mitarbeiter anders motiviert werden könnten. So begann man, sich über die Lohngestaltung hinaus über die Bedürfnisse der Mitarbeiter Gedanken zu machen und den Wert von „human relations" (vgl. etwa Roethlisberger/Dickson 1939) zu erkennen. Führungskräfte nahmen zunehmend zur Kenntnis, dass Mitarbeiter als Menschen mit Bedürfnissen wahrzunehmen sind; folglich wurden rein monetäre Anreizsysteme durch solche ergänzt, die auch sozialen Bedürfnissen entsprachen (vgl. Bendix 1960).

Berühmt wurden die sog. Hawthorne-Experimente, in denen (ursprünglich in ganz tayloristischer Manier) in gezielten Experimenten versucht wurde, in Teilen einer Produktionshalle von General Electric den Zusammenhang zwischen der Beleuchtungsstärke am Arbeitsplatz und den erzielten Arbeitsergebnissen zu ermitteln. Die Produktion war werkstattmäßig organisiert, jeweils Gruppen von Arbeiterinnen saßen zusammen in großraumähnlichen Abteilungen. Interessanterweise stieg der Output in den Werkstätten, in denen man die Beleuchtung veränderte, unabhängig davon, ob die experimentierenden Forscher den Arbeiterinnen eine Erhöhung oder Verminderung der Lichtstärke ankündigten. Außerdem stieg die Arbeitsleistung auch in einer Referenzgruppe in einem anderen Bereich, in der die Lichtstärke nicht variiert wurde.

Aus diesen damals erstaunlichen Beobachtungen wurde im Folgenden der Schluss gezogen, dass allein der Tatbestand, dass sich jemand um die Arbeitsbedingungen der Mitarbeiterinnen kümmerte, also ihnen Aufmerksamkeit zukommen ließ, bereits eine Leistungssteigerung nach sich zöge; und daraus wiederum die Schlüsse, dass eine freundliche Führung sowie eine vertrauensvolle Beziehung zu den Mitarbeitern für die Steigerung der Arbeitsleistung verantwortlich waren. Dieses Ergebnis mündete z.B. in Schulungsprogrammen für die Meister und Manager in nicht-direktiver Gesprächsführung.

Kritik

Auch die Hawthorne-Experimente genügen nicht jenen Kriterien, an denen wissenschaftliche Untersuchungen gemessen werden, weil sie einzelfallbezogen sind. Auch wurde ihnen vorgeworfen, dass sie gleich mehrere Variablen variierten, so dass man allenfalls zu „ideologisch" erwünschten Aussagen kam, nicht aber zu exakten wissenschaftlichen Ergebnissen. Nichtsdestotrotz haben die Hawthorne-Experimente die weitere Entwicklung der Organisationstheorie, insbesondere der Organisationsentwicklung, massiv beeinflusst.

2.3 Das Weber'sche Bürokratiemodell

Max Webers (1980) Analyse der Bürokratie aus dem ersten Drittel des letzten Jahrhunderts (die nicht nur auf staatliche Verwaltungen abzielt, sondern auch auf moderne kapitalistische Unternehmen) gilt auch heute noch als maßgebliches Referenzwerk für das Verständnis von Organisationen. Max Weber stellt die Herausbildung formaler Organisationen in einen Zusammenhang mit dem Prozess der Rationalisierung (im ursprünglichen Wortsinne: eines an Rationalitätskriterien orientierten Handelns), die besonders auf der Ebene der Institutionen voranschreitet. Der Prozess der Rationalisierung auf der Ebene der Institutionen hat die Bürokratie hervorgebracht. Bürokratie war für Weber eine *positive* Errungenschaft im Sinne einer Überwindung von Willkür, wie sie in absolutistischen Staaten oder Diktaturen herrscht. Bürokratie bedeutet also eine Form legaler bzw. formal-rationaler Herrschaft, die auf dem Glauben an die Legitimität gesatzter Ordnungen und des Anweisungsrechts der dafür befugten Amtsträger beruht. Dieser „Glauben" wird auch von denen, die der formal-rationalen Herrschaft unterliegen, akzeptiert.

In der Bürokratie sieht Weber eine Form von Verwaltung, die anderen im Hinblick auf Präzision, Schnelligkeit, Eindeutigkeit, Aktenkundigkeit, Kontinuierlichkeit, Diskretion, Einheitlichkeit und straffer Über-/Unterordnung deutlich überlegen ist. Die von Weber dargestellte Bürokratie ist allerdings eine Beschreibung eines Idealtypus von Organisation, keine Beschreibung der Realität. In der Bürokratie herrscht Arbeitsteilung: jeder Beamte hat einen festen Verantwortungs- und Entscheidungsbereich, es herrscht ein klares System von Über- und Unterordnungen. Die Amtsführung ist „ohne Ansehen der Person" auszuüben, also weder der Person dessen, den ein Verfahren betrifft, noch der Person dessen, der dieses Verfahren durchführt – es darf nur um die „Sache" gehen. Allerdings erkennt Weber bereits in seinen Ausführungen, dass der Rationalisierungsprozess auf der Ebene der Institution – bis zum Ende verfolgt – ein „stahlhartes Gehäuse der Bürokratie" hervorbringt, das den Bewegungsspielraum der in der Bürokratie tätigen Menschen und auch den der Außenstehenden einengt: Formale Prozeduren müssen um ihrer selbst willen durchgeführt werden, auch wenn alle Beteiligten gemeinsam triftige Gründe haben, davon abzuweichen. Insofern sind die zuvor von Weber beschriebenen Errungenschaften der Bürokratie nicht kompatibel mit einer ausgewogenen Berücksichtigung der Interessen der Individuen (der Systemtheoretiker Niklas Luhmann spricht später von der „brauchbaren Illegalität", die z.B. die Funktionsfähigkeit (= Flexibilität) bürokratischer Systeme sichert).

Kritik

Die Kritik am Weber'schen Bürokratiemodell liegt einerseits in seiner Beschreibung eines Idealbilds von Organisation und der Kennzeichnung dieses Idealtypus als effizient. Außerdem bieten moderne Organisationen ihren Mitgliedern durchaus Möglichkeiten – und müssen diese auch bieten –, sich mit ihren Wertvorstellungen einzubringen. Zudem sind Organisationen, die weniger Regeln und einen geringeren Grad an Arbeitsteilung haben, nicht notwendigerweise weniger effizient: Einzelfallregelungen und Abweichungen von formal vorgegebenen Regeln machen dort Sinn, wo eine Generalisierung der zu organisierenden Tatbestände nicht hinreichend möglich ist (s.o. die Ausführungen zum Substitutionsprinzip der Organisation). Die Summe der Kritik am Weber'schen Modell hat u.a. zum situativen Ansatz geführt, der die formalen Regeln und die Effizienz einer Organisation als abhängig von situativen Kontextbedingungen sieht (dazu später mehr).

2.4 Die verhaltenswissenschaftliche Entscheidungstheorie

Die verhaltenswissenschaftliche Entscheidungstheorie setzt bei den empirisch beobachtbaren Entscheidungen in Organisationen an und versucht deren Merkmale und Bestimmungsgründe zu rekonstruieren. Aufbauend auf den Arbeiten von Barnard (1938) entwickelten insbesondere Cyert, Simon und March (March 1994, Cyert/March 1963, March/Simon 1958, Simon 1949) diese Theorie konzeptionell weiter. Kernpunkt dieser Theorie ist die Frage, wie Organisationen ihr Überleben in einer unsicheren, sich ständig verändernden Umwelt auf Dauer gewährleisten können. Das Ziel der Organisation verschiebt sich damit z.B. von einer Gewinnmaximierung hin zur Frage, wie die langfristige Existenz der Organisation in tendenziell turbulenten Umwelten sichergestellt werden kann.

Anders als die Vertreter der Neoklassischen Theorie, die vom Modell eines vollkommen informierten rationalen Entscheiders (homo oeconomicus) ausgehen, argumentieren die Vertreter der verhaltenswissenschaftlichen Schule sehr viel weniger abstrakt, dass Individuen allenfalls über begrenzte Informationen verfügen und diese in einem vorgegebenen Zeitrahmen auch nur begrenzt verarbeiten können (beschränkte Rationalität). Schließlich hat man ja nicht unbegrenzt Zeit, um Entscheidungen vorzubereiten (z.B. durch Einholung aller Informationen), vielmehr stehen Entscheidungen in aller Regel unter Zeitdruck.

Es ist dieses Konzept der beschränkten Rationalität, das den Kern der verhaltenswissenschaftlichen Entscheidungstheorie ausmacht. Individuen handeln demnach zwar ihren eigenen Absichten nach rational – so gut es geht und in der einzelnen Entscheidungssituation –, sie sind jedoch kaum in der Lage, im Hinblick auf die institutionellen Belange Entscheidungen rational zu treffen. Das liegt nach Simon darin begründet, dass Individuen nur unvollständige Informationen über jene Bedingungen haben, die die Konsequenzen der Entscheidungsalternativen beeinflussen, dass sie nur begrenzt in der Lage sind, zukünftige Ereignisse ex ante zu bewerten und dass sie nicht fähig sind, alle Entscheidungsalternativen in Betracht zu ziehen.

Organisationen versetzen damit den bzw. die Entscheider in eine Situation, in der die Komplexität und die prinzipielle Unsicherheit, die Entscheidungen in Organisationen anhaften, reduziert werden müssen – gleichsam um entscheidungsfähig zu werden. Die Reduktion von Unsicherheit und Komplexität gelingt dabei durch den Einsatz unterschiedlicher Maßnahmen:

- Arbeitsteilung: Wie schon bei Weber beschrieben, herrscht Arbeitsteilung und die verschiedenen zu bearbeitenden Problemstellungen werden auf unterschiedliche Mitarbeiter aufgeteilt, so dass eine Art lokale Rationalität entstehen kann. Die jeweiligen Entscheider auf Detailebene müssen sich nicht mehr mit dem „Ganzen" befassen, sondern nur mit den Problemen, die ihrer Abteilung (z.B. dem Marketing, der Programmentwicklung usw.) zugeordnet sind.
- Standardisierte Verfahren und Programme: Durch Verfahrensanweisungen und Arbeitsrichtlinien wird festgelegt wie das einzelne Organisationsmitglied in bestimmten, regelmäßig auftretenden Situationen vorzugehen hat. Solche Regeln sind für den Entscheider sehr entlastend, da er nicht in jeder Situation über alle möglichen Alternativen nachdenken muss. So wird beispielsweise in Bildungsorganisationen die Erstellung des Jahresprogramms zu einem weitgehend routinemäßig ablaufenden Prozess.
- Hierarchie: Die hierarchische Unterstellung unter bestimmte Einheiten bzw. Abteilungen weist diesen bzw. den Leitern dieser Einheiten das Recht und die Pflicht zu, bestimmte Entscheidungen zu fällen. Für die untergeordneten Einheiten bzw. Individuen entsteht eine Entlastung von der Entscheidung und dadurch eine Komplexitäts- und Unsicherheitsreduktion.
- Kommunikation: Informationen, die den einzelnen Stelleninhabern zufließen, werden schon im vornhinein darauf selektiert, wer für seine Entscheidungen welche Informationen benötigt. Damit erhalten die Entscheider nicht mehr alle Informationen, sondern nur mehr die für sie relevanten (allerdings ist die

Beurteilung der Relevanz von Informationen eine sehr schwierige und konflikt-reiche Frage!).

▪ Die Verhaltenswissenschaftliche Entscheidungstheorie geht davon aus, dass die Positionsinhaber unterer Stellen bei vielen Entscheidungen ein Informations-monopol besitzen. Daher müssen die Entscheider auf höherer Ebene die Mit-arbeiter auf diesen untergeordneten Positionen eigene Entscheidungsprämissen selbst setzen lassen. Damit diese das im Sinne der Organisation erledigen – und nicht zu ihrem persönlichen Vorteil – werden diese Mitarbeiter im Hinblick auf die Werte und das Leitbild der Unternehmung geschult. Aber auch hier gilt, dass individuelle Vorteilsnahmen dadurch nicht ausgeschlossen werden können.

Der wesentliche Kernpunkt der verhaltenswissenschaftlichen Ansätze ist, dass Unternehmen als prinzipiell offene Systeme konzipiert werden, die mit ihrer Umwelt in einem wechselseitigen Abhängigkeitsverhältnis stehen. Dabei geht man davon aus, dass das Problem der Differenz zwischen Individuum und Organisation als ein Dauerhaftes besteht, welches nicht gelöst werden kann. Organisationen bleibt nichts anderes übrig, als zu versuchen, durch Anreize ihre Mitarbeiter an sich zu binden, so dass die Mitarbeiter die entsprechenden Beiträge leisten: z.B. müssen die Mitarbeiter in der Organisation so attraktive Produkte und/oder Dienstleistungen erstellen, dass die Kunden am Markt den dafür gewünschten Preis bezahlen. (Zurück gehend auf Chester Barnard (1938) nennt man diese Vor-stellung eines „Gleichgewichts" zwischen dem, was Mitarbeiter leisten und dem, was die Organisation dafür bietet, „Anreiz-Beitrags-Theorie".) Mit den Beiträgen der Organisation soll auch für die Zukunft ermöglicht werden, dass die positiven Anreize die Mitarbeiter grundsätzlich zum „Mitspielen" veranlassen (Teilnahme-entscheidung) und sie darüber hinaus auch „bei Laune halten" (Entscheidung über rollenkonformes, d.h. den Erwartungen der Organisation entsprechendes Ver-halten).

Andererseits ist das Streben danach, Mittel und Wege zu finden, die Mit-arbeiter dauerhaft zu beherrschen und an sich zu binden, das sich in vielen anderen Ansätzen ausdrückt, in den verhaltenswissenschaftlichen Ansätzen konsequenter-weise deutlich reduziert. Von daher kommen diese Ansätze der Realität des be-trieblichen Geschehens deutlich näher. Auch gibt es nicht (wie bei Taylor) die Vorstellung eines „one-best-way" im Hinblick auf die Gestaltung von Organisa-tionsstrukturen. Vielmehr dienen Organisationsstrukturen im Wesentlichen dazu, die Komplexität der Umwelt und die daraus entstehende Unsicherheit auf ein ver-nünftiges Maß zu reduzieren, um so entscheidungs- und handlungsfähig zu bleiben. Dieses Maß der Komplexitätsreduktion und damit die Gestaltung der Organisationsstruktur kann aber in jeder Situation neu konfiguriert werden. Die Annahme, dass man die Rationalität von Entscheidungen durch formale Strukturen sicherstellen kann, ist demnach nur dort einigermaßen realitätsnah, wo es eindeutige und konsistente Ziele und wohlstrukturierte Probleme gibt. Mehr-deutige und komplexe Entscheidungen sowie strategische oder komplexe Problem-stellungen entziehen sich weitestgehend diesen Mechanismen.

Kritik

Als Kritik an diesem Ansatz lässt sich vorbringen, dass die funktionale Analyse mitunter einseitig ausfällt und die Funktion formaler Strukturen bisweilen zu positiv beurteilt wird. Andere Aspekte wie etwa die Bedürfnisse der Individuen werden demgegenüber eher ausgeblendet. Darüber hinaus hat man zuweilen den Eindruck, dass die verhaltenswissenschaftlichen Ansätze – trotz ihrer empirisch-beschreibenden Orientierung – immer noch ein idealisierendes Verhalten von Menschen in Organisationen zugrunde legen.

2.5 Der situative Ansatz

Während die „Klassiker" wie Weber oder Taylor ihr Augenmerk nur auf das Innere der Organisation gerichtet haben, enthält der sog. „situative" Ansatz insofern eine wichtige konzeptionelle Neuerung (und radikalisiert damit die verhaltenswissen-schaftliche Entscheidungstheorie), als er durch die systematische Einbeziehung der Umwelt der Organisation auch „nach außen schaut". Dieser Theorieansatz wird nunmehr vertieft (vgl. zu diesem Ansatz im folgenden ausführlich Breisig 2003).

Der situative Ansatz ist in den sechziger und siebziger Jahren aus einer Kritik an älteren organisationstheoretischen Ansätzen entstanden, und zwar

- aus der Kritik am Bürokratieansatz und
- aus der Kritik an der wissenschaftlichen Betriebsführung Taylors.

In der organisationstheoretischen Diskussion wurde mitunter Max Webers Be-schreibung der Bürokratie als Idealtypus insofern falsch interpretiert, als man es als Beschreibung der (oder einer anzustrebenden) Realität auffasste. Seitens der Kritik an Webers Ansatz wurde in Frage gestellt, ob die von Weber herausgestellten Merkmale der Bürokratie immer zusammen auftreten und immer gleich stark ausgeprägt sind, oder ob es nicht graduelle Abstufungen gibt. Um diese Fragen zu beantworten, wurden ganze Serien von empirischen Untersuchungen in Organisa-tionen durchgeführt, die erhebliche Unterschiede in den formalen Strukturen selbst solcher Organisationen zu Tage förderten, die von ihrem Leistungsspektrum (Größe, Produktprogramm etc.) ähnlich waren. Demnach gibt es Organisationen, in denen alle Bürokratiemerkmale hoch ausgeprägt sind und andere, in denen diese niedrig ausgeprägt sind. Vor allem aber sind bei vielen Organisationen einige Merkmale in einem schwachen und andere in einem starken Ausmaß vorfindbar. Diese differenzierten Beobachtungen führten die Forscher zu der Frage nach den Ursachen für die strukturellen Unterschiede.

Auf der Suche nach der Antwort gelangten die Wissenschaftler zu einem Para-digmenwechsel in der Organisationstheorie, indem sie erstmals die *Situations-bedingungen*, denen eine konkrete Organisation ausgesetzt ist, in den Mittelpunkt der Betrachtung stellten.

> **Merksatz**
> Strukturen von Organisationen hängen von ihren Bedingungen, von ihrem Kontext ab.

Davon wird auch der Name dieser „Schule" hergeleitet: Situativer Ansatz, oder auch „Kontingenzansatz". Es wird untersucht, ob bestimmte Situationsmerkmale und bestimmte Strukturmerkmale „kontingent" sind, d.h. inwiefern sie regelmäßig auftreten (und sich wechselseitig bedingen) oder eben nicht. Damit werden die Eigenschaften formaler Strukturen nicht als Konstanten, sondern als Variablen konzipiert.

Die zweite Wurzel dieses Ansatzes war die Kritik am Taylorismus und an der klassischen Management- und Organisationslehre, sowie an der daraus entstandenen Praxis der Organisationsgestaltung nach Daumenregeln und Checklisten. Taylors Methodik zur Gestaltung der Arbeit in der Produktion diente ja dazu, jede Tätigkeit bis in ihre letzten Elemente hinein zu analysieren, um den „Königsweg" ihrer Ausführung herauszufinden. Aus diesen Überlegungen versuchte man auch, entsprechende Richtlinien für die effiziente Gestaltung der Verwaltungsarbeit zu entwickeln. Dabei ging man davon aus, dass es keine Organisationsprinzipien geben könne, die für alle Organisationen und deren spezifischen Aufgabensituationen gleichermaßen gelten.

In der Managementlehre wurde daraufhin zu analysieren versucht, unter welchen Bedingungen sich welche Organisationsstrukturen als effizient erweisen. Dies sollte dazu führen, Gestaltungsprinzipien für bestimmte Situationen abzuleiten und somit die tayloristische Vorstellung des „one best way" zu der Idee des „one best way for each situation" weiterzuentwickeln. Einen solchen Ansatz wählte bereits in den 50er Jahren Woodward (1958) für ihre empirische Untersuchung der Organisationsstrukturen von 100 Fertigungsunternehmen in England. Sie konnte zeigen, dass die Ausprägungen der von der Managementlehre hervorgehobenen Merkmale der Organisationsstruktur (wie z.B. Größe der Leitungsspannen, Zahl der Hierarchieebenen usw.) offenbar von der Fertigungstechnologie abhängen.

Dass Situationsfaktoren bei der Analyse und beim Verständnis von Organisationen eine wichtige Rolle spielen, wird bereits bei ganz alltäglichen Beobachtungen deutlich: Ein Finanzamt arbeitet als „konkurrenzlose" staatliche Behörde in einer relativ stabilen Umwelt. Die ausschließliche Aufgabe besteht im Einnehmen der Steuern von den Bürgern auf der Basis der jeweils gültigen Steuergesetzgebung. Diese Funktion kann angemessen erfüllt werden mit einer klaren hierarchischen Gliederung und einem hohen Maß an standardisierten Verfahrensregelungen. Demgegenüber arbeitet eine Unternehmensberatung auf einem hart umkämpften Markt mit starker Konkurrenz. Die Aufgabenstellung wechselt mit der Problemlage des jeweiligen Klienten. Es kommt darauf an, dass die Berater jeweils mit den Kunden kreative Lösungen entwickeln und ihre Sachkompetenzen und Erfahrungen einbringen. Daher sind die Mitarbeiter außer dem Eigentümer hierarchisch weitgehend gleichgestellt. Sie arbeiten in enger Tuchfühlung mit dem Klienten in Projektteams zusammen. Standardisierte Verfahrensregelungen bestehen kaum.

Des Weiteren wird die Relevanz von Situationsfaktoren an der Unternehmensgröße deutlich: Es liegt auf der Hand, dass ein großes Unternehmen mit 5.000 Beschäftigten ein höheres Maß an Arbeitsteilung und Verfahrensstandardisierung aufweisen muss als ein überschaubarer Kleinbetrieb mit 15 Mitarbeitern, in dem viele Probleme der Arbeitsverteilung und Koordination „von Angesicht zu Angesicht" geregelt werden können.

Zu den Situationsfaktoren, die in umfangreichen Studien die Aufmerksamkeit der Forscher besonders auf sich gezogen haben, zählen daher sowohl Aspekte der „internen" Situation eines Unternehmens wie auch Dimensionen der „externen" Umwelt. Die wichtigsten Situationsfaktoren, die in diesem Untersuchungsansatz herausgearbeitet wurden, sind die folgenden:

- Dimensionen der internen Situation
  Gegenwartsbezogene Faktoren: Leistungsprogramm, Größe, Fertigungstechnik, Informationstechnik, Rechtsform und Eigentumsverhältnisse.
  Vergangenheitsbezogene Faktoren: Alter der Organisation, Art der Gründung, Entwicklungsstadium der Organisation

- Dimensionen der externen Situation
  Aufgabenspezifische Umwelt: Konkurrenzverhältnisse, Kundenstruktur, Dynamik der technischen Entwicklung,
  Globale Umwelt: gesellschaftliche Bedingungen, kulturelle Bedingungen

Diese Situationsfaktoren werden dann mit den Merkmalen der Organisation bzw. ihrer Gestalt in Verbindung gebracht. Die Merkmale der formalen Organisation, die im situativen Ansatz als Kennzeichen der Organisationsstruktur herausgestellt werden, sind:
- Arbeitsteilung (Formen und Organisation)
- Amtshierarchie (System von Über- und Unterordnungen und die Verteilung der Entscheidungskompetenzen)
- Anwendung bürokratischer Regeln und Verfahrensrichtlinien (Regelungsdichte)
- Aktenmäßigkeit (Formalisierung)

Vor diesem Hintergrund einer Gegenüberstellung von Situationsfaktoren und Organisationsstruktur werden im situativen Ansatz Antworten auf die folgenden drei analytischen Fragestellungen gesucht:
- Wie können Organisationsstrukturen beschrieben und messbar gemacht werden, um strukturelle Unterschiede aufzuzeigen?
- Welche situativen Einflussfaktoren erklären die Unterschiede zwischen Organisationsstrukturen?
- Welche Auswirkungen haben unterschiedliche Situations-Struktur-Konstellationen auf das Verhalten der Organisationsmitglieder und damit die Effizienz der Organisation?

Interessant erscheint in diesem Zusammenhang die Feststellung zu sein, dass es zwar von der Theorie einen behaupteten Zusammenhang zwischen der Effizienz der Organisation, dem Verhalten der Organisationsmitglieder in Abhängigkeit von der Situation der Organisation und der formalen Struktur zu geben scheint, dies aber in empirischen Untersuchungen kaum überprüft werden konnte. Dies scheint vor allem deshalb so zu sein, weil der Einfluss der Struktur sowohl auf das Verhalten als auch auf die Effizienz der Organisation nur schwierig zu erfassen ist.

Kritik

Wie alle anderen organisationstheoretischen Zugänge hat sich auch der situative Ansatz vielfacher Kritik stellen müssen. Ein erster Teil der Kritik zielt auf methodische Mängel – wie schon oben angedeutet. Ein zweiter Teil der Kritik bezieht sich auf die zugrunde liegenden Annahmen des situativen Ansatzes, etwa dass die Situation die Organisationsstruktur determiniert. Vielmehr kann man (auch) beobachten, dass Organisationen sich die Situation durchaus auch gestalten können, etwa durch die Einführung neuer Produktionstechnologien. Ein dritter, und wie uns scheint: höchst zentraler Kritikpunkt ist der, dass dieser Ansatz ein konservatives Organisationsverständnis befördert. Es lassen sich nämlich nur organisatorische Lösungen identifizieren, die sich bisher schon bewährt haben. Möglicherweise neue, bedeutende Situationsfaktoren können systematisch übersehen werden. Darüber hinaus verschleiert dieser Ansatz die hinter spezifischen organisatorischen Ausgestaltungen stehenden Interessen einflussreicher Akteure, weil die organisationale Lösung als funktional notwendig oder geboten („Sachzwang") dargestellt wird.

2.6 Neoinstitutionalistische Organisationstheorie

Die Vertreter neoinstitutionalistischer Ansätze (Walgenbach 2002; Scott 1995) bauen wesentlich auf den Arbeiten Max Webers auf. Sie stellen in ihren Arbeiten die Frage nach der Legitimität formaler Strukturen in den Vordergrund. Webers Bürokratieansatz basiert ja auf der zentralen Annahme, dass eine „gesatzte" Ordnung die Grundlage einer effizienten und die Willkür eindämmenden formalrationalen Herrschaft ist.

Im neoinstitutionalistischen Ansatz wird hingegen die Umwelt einer Organisation so betrachtet, dass dort verschiedenste Kultur- oder Referenzsysteme existieren, in denen jeweils sehr unterschiedliche Formen von Rationalität gelten. Zum Teil können die Rationalitätsvorstellungen sogar widersprüchlich sein. Die Unterschiedlichkeit der „Rationalitäten", die in den jeweiligen Bereichen herrschen, spiegelt sich in dem von Meyer und Rowan (1977) geprägten Begriff „Rationalitätsmythen" wider. Dies sind Regeln und Annahmen, die rational in dem Sinne sind, dass sie plausible soziale Ziele bestimmen und in sinnvoll erscheinender Weise festlegen, welche Mittel zur rationalen Verfolgung dieser Zwecke angemessen sind. Es sind Mythen in dem Sinne, dass ihre Wirklichkeit und ihre Wirksamkeit von einem gemeinsam geteilten Glauben an sie abhängt, dass sie allerdings nicht einer objektiven, externen empirischen Prüfung unterzogen werden können (Scott 1998).

Ein Beispiel eines solchen Mythos ist, dass moderne Bildungseinrichtungen Computer benutzen. Eine Organisation, die sich – aus welchen Gründen auch immer – weigerte, Computer zu benutzen, gälte als nicht mehr zeitgemäß. Unsere Gegenwart ist voll mit derartigen Rationalitätsmythen: moderne Schulen müssen heute ein Leitbild besitzen; eine Bildungsorganisation, die auf sich hält, verfügt über ein zertifiziertes Qualitätsmanagementsystem, z.B. in Form eines systematisch zum Einsatz kommenden Evaluierungsverfahrens (für Lehre, Studiengänge usw.). Dabei beschränken sich die Annahmen, wie moderne Organisationen gestaltet sein sollen, nicht auf einzelne Techniken oder Instrumente. Die Vertreter dieses Ansatzes gehen davon aus, dass Annahmen, Vorstellungen und Erwartungen, die in modernen Gesellschaften Gültigkeit haben, generell festlegen, wie solche Organisationen gestaltet sein sollen, welche Aufgaben sie haben und welche nicht. Daher werden viele Stellen in Organisationen (Gleichstellungsbeauftragte, Umweltschutzbeauftragte usw.) aufgrund der öffentlichen Meinung und der Sichtweisen wichtiger Anspruchsgruppen erforderlich oder durch Gesetze erzwungen.

Einladung zum Nachdenken
Welche Annahmen, Vorstellungen und Erwartungen werden von der Gesellschaft an die Organisation herangetragen, in der Sie tätig sind. Wie würden Sie die daraus resultierenden „Rationalitätsmythen" beschreiben?

Organisationen, die diesen Anforderungen und Erwartungen gerecht werden, erhöhen ihre Legitimität. Somit sind aus der Sicht des Neoinstitutionalismus formale Strukturen also weniger technisch-rational gestaltete Werkzeuge zur Steuerung der Aktivitäten in der Organisation, sondern die Elemente der formalen Organisation sind vielmehr Ausdruck von institutionalisierten Regeln und Erwartungen (Meyer/ Rowan 1977). Bedeutsam bleibt noch festzuhalten, dass die institutionalisierten Erwartungen nicht nur in der Umwelt der Organisation existieren, sondern auch in den Köpfen der Organisationsmitglieder. Dort entstehen sie z.B. durch Ausbildung, Studium und vor allem durch berufliche und organisationale Sozialisationsprozesse.

Die Anforderung, dass eine Organisation den institutionalisierten Regeln und Erwartungen in ihrer Umwelt entspricht, hat einige kritische Folgen. Die Organisation adoptiert strukturelle Elemente, weil sie extern legitimiert sind und weniger wegen deren Effizienz, und sie benutzt externe und nicht eigene Bewertungskriterien, um den Wert struktureller Elemente zu bestimmen. Wenn ihr Erfolg in hohem Maß von der Adoption institutionalisierter Regeln abhängt, können Organisationen mit zwei Problemen konfrontiert werden (Meyer/Rowan 1977):

- Die aufgabenbedingten Anforderungen und die Effizienzerfordernisse, denen die Organisation entsprechen muss, können mit den Bemühungen der Organisation, den institutionalisierten Regeln zu entsprechen, in Konflikt geraten.

- Die institutionalisierten Regeln können in unterschiedlichen Umwelten der Organisation entstanden und daher widersprüchlich sein.

Den Konflikt zwischen institutionalisierten Regeln und Effizienz kann man jedoch durch zwei miteinander verknüpfte Kunstgriffe lösen: durch „Entkoppelung" und mit einer „Logik des Vertrauens".

Entkoppelung bedeutet, dass strukturelle Elemente (z.B. Abteilungen, Stellen, die zur Deckung der „Legitimationsnachfrage" durch die Gesellschaft eingerichtet wurden) untereinander und von den Kernaktivitäten der Organisation entkoppelt werden. Dies ermöglicht es der Organisation, legitimierte formale Strukturen aufrechtzuerhalten, während die tatsächlichen Kernaktivitäten als Reaktion auf aktuelle und praktische Erfordernisse variieren. Die formale Struktur besteht dann zunehmend aus Elementen einer Legitimationsfassade oder auch „Rationalitätsfassade".

Die „Logik des Vertrauens" besagt, dass man im Zusammenspiel mit den gesellschaftlichen Legitimationsforderungen das richtige – Vertrauen und Glaubwürdigkeit erweckende – Vokabular benutzen sollte. Dies signalisiert zum einen, dass die Organisation einwandfrei und reibungslos funktioniert, zum anderen sind interne und externe Akteure (Mitarbeiter, Kunden, Banken usw.) dann eher geneigt, der Organisation Kompetenz zuzuschreiben und zu vertrauen. Benötigte Ressourcen (Arbeitsleistungen, Rohstoffe, Finanzzuflüsse) werden dann eher zur Verfügung gestellt, als wenn wenig Vertrauen erweckende Kommunikationsakte gesetzt werden. Dies ist vermutlich mit ein Grund dafür, dass in vielen Bildungsorganisationen Führungsfragen heute (in Zeiten knapper Budgets) sehr viel stärker in einer wirtschaftlichen Terminologie diskutiert werden als noch vor einem Jahrzehnt.

Kritik

Trotz des Fortschritts des neoinstitutionalistischen Ansatzes, Rationalität nicht mehr in einer funktionalen Zweck-Mittel-Beziehung zu sehen, sondern eher als „Fassadenmanagement" zu interpretieren, müssen doch einige kritische Argumente geäußert werden. Zum einen erscheinen Organisationen in diesem Ansatz als passiv, Widerstände oder konkretes Agieren gegen die Erwartungen anderer Subsysteme werden nicht thematisiert. Außerdem wird nicht beschrieben, wie institutionalisierte Erwartungen an Organisationen entstehen und wie sie als solche wahrgenommen werden. Schließlich wird nicht darauf eingegangen, dass gerade größere Organisationen (z.B. multinationale Konzerne) einen erheblichen Einfluss auf die Gestaltung ihrer institutionellen Umwelt haben können und diesen durch Lobbyismus, aber auch durch versteckte oder offene Drohungen durchaus ausüben.

2.7 Organisation als Spiel und Mikropolitik

Crozier und Friedberg (1979) gehen davon aus, dass eine formale Struktur das Verhalten der Organisationsmitglieder nie völlig determinieren kann. Mit ihrem Ansatz wird das Individuum gewissermaßen als selbst bestimmtes Wesen „wiedergeboren" und als eigenständige Größe neben der formalen Organisationsstruktur re-etabliert. Kernaussage des Ansatzes zur Organisation als Spiel und Mikropolitik ist, dass formale Organisationsstrukturen das Geschehen in Organisationen nicht abschließend und endgültig bestimmen, sondern immer wesentliche Freiräume existieren, die von den Individuen in ihrem eigenen Sinne ausgenutzt werden. Da jedes Organisationsmitglied über einen gewissen Handlungsspielraum verfügt, verfügt es auch über eine mehr oder weniger große Portion Macht und zwar sowohl über andere Organisationsmitglieder als auch über die Organisation (vgl. Küpper/Ortmann 1992).

Die Macht des Einzelnen kann – Crozier und Friedberg zufolge – vier unterschiedliche Quellen haben:

- Expertentum (basiert auf dem Vorhandensein bzw. der Beherrschung eines bestimmten Sach- oder Fachwissens)
- Nahtstellen zur Umwelt (Besetzung dieser wichtigen Schnittstellen nach außen durch bestimmte Mitglieder der Organisation)
- Kontrolle von Informations- und Kommunikationskanälen (z.B. durch die Monopolisierung von bestimmten Informationen durch bestimmte Personen)
- Organisationsregeln (als Antwort der Organisationsleitung auf Problembereiche, die durch die drei anderen Machtquellen entstehen).

Die Kontrolle von Bereichen oder Situationen, die für andere Organisationsmitglieder nicht nur mit hoher Unsicherheit verbunden sind sondern auch große Bedeutung für deren Interessen haben, ist eine für den Einzelnen bedeutsame (Macht-)Ressource. Sie bietet dem Einzelnen die Möglichkeit, mehrdeutige Situationen kreativ und für sich taktisch günstig zu nutzen. Man kann Strategien entwickeln, die für einen selbst zielführend sind und gleichzeitig die Handlungsspielräume anderer einschränken. Andererseits ist es für jedes Individuum leicht vorstellbar, dass eine Organisation, in der jeder rücksichtslos seine eigenen Interessen verfolgt, dem Untergang geweiht ist. Das Bestehen der Organisation ist damit (auch) ein Ziel, das jedes Individuum in seinem Kalkül berücksichtigt. Es muss daher sichergestellt werden, dass die Organisation weiter bestehen kann und dennoch der Einzelne möglichst gute Bedingungen für sich selbst erzielen kann.

> **Merksatz**
> Macht kann man als „Möglichkeit der Kontrolle relevanter Unsicherheitszonen" definieren.

Der oben erwähnte zentrale Integrationsmechanismus ist das Spiel. Das oberste Ziel für die Teilnehmer dieses Spiels ist nämlich die Existenzsicherung der Organisation, damit weitergespielt werden kann. Das wichtigste Nebenziel ist, dass das oberste Ziel für das einzelne Organisationsmitglied unter möglichst günstigen Bedingungen und unter größtmöglichen Gewinnaussichten realisiert werden kann. So muss jeder „Spieler" einen Teil der Erwartungen, die an ihn gerichtet werden, erfüllen, damit das Spiel fortgeführt werden kann. Das Spiel ist „ein konkreter Mechanismus, mit dessen Hilfe die Menschen ihre Machtbeziehungen strukturieren und regulieren und sich doch dabei Freiheiten lassen" (Crozier/Friedberg 1979).

Formale Organisationsstrukturen und -prozesse sind damit nicht länger nur von „außen" vorgegeben (z.B. durch das Management), sondern entstehen quasi als dauerndes Provisorium jeweils aktuell gültiger und herrschender Machtbeziehungen in der jeweiligen Organisation: „Strukturen und Regeln haben zwei widersprüchliche Aspekte. Einerseits bilden sie Zwänge, die sich zu gegebener Zeit allen Mitgliedern der Organisation auferlegen, selbst den Leitungskräften, die sie geschaffen haben; aber andererseits sind sie selbst nur Produkt früherer Kräfteverhältnisse und Feilschbeziehungen" (Crozier/Friedberg 1979). Das Konzept des Spiels bedeutet daher keineswegs, dass es sich um ein Null-Summen-Spiel handelt, bei dem es letztendlich um Gleichheit zwischen den Spielern geht. Beide Spieler können aus dem Spiel Gewinn ziehen (win-win-Situation), oder – insbesondere in heißen Konfliktphasen – verlieren (lose-lose-Situation), oder es findet eine Umverteilung von Macht- und anderen Ressourcen statt (win-lose-Situation). Beispiele für solche Spiele sind:

- Konflikte zwischen dem für neue Bildungsprogramme zuständigen Bereichsleiter und dem Marketingleiter hinsichtlich des Einführungstermins für ein neues „Produkt"
- Revierkämpfe zwischen der EDV-Abteilung und der Personalabteilung bei der Implementierung eines neuen Personalinformationssystems
- Informationsfilterung seitens der Geschäftsführung
- Anhaltendes EDV-Chinesisch der betrieblichen Experten trotz der Klagen aus den Abteilungen
- Intrigen, opportunistisches Verhalten, Mobbing, usw.

Ausgehend von dem Ansatz von Crozier und Friedberg, der in der deutschsprachigen Organisationswissenschaft zuerst von Küpper und Ortmann (1992) aufgegriffen wurde, formuliert Neuberger (1995: 22 f.) acht „Merkmale des Politischen" mit einer jeweiligen Leitfrage zur Erschließung des betreffenden Merkmals. Sie dienen nicht nur jenen, die von Außen eine komplexe Situation in einer Organisation beurteilen wollen, als hilfreiches gedankliches Analyseraster; auch für jemanden, der selbst in der Situation steckt und nach angemessenen Handlungsmöglichkeiten und/oder -reaktionen sucht, können diese Merkmale geeignet sein, sich selbst mehr Klarheit zu verschaffen.

Merkmal	Leitfrage
Akteursperspektive/ Handlungsorientierung	Wer tut was (nicht)?
Interessen	Warum oder wozu handelt jemand?
Intersubjektivität	Welche interpersonalen Beziehungen existieren?
Macht	Wie wird das Geschehen beherrscht oder kontrolliert?
Dialektik der Interdependenz	Wie wird wechselseitige Abhängigkeit bewältigt?
Legitimation	Wie werden Handlungen oder Verhältnisse gerechtfertigt?
Zeitlichkeit	Wie wird mit Instabilität, Wandel, Chancen umgegangen?
Ambiguität	Welche Mehrdeutigkeiten, Widersprüche und Intransparenzen erlauben/erfordern ‚interessiertes' Handeln?

Tabelle 1:
Merkmale des Politischen (nach Neuberger 2005: 22 f.)

Insgesamt gesehen, gehen mikropolitische Ansätze davon aus, dass soziale Ordnungen ausgehandelt werden. Sie lenken damit den Blick darauf, dass soziale Ordnungen vielfältig gestaltet sein können, also kontingent und prinzipiell auch anders vorstellbar sind. Sie stellen die faktische Bedeutung von Machtstrukturen in Rechnung, was in der Organisationsforschung bis dahin kaum erfolgte und teilweise auch heute noch häufig vernachlässigt wird. Somit versucht die mikropolitische Perspektive, der realen Komplexität und dem Gemisch von individuellen und organisationalen Einflussfaktoren für Entscheidungen eher gerecht zu werden. Sie geht davon aus, dass das Handeln in Unternehmen nicht nur ökonomisch oder technisch zu erklären ist – mit der Politik –, d.h. mit der Interessendimension kommt ein weiterer Aspekt hinzu.

Kritik

Der mikropolitische Ansatz wird allgemein als sehr realitätsnah bewertet. Allerdings fehlt ihm eine Operationalisierung der zentralen Konzepte wie Spiele, Macht und (Spiel-)Strategien. Das ist vor allem darin begründet, dass der Bezug zu einer Gesellschaftstheorie weitgehend fehlt und damit auch der Bezug der Interessen der Individuen auf konkrete wirtschaftsstrukturelle, rechtliche, politische und sozialstrukturelle Bedingungen der Gesellschaft im Grunde ausgespart bleibt. So werden z.B. die ungleichen Einfluss- und Durchsetzungschancen der Akteure, die objektiv gegeben sind (etwa durch formale hierarchische Macht), zu wenig berücksichtigt. Der (mikro-)politische Ansatz – so die Kritik – nimmt daher nur eine bloße Beschreibung von mehr oder weniger trickreichen Taktiken und Spielen im Arbeitsleben vor. Dies erfolgt ohne Integration in eine umfassende Erklärung, die es erlauben würde, Entstehung, Anwendung und Ergebnisse mikropolitischer Strategien aus organisationaler oder gesellschaftlicher Perspektive zu erklären oder zu verstehen. Mit der Orientierung an einzelnen Akteuren geraten außerdem die durch bedeutsame Unternehmensentscheidungen festgelegten Konturen aus dem

Blick – schließlich sind Entscheidungen z.B. über die Organisationsgestaltung zwar Ausfluss von irgendwelchen Spielrunden, allerdings besitzen sie für alle weiteren Spielrunden eine wesentliche Bedeutung. Schließlich werden mögliche verbindende Faktoren wie z.B. gemeinsame Visionen oder die Identität der Gesamtorganisation – als durchaus auch politische Willensgrundlage der Organisation – vernachlässigt.

Fragen zum Themenbereich „Organisations- und führungstheoretische Zugänge"

- Die Ankündigung, „Dienst nach Vorschrift" zu machen, wird heute in vielen Organisationen als eine Art „innerorganisatorische Kriegserklärung" verstanden. In der Logik eines Max Weber müsste dies dabei eigentlich etwas Selbstverständliches sein. Worin sehen Sie die Ursachen einer derartigen Wahrnehmung? Was kann eine Organisation Ihrer Ansicht nach tun, um immer wieder neu die Balance zwischen „Regelorientierung" und organisationaler Flexibilität zu finden?
- Stellen Sie sich eine Situation aus Ihrem beruflichen Zusammenhang vor, die Sie aufgrund der darin zur Geltung kommenden gegensätzlichen Interessen als sehr spannungsreich empfunden haben. Versuchen Sie, diese Situation anhand der in Tabelle 1 genannten Merkmale auf ihre politischen Elemente zu analysieren. (Am meisten gewinnt man bei der Bearbeitung einer derartigen Aufgabe, wenn man dabei einen kompetenten Gesprächspartner mit einbezieht. Dieser/diese muss die Situation gar nicht selbst erlebt haben, es reicht aus, wenn er oder sie Ihnen weiterführende Fragen zu dem Fallbeispiel stellt!)

Literatur zur Vertiefung

Küpper, W./Ortmann, G. (Hg.) (1992): Mikropolitik: Rationalität, Macht und Spiele in Organisationen. 2. Aufl. Opladen.
Hierbei handelt es sich um einen Sammelband von Aufsätzen zu Mikropolitik, der als der deutschsprachige Klassiker zum Thema Mikropolitik gilt.

Meyer, J.W./Rowan, B. (1977): Institutionalized Organizations: Formal Structure as Myth and Ceremony. In: American Journal of Sociology 83: 340-363.
Dieser Artikel zählt zu den meist zitierten Fachaufsätzen der Organisationstheorie – vermutlich nicht zuletzt deshalb, weil der darin formulierte innovative Zugang zur Analyse von Organisationen den lebendigen Erfahrungen der Leser sehr viel stärker entspricht als frühere, z.T. sehr viel abstraktere Ansätze.

Neuberger, O. (1995): Mikropolitik. Der alltägliche Aufbau und Einsatz von Macht in Organisationen. Stuttgart.
Ein sehr empfehlenswertes Lehrbuch, das einen guten Überblick zum Thema Macht in Organisationen liefert.

Weber, M. (1980): Wirtschaft und Gesellschaft. 5. Aufl. Tübingen.
Das Buch von Max Weber ist der Klassiker zur Theorie bürokratischer Organisationen.

3 Organisationsgestaltung

3.1 Grundtatbestände der Organisationsgestaltung

Organisationen entstehen und gewinnen ihre Form nicht „einfach so", also quasi naturwüchsig; sie sind vielmehr weitgehend Ergebnis einer *zielorientierten Gestaltung*. Während die Umwelt der Organisation einer direkten gestaltenden Einflussnahme – von Ausnahmen abgesehen – weitestgehend entzogen ist, kann die Organisationsleitung oder können auch andere Organisationsmitglieder im Wege der organisatorischen Strukturbildung tätig werden.

Nun beziehen sich Gestaltungsentscheidungen mindestens immer auf die folgenden fünf Grunddimensionen der Unternehmensorganisation, nämlich
- die Spezialisierung (Arbeitsteilung),
- die Koordination,
- die Konfiguration (das Leitungssystem),
- die Entscheidungsdelegation und
- die Formalisierung.

Die *Arbeitsteilung* kann hierbei als erstes identitäts- und gestaltgebendes Merkmal jeglicher Organisation angesehen werden. Die in den Zielen fixierte Gesamtaufgabe einer Organisation ist selbstverständlich so vielfältig und vielgestaltig, dass sie von einer Person allein nicht erledigt werden kann. Die Festlegung zur Arbeitsteilung oder Spezialisierung bildet die erste Menge von Regeln der Organisationsstruktur. Die Spezialisierung kann sowohl in ihrem Umfang (1, 2, 3 Ebenen usw.) als auch in ihrer Art voneinander differieren. Werden alle Verrichtungen (z.B. Sägearbeiten, Hobelarbeiten, Vorbereitung von Werkzeugen) zusammengefasst, so spricht man von Verrichtungszentralisation; werden hingegen alle Tätigkeiten, die sich auf einzelne Objekte beziehen, zu einer Stelle zusammengefasst, so spricht man von Objektzentralisation.

Die Aktivitäten der einzelnen Organisationsmitglieder, die z.B. bestimmten Stellen zugeordnet wurden, müssen wieder miteinander koordiniert werden, damit das gemeinsame Ziel der Organisation erreicht werden kann. Die *Koordination* ist damit die zweite Grunddimension der Organisation.

Ein weiteres wesentliches Charakteristikum sind die in Organisationen geltenden Weisungsbefugnisse. Durch die Zuweisung spezialisierter Aufgaben an einzelne Organisationsmitglieder entsteht ein System von hierarchischen Über-, Unter- und Nebenordnungen. Die Gesamtheit dieser Regelungen ist die dritte Grunddimension, die *Konfiguration* (Leitungssystem).

Die vierte Dimension besagt, dass in Organisationen auch Entscheidungsbefugnisse und Entscheidungskompetenzen festgelegt und über *Delegation* weitergegeben werden. Damit wird es einzelnen Mitgliedern erlaubt, sowohl nach innen als auch mit Vertragspartnern außerhalb verbindliche Entscheidungen zu treffen. Oftmals sind derartige Berechtigungen (z.B. Prokura, allgemeine Unterschriftsberechtigung) mit entsprechenden Titeln und/oder Positionen verbunden.

Die fünfte und letzte Dimension, die *Formalisierung*, bezieht sich auf die Regelungen, die die Form und die Medien der Kommunikation zwischen den Organisationsmitgliedern näher regeln, wobei es sich dabei um die schriftliche Fixierung solcher Beziehungen handelt.

3.2 Stellen und Instanzen

Wir wollen uns im Folgenden noch näher mit der Frage der Stellenbildung befassen, weil darin alle organisatorischen Grundtatbestände umfassend zusammengefasst sind (vgl. dazu ausführlich Breisig 2003). Lediglich der Aspekt der Koordination ist bei der Frage der Stellenbildung nur teilweise angesprochen; er enthält noch andere Aspekte, insbesondere den Aspekt der Personalführung, die im Kapitel über Führung näher diskutiert werden. Die Stellenbildung bildet gleichsam das Rückgrat der formalen Organisationsstruktur.

Begriff und Arten von Stellen

Die Spezialisierung findet ihren sicht- und beschreibbaren Ausdruck in der Stellenbildung. Das konkrete Ergebnis von Spezialisierungsentscheidungen sind Stellen. Darunter verstehen wir „jede abstrakt gedachte Einheit von einem oder mehreren Aufgabenträgern ..., der im Rahmen einer Gesamtorganisation ein bestimmter Aufgabenkomplex zur Erfüllung übertragen ist und die mit den dazu notwendigen Kompetenzen, den entsprechenden Verantwortlichkeiten und den für die Koordination benötigten Verbindungswegen zu anderen Stellen ausgestattet ist" (Hill/Fehlbaum/Ulrich 1994).

Stellen entstehen also durch die Zuordnung von Teilaufgaben und Sachmitteln auf einen einzelnen Aufgabenträger. Sie sind in aller Regel personenunabhängig definiert (allerdings sollte man beachten, dass es in der Praxis durchaus auch Rückwirkungen von Stelleninhabern auf die Stelle gibt; es gibt sogar das Bonmot: „the people make the place", wonach es letztlich die Arbeitsplatzinhaber sind, die die faktische Ausformung der Stelle bestimmen). Dabei wird der Grundsatz der Kongruenz (Übereinstimmung) von Aufgaben, Kompetenzen und Verantwortung zugrunde gelegt. Die Pflicht der Aufgabenerfüllung muss verbunden sein mit der notwendigen Kompetenz, die der Aufgabenträger zur Bewältigung der Tätigkeit braucht, um die Aufgabe erfüllen zu können, aber auch mit der Verantwortung, die dadurch übernommen wird. Dadurch sollen Erfolge, aber auch Fehler zurechenbar gemacht werden – dies ist beispielsweise ein Grundprinzip des Führens mit Zielvereinbarungen. In praktischen Führungssituationen gibt es eine Fülle von Beispielen dafür, dass dieser Grundsatz der Einheitlichkeit von Aufgabe, Kompetenz und Verantwortung von zu fürsorglichen, aber auch von zu autoritären Vorgesetzten missachtet wird.

Einer gebräuchlichen Unterscheidung nach kann man folgende Arten von Stellen (vgl. Breisig 2003) beschreiben (siehe Abbildung 1):

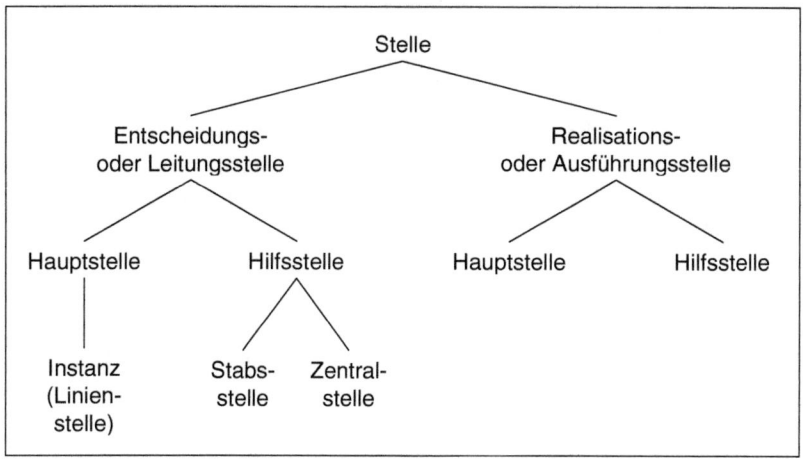

Abbildung 1:
Stellenarten

Entscheidungs- oder Leitungsstellen(inhaber) sind für das Treffen von Entscheidungen zuständig. Sie verfügen in der Regel über Anweisungsbefugnisse gegenüber anderen Stellen. Bei *Realisations- oder Ausführungsstellen* wird die Umsetzung von Entscheidungen im Mittelpunkt stehen. Sie sind für den unmittelbaren Vollzug der betrieblichen Leistung zuständig. Entsprechend arbeiten die Aufgabenträger für gewöhnlich „direkt" am Produkt bzw. der Dienstleistung oder in unmittelbarer Beziehung mit direkten Ausführungstätigkeiten. Beide Formen lassen sich jeweils nach *Haupt- und Hilfsstellen* differenzieren. Hauptstellen im Leitungsbereich sind unmittelbar für das Treffen von Entscheidungen zuständig; ihnen obliegt die Wahl zwischen alternativen Handlungsmöglichkeiten. Demgegenüber wirken die Hilfsstellen vorbereitend und entscheidungsunterstützend. Typische Beispiele sind spezialisierte Stellen für Statistik, Berichtswesen (Controlling), Recht oder EDV. Hauptstellen im Realisationsbereich haben unmittelbar mit der Leistungserstellung zu tun, Hilfsstellen wirken ausführungsunterstützend (z.B. Materialtransport, Reparatur, Lager).

Instanzen

Mit der Gestaltung der Leitungshauptstellen und ihrer Über- und Unterordnung wird auch die betriebliche Hierarchie formal festgelegt. Für die Leitungshauptstellen (Instanzen, Linienstellen) sind vor allem drei Aspekte wichtig:

- Sie verfügen über Entscheidungsbefugnisse bzw. -kompetenzen nach innen, z.T. auch nach außen (insbesondere Vertretungsbefugnisse, d.h. das Recht, für die Organisation verbindliche Geschäfte mit Dritten abzuschließen).
- Davon zu trennen sind die Weisungsbefugnisse gegenüber anderen Stellen. Diese lassen sich differenzieren nach der fachlichen Weisungsbefugnis (d.h. das Recht, die zur Aufgabenerfüllung notwendigen inhaltlichen Anweisungen zu treffen) und der disziplinarischen Weisungsbefugnis (z.B. das Recht, arbeitsrechtliche Abmahnungen auszusprechen).
- Aufgrund der mit der Leitungsaufgabe verbundenen Verantwortung sind die Aufgabenträger über die Art und Weise der Entscheidung bzw. ihre Aufgabenerfüllung rechenschaftspflichtig. Dabei bedeutet Eigenverantwortung die Rechenschaft über das eigene Handeln bzw. Unterlassen. Fremdverantwortung bedeutet, dass die Inhaber von Leitungsstellen auch für das Handeln der unterstellten Aufgabenträger einstehen müssen. Die Fremdverantwortung ist somit die Folge der Entscheidungsdelegation.

Die Instanzen lassen sich nach hierarchischen Ebenen wie folgt gliedern:

- Obere Instanzen („Top Management")
  Dem Top Management obliegen die „obersten" Leitungsaufgaben im Gesamtzusammenhang. Nach Gutenberg (1983) geht es um nicht-delegierbare Entscheidungen, die aus dem Ganzen heraus zu treffen sind und Bedeutung für den Bestand des Unternehmens haben. Dabei handelt es sich insbesondere um die Gestaltung der Unternehmenspolitik in längerfristiger Perspektive (z.B.: Sollen bestimmte Märkte „erobert" oder verlassen werden? Welche Produkte/ Dienstleistungen sollen erstellt und angeboten werden?). Weitere Aufgabenbereiche sind die Koordination der diversen betrieblichen Teilbereiche oder geschäftliche Entscheidungen von hoher betrieblicher Bedeutung (z.B. über strategische Kooperationen mit anderen Bildungsanbietern, Entscheidungen über die Beschaffung einer Standard-Software). Schließlich umfasst die originäre Aufgabe des Top Managements auch die Entscheidung über die Besetzung von Führungspositionen auf nachgeordneten Ebenen, deren Inhaber eine unternehmerische (Teil-)Aufgabe eigenverantwortlich wahrzunehmen haben.
- Zwischeninstanzen („Middle Management")
  Ihre Aufgabe besteht hauptsächlich in der Konkretisierung der Unternehmensziele und -pläne durch operative Teilplanungen und -entscheidungen. Dabei hängt das Ausmaß der „eigenen" strategischen Dispositionsmöglichkeiten vom Umfang der Entscheidungsdelegation und vom Führungsstil ab.

- Untere Instanzen („Lower Management")
  Die Inhaber dieser Positionen haben Anordnungsbefugnisse unmittelbar gegenüber den Ausführungsstellen (z.B. Abteilungsleiter, Meister). Meist sind sie selbst noch teilweise ausführend tätig. Weitere typische Aufgabenbereiche sind die kurzfristige Umsetzung von Planungen, das Anlernen und Einweisen von Mitarbeitern auf Realisationsstellen sowie die Wahrnehmung unmittelbarer Aufsichts- und Kontrollfunktionen.

Stabs- und Zentralstellen

Die diversen Formen von Leitungshilfsstellen wirken entscheidungsunterstützend. Nach der Art der Entscheidungsunterstützung wird zwischen Stabsstellen und Zentralstellen unterschieden, wobei die eindeutige Abgrenzung zwischen diesen Typen mitunter schwierig ist.

Für Stabsstellen ist kennzeichnend, dass sie die Leitungsstellen beraten und unterstützen, ihnen unmittelbar zuarbeiten. Typische Aufgaben sind beispielsweise die Analyse von vorliegenden Problemen, die Beschaffung und Aufbereitung relevanter Informationen sowie die Entwicklung von Lösungsvorschlägen, für deren verantwortliche Entscheidung jedoch die Leitungsstelle zuständig ist. Man kann nach der Art der Spezialisierung des Stabes noch einmal unterscheiden zwischen

- generalisierten Stabsstellen (Assistentenstellen, z.B. Direktionsassistent), wobei der Fokus auf der quantitativen Entlastung bzw. Unterstützung liegt, und
- spezialisierten Stabsstellen, bei denen die qualitative Entlastung und Unterstützung in bestimmten, für die Entscheidungsfindung wichtigen Sachgebieten im Vordergrund steht (z.B. Recht, Steuern).

Stäbe können Einzelstellen wie auch ganze (Stabs-)Abteilungen sein. Ihnen fehlen in aller Regel Weisungsbefugnisse, meistens sind sie auch nur einer Instanz zugeordnet. Allerdings ist das Definitionsmerkmal fehlender Weisungsbefugnisse des Stabes in der Praxis zu relativieren. Gerade bei einem hohen Spezialisierungspotenzial geben Stäbe aufgrund ihrer fachlichen Qualifikation „Empfehlungen", die von der Instanz ohne weiteres übernommen werden (müssen). Das heißt im Ergebnis, der Stab entscheidet in Fachfragen de facto auf Grund der ihm zugeschriebenen Expertise oft selbst.

Spezialisierte Stabsstellen sind oft nicht leicht von Zentralstellen (oder Dienstleistungsstellen) zu unterscheiden, weil beide unterstützende Funktionen gegenüber den Instanzen haben. Der wesentliche Unterschied ist, dass Zentralstellen nicht einer bestimmten Leitungsstelle zugeordnet sind, sondern mehrere Instanzen ihren Service in Anspruch nehmen. Beispiele für Dienstleistungsstellen sind etwa Controlling, Rechnungswesen, IT-Dienste, Marketing, zentrale Planungs- oder Organisationsabteilungen, aber auch soziale Dienste oder eine Personalabteilung. Zudem haben Zentralbereiche in der Regel fachliche Weisungsbefugnisse (keine disziplinarischen!) gegenüber nachgeordneten Linieninstanzen, z.B. in der Hinsicht, welche Gratifikationen neu einzustellenden Mitarbeitern zugestanden werden.

3.3 Stellenbildung

Aufgabenanalyse

Nach der Differenzierung diverser Stellentypen schließt sich die Frage an, wie in einer Organisation die Stellen geschaffen werden. Sieht man von einem Ein-Person-Unternehmen ab, brauchen die arbeitenden Menschen ein Konzept, wie aus der gesamten Unternehmensaufgabe (z.B. in einer Bildungsorganisation die Bereitstellung von qualifizierten Bildungsprogrammen) Teilaufgaben gebildet und abgearbeitet werden. Dabei kann man nach dem – nicht eben typischen – Prinzip der Mengenteilung (alle erarbeiten komplette Angebote, machen für diese Werbung, bieten sie auch selbst an und teilen nur die zu produzierende Menge unter sich auf) oder nach der Artenteilung und damit nach der Idee der fachlichen Spezialisierung vorgehen. Die Spezialisierung hat dabei seit jeher Produktivitäts- und Effizienzgewinne versprochen.

Im Zusammenhang mit der Stellenbildung spielt die Aufgabenanalyse eine herausragende Rolle. Dabei dreht sich alles um die sieben Ws der Aufgabenanalyse:

- *Wer* (Aufgabenträger) macht
- *was* (Verrichtung/Tätigkeit),
- *wo* (Ort/Raum),
- *wann* (Zeitpunkt/Zeitdauer),
- *wie* (Sachmittel/Methode),
- *womit* (Objekt) und
- *warum* (Ziel/Zweck)?

Nach Kosiol (1962), dem bereits erwähnten „Klassiker" der deutschsprachigen Organisationslehre, soll eine größere Aufgabe (Unternehmensaufgabe) nach der folgenden Schrittfolge in ihre Elementarteile zerlegt werden:

- Verrichtungen (Werben, Lehren, Abrechnen),
- Objekte (Sprachkurse, technische Kurse, Wirtschaftskurse),
- Rang (Entscheidungs-/Ausführungsaufgaben),
- Phase (Planung, Durchführung, Kontrolle),
- Zweckbeziehung (unmittelbar/mittelbar auf die Erfüllung der Leistungserstellung).

Kosiol (ebenda) fordert für die Aufgabenanalyse: „Jede synthetisch zu bildende, auf organisatorische Untereinheiten (Stellen und Abteilungen) und damit auf Arbeitskräfte zu übertragende Teilaufgabe ist nach den angeführten Gesichtspunkten eindeutig und vollständig zu kennzeichnen. Daher erfordert auch die vorbereitende Aufgliederung der Gesamtaufgabe, dass jede analytisch gewonnene Teilaufgabe durch diese fünf Merkmale charakterisiert ist." Aufgrund der heute für die meisten Organisationen geltenden Bedingungen (rasche Marktveränderungen, Einführung neuer Technologien) stellen neuere Konzepte bei der Aufgabenanalyse auch folgende Fragen:

- Strategische Bedeutung: Was trägt die Teilaufgabe zum Kundennutzen bei?
- Aufgabenschwierigkeit: Ist die Aufgabe in einzelne Bestandteile zerlegbar und sind Verfahren zur Bearbeitung einzelner Aufgabenbestandteile bekannt?
- Aufgabenhäufigkeit: Wie häufig fällt eine bestimmte Teilaufgabe an?
- Aufgabenvariabilität: (Aufgabenunterschiedlichkeit): Wie groß ist die Anzahl der Ausnahmefälle, für die unterschiedliche Verfahren und Methoden erforderlich sind?
- Aufgabeninterdependenz (Aufgabenabhängigkeit): Wie groß ist die Abhängigkeit der ausführenden Stelle von vor- und nachgelagerten Stellen?
- Aufgabenkomplexität: Wie groß sind die Anzahl und die Verknüpfungen der einzelnen Aufgabenmerkmale?
- Aufgabenstrukturiertheit: Wie genau lässt sich die Aufgabenerledigung erfassen und sachlich und zeitlich planen?

Mit diesen Fragen soll u.a. herausgefunden werden, welche Tätigkeiten so häufig, ähnlich und wiederkehrend sind, dass sie standardisiert und über technische Einrichtungen automatisiert bzw. unterstützt werden können.

Aufgabensynthese

Auf die Aufgabenanalyse folgt im zweiten zentralen Schritt zur Stellenbildung die Aufgabensynthese. Dabei geht es um die Zusammenfügung der analytisch gewonnenen Teilaufgaben zu einem sinnvollen Aufgabenkomplex im Hinblick auf mögliche Aufgabenträger. Die Synthese geht in der Regel von den gleichen Kriterien wie die Aufgabenanalyse aus. Gängige Gliederungsmöglichkeiten sind insofern:
- nach gleichartigen Objekten oder Verrichtungen,
- nach Rang (Entscheidung – Ausführung),
- nach Phasen des Entscheidungsprozesses (Planungs-, Durchführungs-, oder Kontrollaufgaben).

Um Spezialisierungsvorteile realisieren zu können, müssen in der Regel ähnliche Teilaufgaben zusammengefasst werden. Für die Synthese sind aber auch die anderen Faktoren wichtig. So sind die wahrscheinlich zu bearbeitenden Mengen ebenso bedeutsam, wie die Berücksichtigung der erforderlichen Bearbeitungszeiten für die Teilaufgaben. Die angedachten Teilaufgaben müssen umfangmäßig und zeitlich zueinander passen und von denjenigen, die die Aufgaben übernehmen, geleistet werden können. Außerdem ist aufgrund der negativen Erfahrungen mit einer zu weit vorangetriebenen Spezialisierung (s. Kritik am System des Taylorismus!) bei der Aufgabensynthese auch an mögliche Motivationsprobleme bei den Arbeitenden aufgrund von Monotonie und einseitigen Belastungen zu denken.

Die Ergebnisse der Aufgabensynthese werden in Stellen als die kleinsten organisatorischen Einheiten zusammengefasst. Aus mehreren Stellen (zumeist die, die nach gleichen Merkmalen gestaltet wurden) werden auf der übergeordneten Ebene Abteilungen gebildet (Beispiel: 10 Stellen, die mit der Einrichtung und der laufenden Betreuung der Informations- und Kommunikationssysteme einer Bil-

dungsorganisation befasst sind, werden zu einer Abteilung IT-Service gebündelt).
Dieser Vorgang, die Bündelung von Stellen und die Bestimmung der Abteilungs-
aufgabe nach Art und Umfang, wird auch als primäre Abteilungsbildung bezeichnet. Bei der sekundären Abteilungsbildung geht es um die Abteilungsgliederung,
um die Festlegung des Verhältnisses der Abteilungen untereinander, woraus sich
die bekannten und üblichen Organigramme ergeben (s. dazu auch das nächste
Kapitel).

Abschließend sei darauf hingewiesen, dass die dargestellten Zusammenhänge
bei der Stellenbildung für den praktischen Betrachter oft etwas abgehoben und abstrakt klingen. In der Praxis findet die Aufgabenanalyse in den allermeisten Fällen
nicht am Reißbrett, wie bei einer Neugründung „auf der grünen Wiese", statt,
sondern sie vollzieht sich in einem Rahmen bestehender Organisationsstrukturen
und Leistungserstellungs- und Entwicklungsprozesse. Insofern sind Stellen-
strukturen und Arbeitsteilungen oft stark vorgeprägt (man spricht auch treffend
von „gebundener Organisationsarbeit"). Die Einrichtung von neuen Stellen und
Abteilungen sollte dennoch – um die Vorteile einer systematischen Herangehens-
weise zu realisieren – in Ansätzen der dargestellten Schrittfolge nahe kommen.
Zumindest sollten die unter dem Titel „Aufgabenanalyse" genannten Kriterien beantwortet werden können.

Einladung zum Nachdenken
Versuchen Sie doch einmal, Ihre eigene Stelle näher nach den obigen Kriterien zu um-
schreiben? Wenn es für Ihren Arbeitsplatz eine Stellenbeschreibung geben sollte,
müsste diese Aufgabe schon weitgehend gelöst sein. Aber dennoch: Was tun Sie
möglicherweise jenseits dessen, was in der Stellenbeschreibung festgehalten ist?
Weshalb findet man vergleichsweise selten wirklich aktuelle Stellenbeschreibungen?

3.4 Organisationsformen

Wenn wir soeben über die Bildung von Abteilungen gesprochen haben, bewegen
wir uns in der Betrachtung langsam von der Mikro- zur Makrostruktur der Organisation. Durch die sekundäre Abteilungsbildung wird eine vertikale Gesamtstruktur
geschaffen. Wir haben aber noch nicht weiter erörtert, dass es auf der Makro-
Ebene der Organisation viele Möglichkeiten gibt, organisatorische Strukturen zu
gestalten und darzustellen.

So kann man auf Abteilungsebene – wie schon oben kurz angesprochen – verschiedene Spezialisierungsformen wählen, wie etwa

- nach Verrichtungen, so dass in der Konsequenz eine *funktionale Organisation*
  entsteht;
- nach Objekten, was zu einer *divisionalen Struktur* führt.

Diese beiden Formen sind aber nur Grundtypen, die in der Praxis oft miteinander
vermischt werden. Die Organisationsstrukturen in den verschiedenen Unternehmen sind aufgrund ihrer jeweiligen historischen Entwicklung und einer Viel-

zahl von Veränderungen und Anpassungen selten in diesen beiden Reinformen vorzufinden. Mit diesen verschiedenen Organisationsformen beschäftigen wir uns in den folgenden Abschnitten.

3.5 Funktionale Organisation

Bei der funktionalen Organisation wird auf der zweiten Ebene unterhalb der Unternehmensleitung nach gleichartigen Funktionen gegliedert, wie z.B. Beschaffung, Produktion, Absatz, Forschung und Entwicklung usw.

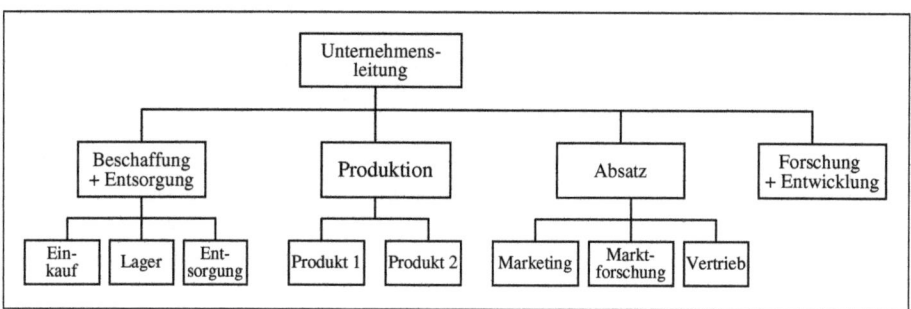

Abbildung 2:
Die funktionale Organisation

Der funktionale Typ ist sozusagen die klassische Organisationsform. Eine Kombination des Einlinien-Systems mit dem Verrichtungsprinzip dient als Grundlage für die Bildung von Aufgabenkomplexen. Die Auswahl der relevanten Funktionen hängt natürlich stark von dem jeweils konkreten Leistungsprozess ab. Die obige Abbildung bezieht sich auf einen Industriebetrieb, wobei durchaus noch Funktionen wie kaufmännische Verwaltung, Finanzen und Personal zu dem Grundmodell hinzukommen können. Für eine Bildungsorganisation könnte die Struktur an den Funktionen Bildungsangebote (Produkte), Kundenbetreuung, Qualitätssicherung und Verwaltung ausgerichtet sein. Die Funktionsbereiche auf der zweiten Ebene können ihrerseits im Innenverhältnis nach Funktionen oder auch nach Objekten (z.B. Fachbereichen oder Kursschwerpunkten) untergliedert sein, was durchaus auch für Mehrproduktunternehmen typisch ist.

Vorteile und Probleme des funktionalen Grundmodells

Es schließt sich die Frage an, was die Vorteile einer funktionalen Organisation sind. Rein ökonomisch interpretiert, verspricht die funktionale Gliederung die Erzielung von sog. Skalenerträgen („economies of scale"). Von Skalenerträgen sprechen wir, wenn eine proportionale Erhöhung des Inputs von bestimmten Faktoren zu einer überproportionalen Erhöhung des Outputs führt. Mit der verrichtungsorientierten Bündelung kann nämlich

- die Beschaffung rationeller arbeiten, indem sie bessere Konditionen aushandeln kann,
- die Produktion effizienter produzieren, weil sie Losgrößenvorteile erzielen und die Fixkosten senken kann,
- der Absatz die Vertriebswege rationalisieren.

Weitere Vorteile sind, stichwortartig benannt:
- Da die Arbeitsteilung weitgehend an der Logik der Leistungserstellung anknüpft, lassen sich Abläufe gut standardisieren und Zuständigkeiten abgrenzen.
- Der Einsatz und die Bereitstellung von Personal werden erleichtert, weil in den einzelnen Bereichen Funktionsspezialisten herangebildet werden.

Diesen Vorteilen stehen jedoch auch beträchtliche Nachteile des funktionalen Modells gegenüber. So führt die Spezialisierung schnell zu Ressortegoismen und zu Bereichsdenken. Die einzelnen Bereiche sind oft bestrebt, ihre (Kosten-)Ziele zu erreichen, ohne Rücksicht auf Nachbarbereiche oder die Gesamtzielerreichung. In der Betriebswirtschaftslehre ist dieses Problem bereits früh als die Gefahr der „Suboptimierung" beschrieben worden: Die Produktion ist an kostengünstiger Fertigung interessiert (kurze Durchlaufzeiten, große Serien, hohe Auslastung ohne Rücksicht auf Absetzbarkeit), die Beschaffung an einem günstigen Einkauf (ggf. zu Lasten der Qualität oder auf Kosten von Lagerhaltung), der Absatzbereich an möglichst hohen Umsatzzahlen (wobei nicht selten Sonderwünsche der Kunden akzeptiert werden mit der Folge von Kostensteigerungen in der Produktion).

Außerdem wird die Unternehmensleitung aufgrund der Intensität ihrer Koordinationsaufgabe schnell überlastet. Die Übersicht geht verloren, das Tagesgeschäft überwiegt auf Kosten des Strategischen. Diese Situation macht in der Regel komplexe und integrierte Planungssysteme erforderlich, z.B. um die Produktion eines umfassenden Produktprogramms auf verschiedenen Maschinen zu erledigen, oder um Forschung und Lehre durch dasselbe Personal abzuwickeln. Zudem leidet das System darunter, dass in den einzelnen Funktionsbereichen keine eigenständige Produkt- und Marktverantwortung etabliert ist. Insofern ist ein „Mangel an Markt- und damit Wettbewerbsorientierung" in dem funktionalen Modell angelegt (Bea/Göbel 2002).

3.6 Diversifikation und divisionale Organisation

Angesichts dieser Sachlage lässt sich allgemein formulieren, dass die Nachteile des funktionalen Strukturmodells bei stetiger Erweiterung des Produktprogramms überwiegen. Ein solcher Prozess der Verbreiterung der Produktpalette wird in der Organisationslehre als „Diversifikation" bezeichnet (vgl. Kieser/Walgenbach 2003). Man kann sich leicht vorstellen, dass es in einem diversifizierten Betrieb auf große Schwierigkeiten stößt, wenn zwei oder mehrere ganz unterschiedliche Produkte einen Funktionsbereich zu durchlaufen haben und die Produktion dabei mit anderen Funktionsbereichen abzustimmen ist.

Auch die Skalenerträge verringern sich bei einer Ausweitung des Produktions-
programms, da sich die Fertigung stärker spezialisieren muss. Den auf Verrichtungen spezialisierten Bereichsleitungen fällt es schwer, den durch das heterogene
Leistungsprogramm gestiegenen Belangen der Objekte (Produkte, Dienstleistungen) gerecht zu werden. Aus diesen Gründen gibt es einen auch empirisch gut
belegbaren Zusammenhang zwischen Diversifikation und Divisionalisierung. Divisionalisierung bezeichnet die Gliederung der Organisation nach Objekten, z.B.
Produkten oder Leistungen, nicht nach Verrichtungen. Divisionalisierte Organisationsformen sind im übrigen in aller Regel auch in Bildungsorganisationen zu
finden, insbesondere in hoch spezialisierten Bereichen wie Universitäten, in denen
allein schon die Eigenarten der Disziplinen besondere Formen der Forschung und
der Lehre (Didaktik) mit sich bringen.

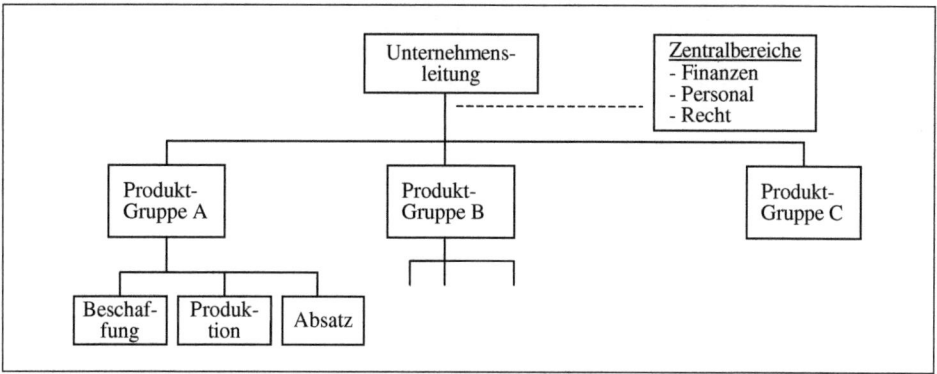

Abbildung 3:
Die divisionale Organisation

Schon Chandler (1962) beschreibt Divisionalisierungsprozesse großer us-amerika-
nischer Unternehmen infolge einer Produktionsausweitung. Die Beibehaltung
einer funktionalen Organisation erzeugt über die Produktgruppen hinweg einen
derart hohen Koordinationsaufwand, dass die Effektivität der Diversifikations-
strategie gefährdet ist. Im divisionalen Strukturmodell (auch Sparten- oder Ge-
schäftsbereichsorganisation genannt) treten meistens auf der zweiten Hierarchie-
ebene Objekte statt Verrichtungen als Gliederungsprinzip in Erscheinung. Dies
können vor allem sein:
- Produkte, Produktgruppen,
- Regionen,
- Kunden, Kundengruppen.

Die durch die Strukturierung nach Produkten, Regionen oder Kunden ent-
stehenden Organisationseinheiten heißen Geschäftsbereiche, Divisionen oder
Sparten. Für die Divisionen ist typisch, dass sie für ihren Bereich relativ autonom
agieren können (dezentrale Organisation) und auch die Gewinn- bzw. Leistungs-/
Kostenverantwortlichkeit innehaben. Sie werden dadurch zu einer Art „Unter-

nehmen im Unternehmen" und werden auch in der Regel nach dem *Profit-Center-Prinzip* geführt.

Am häufigsten liegt die Gliederung nach Produkten vor, zunehmend wird aber auch nach Kunden (z.B. bei Investitionsgütern) und Regionen (z.B. im Auslandsgeschäft) strukturiert. Ab der dritten Ebene ist in der Regel wieder nach Verrichtungen gegliedert. Meist bleiben aber einige übergreifende Aufgaben aus der Spartenstruktur ausgegliedert. Diese werden zumeist als Zentralbereiche organisiert (z.B. Finanzen, Unternehmensplanung, EDV, Personal, Recht). In ihnen werden nach wie vor funktionale Spezialisierungsvorteile genutzt, auf die die Unternehmensleitung wie auch die einzelnen Sparten zurückgreifen können (Bühner 1992).

Ein wesentlicher Vorzug dieser Organisationsform ist, dass das Divisions- oder Spartenmanagement den jeweiligen Markterfordernissen seiner Produktgruppe entsprechend Beschaffung, Produktion und Absatz schnell koordinieren und auf Marktänderungen flexibel reagieren kann. Folgen sind eine größere Anpassungsfähigkeit und problem- bzw. kundenorientiertere Entscheidungen, was gerade auf dynamischen Märkten erhebliche Wettbewerbsvorteile erbringen kann. Zudem wird die Unternehmensleitung vom operativen Geschäft frei gespielt und kann sich mehr den übergeordneten, strategischen Fragen zuwenden. Auch die Kommunikationsstruktur wird entlastet.

Probleme bereiten oft der größere Bedarf an qualifiziertem Leitungspersonal sowie die Koordination der Bereiche. Das Problem der „Suboptimierung" taucht im Übrigen auch in der divisionalen Organisation auf und kann die Gefahr des Verlustes einer einheitlichen Politik des Gesamtunternehmens nach sich ziehen.

Allerdings ist die Spartenstruktur nicht für alle Unternehmen generell sinnvoll. Wichtige Bedingungen für ihre effiziente Anwendung sind:

- eine ausreichende Größe des Unternehmens, die die Zerlegung in voneinander weitgehend unabhängige Bereiche erst möglich macht,
- die auszudifferenzierenden Marktbereiche, in denen die Einheiten wirken sollen, müssen ausreichend groß sein,
- ein entsprechend aufgefächertes Produktprogramm bzw. Dienstleistungsangebot,
- die Bereiche sollten in Bezug auf Beschaffung, Fertigung und Absatz möglichst wenig untereinander verbunden sein.

Es ist allerdings keine pauschale Unternehmensgröße angebbar, von der an sich der Übergang zu divisionalen Formen empfiehlt. Dies hängt sehr stark von den unterschiedlichen Bedingungen in den Unternehmen bzw. auf den Märkten ab.

Fragen zum Themenbereich „Organisationsgestaltung"

- Es wurden in diesem Kapitel verschiedene Ebenen von Instanzen angesprochen: Top management, Middle management und Lower management. Damit ist die Tiefe der betrieblichen Hierarchie angesprochen. Diese kann sehr „steil" sein, also viele Ebenen enthalten, oder sie ist eher flach ausgeprägt (wobei die Abflachung der Hierarchien in den letzten Jahren ein gewisser Trend in der Praxis gewesen ist). Welche Ebenen erkennen Sie in Ihrer Organisation wieder? Ist die Hierarchie im Verhältnis zur Mitarbeiterzahl eher steil oder eher flach?

- Von dem Organisationswissenschaftler Chandler stammt die These „structure follows strategy" (die Struktur bildet sich entsprechend den Strategien)! Wie könnte man diese These begründen und welche Argumente könnte man formulieren, die für genau den umgekehrten Zusammenhang sprechen: Die Strategie bildet sich entsprechend den gegebenen Strukturen?

- Bitte betrachten Sie die Struktur in Ihrer Organisation genau! Versuchen Sie, diese mit Ihren eigenen Worten zu beschreiben! Finden Sie dort eher das funktionale oder das divisionale Grundmodell wieder?

Literatur zur Vertiefung

Schreyögg, G. (2003): Organisation: Grundlagen moderner Organisationsgestaltung. Mit Fallstudien. 4. Aufl. Wiesbaden.
Dieses Lehrbuch zählt im deutschsprachigen Bereich inzwischen zu den Standardwerken – sehr empfehlenswert, da es eine ausgezeichnete Übersicht liefert.

4 Motivation und Integration von Individuum und Organisation

Ähnlich wie in der Beziehung zwischen dem Besonderen und dem Allgemeinen besteht auch zwischen Individuen und deren (Bildungs-)Organisationen ein besonderes Spannungsverhältnis. Diese spannungsreiche Beziehung zwischen dem Einzelnen und der Institution ist durch eine Relation gegenseitiger Bestimmung charakterisierbar (vgl. Bartölke/Grieger 2004; Nord/Fox 1996: 156). So sind Organisationen von Individuen geschaffene Gebilde, die als solche wiederum auf Einzelne zurückwirken. Auch stellen die Gestaltung von Organisationen durch Individuen wie die Steuerung von Individuen durch Organisationen untrennbare und sich wechselseitig bedingende Interaktionsprozesse dar. Entsprechend gibt es vielfältige instrumentelle und institutionelle Einflussbeziehungen zwischen Individuum und Organisationen (vgl. Bartölke/Grieger 2004, Sp. 467ff.).

Einerseits dient das Individuum als Mittel zur Erreichung fremdbestimmter Ziele; dies geht unweigerlich mit einer gewissen Instrumentalisierung und „Entindividualisierung" einher. Andererseits tragen individualisierte Qualifikationen dazu bei, organisatorische Dysfunktionalitäten auszugleichen: Das Individuum gleicht durch seine Kreativität und Spontaneität die relative Starrheit organisationaler Regeln und Strukturen aus. Organisationen müssen daher Arenen schaffen, die individuelles Handeln gleichzeitig ermöglichen und einschränken; die aber andererseits von diesen Handlungen auch bestätigt und verändert werden können.

Im Weiteren werden verschiedene Zugänge für die Untersuchung der spannungsreichen Beziehungen zwischen dem Individuum als Mensch und der Organisation als Institution aufgezeigt. Zunächst wird kurz die Anreiz-Beitrags-Theorie als klassischer Integrationsversuch kritisch diskutiert. Anschließend werden die Bedeutung menschlicher Bedürfnisse und insbesondere inhaltsorientierte Motivationstheorien näher beleuchtet. Danach stellen wir neuere motivationsorientierte Organisations- und Führungsmodelle vor und stellen diese auf den „Prüfstand". Abschließend wird ein umfassendes Modell zur Integration von Individuum und Organisation als Erklärungsansatz angeboten.

4.1 Die Anreiz-Beitragstheorie als klassischer Integrationsversuch

„Der einzelne Beamte kann sich dem Apparat, in den er eingespannt ist, nicht entwinden. (...) Er ist – der überwiegenden Mehrzahl nach – nur ein einzelnes, mit spezialisierten Aufgaben betrautes, Glied in einem nur von der höchsten Spitze her, nicht aber von seiner Seite, zur Bewegung oder zum Stillstand zu veranlassenden, rastlos weiterlaufenden Mechanismus, der ihm eine im wesentlichen gebundene Marschroute vorschreibt" (Weber 1980).

Dieses Zitat drückt sehr eindrücklich aus, wie in der klassischen Organisationslehre die Integration von Individuum und Organisation gedacht wird: Sie wird über die legale Herrschaft sichergestellt (vgl. Schreyögg 2003). Man geht davon aus, dass – abgesichert durch den Arbeitsvertrag und die mit Abschluss des Vertrags anerkannte Direktionsbefugnis des Arbeitgebers – der Mitarbeiter das betriebliche Regelwerk versteht und reibungslos befolgt. Das Integrationsproblem hat höchstens die Ausarbeitung eines ggf. notwendig werdenden Sanktionsmechanismus (bei Verstößen gegen die Regeln) und geeigneter Kontrollmaßnahmen zum Thema.

Seit Mitte des 20. Jahrhunderts wurde diese Auffassung allerdings scharf kritisiert. Einer der heftigsten Kritiker war Chester Barnard. Er wies bereits früh darauf hin, dass die pauschale Anerkennung einer hierarchischen Ordnung keine hinreichende Basis für eine wirksame Integration biete. Vielmehr sei es so, dass sich die zu verrichtende Arbeit in zwei Bereiche untergliedern lasse: Einerseits eine Zone, die den durch den Arbeitsvertrag induzierten Gehorsam umreiße (Indifferenzzone), andererseits eine Zone, die durch Anreize Engagement und Leistungsstreben sicherstellen solle. Als Gründe für „Herrschaftsversagen" werden neben der mangelnden Spezifizierbarkeit der Gesamtaufgabe vor allem das über Jahre angesammelte Erfahrungswissen der Beschäftigten angeführt, das für das Funktionieren einer Leistungsorganisation von eminenter Bedeutung ist, das aber nicht per Befehl abgerufen werden kann. Die von Barnard entwickelte *Anreiz-Beitragstheorie* macht darauf aufmerksam, dass Individuen zum Organisationsgelingen ihre Beiträge leisten, dass deren Ausmaß (also „Qualität und Umfang" der Arbeitsleistung) aber entsprechend den von der Organisation gebotenen Anreizen „eingepegelt" werden.

Als Anreize oder Gegenleistungen gelten insbesondere Anerkennung und Wertschätzung, Sicherheit, sozialer Kontakt, aber auch Einkommen oder berufliche Aufstiegsmöglichkeiten und Wachstum. Zu den Beiträgen gehören Arbeitseinsatz, Kreativität, Gesundheit, Zeit, Energie. Anreizdefizite oder Beitrags- bzw. Belastungsüberschüsse verringern dabei die Bereitschaft Einzelner oder einer Gruppe, sich für die Verwirklichung der Organisationsziele einzusetzen.

Nach der Anreiz-Beitrags-Theorie folgen die Mitarbeiter dem *Opportunitätskostenprinzip*. Danach ziehen sie die Beteiligung an einem Unternehmen A einem anderen Unternehmen B vor, wenn der Verlust, der aus der Nichtbeteiligung bei B entsteht, durch den Nutzen der Beteiligung an A überkompensiert wird. Sinkt der Nutzen unter einen kritischen Punkt und übersteigen damit die Beitragsopfer das Nutzenniveau, wird der Teilnehmer seine Beitrags- und Teilnahmeentscheidung in Frage stellen und entweder aus der Organisation ausscheiden oder seine Beiträge nach „unten" anpassen (z.B. durch Flucht in die „innere Emigration") (March/ Simon 1993: 103ff.).

Allerdings kann das Verhältnis von Anreizen und Beiträgen des Einzelnen in Beziehung zu seiner Arbeit und zur Organisation gestört sein. So können mögliche Vorteile einer aktiven Mitgliedschaft (z.B. Bezahlung, Karrierechancen) nicht automatisch die Unattraktivität von demotivierenden Handlungsabläufen oder Organisationsbedingungen ausgleichen. Entscheidend sind deshalb nicht nur die tatsächliche Anreiz- bzw. Beitragshöhe, sondern die Möglichkeiten der Einflussnahme im Verhältnis zu Alternativangeboten. Die zentrale personalpolitische Aufgabe besteht demnach in der Verwirklichung einer *Anreiz-Beitrags-Balance*, die die erforderliche Beitragsleistung der Mitarbeiter erreicht sowie Gefühle der Benachteiligung oder der Überprivilegierung minimiert. Mit zunehmender Komplexität der Beitragsleistungen und mit abnehmender sozialer Distanz zwischen Führungskräften und Mitarbeitern sinkt jedoch das Ausmaß der Regulierung von Beitragsleistungen und steigt die Bedeutung immaterieller Anreizformen.

Dieser klassische Versuch, eine Integration über einen Anreiz-Beitrags-Mechanismus zu finden, wurde sehr kritisiert. Folgende zentrale Kritikpunkte zeigen die Grenzen dieses Ansatzes auch für Bildungseinrichtungen sehr deutlich:

- Der Anreiz-Beitragstheorie liegt das beschränkte „homo-oeconomicus Modell" zugrunde, welches davon ausgeht, dass Menschen rein auf der Grundlage wirtschaftlicher Nutzenüberlegungen entscheiden und darüber hinaus in der Lage sind, die ihnen zu Verfügung stehenden Alternativen auch entsprechend zu bewerten. Dies ist ein Menschenbild, das auch auf Bildungsorganisationen nicht angewandt werden kann.
- Eine eindeutige Bestimmung des Organisationsgleichgewichts ist insbesondere im Bildungskontext nicht möglich, da über den Inhalt von Anreizen und Beiträgen keine konkreten Angaben gemacht werden. Zentrale Begriffe, wie subjektiver Nutzen und individuelle Arbeitszufriedenheit, werden von der Theorie zudem nicht operationalisiert.
- Das Teilnehmerverhalten wird rein adaptiv bzw. kalkulierend gegenüber den Anreizen der Organisation betrachtet. Damit fördert dieser Theorieansatz ein berechnendes Verhalten und begünstigt eine Misstrauenskultur, weil er ständig dazu auffordert, zu überwachen, zu belohnen oder zu bestrafen, um andere zu einem Verhalten zu bringen, das den eigenen Interessen entspricht.
- Die Teilnehmergruppen werden formal gleich behandelt. So werden z.B. keine prinzipiellen Unterschiede zwischen Anbietern von Kapital oder Arbeit gesehen.
- Eine asymmetrische Verteilung von Anreizen und Beiträgen auf die Organisation wird nicht problematisiert.
- Die Theorie suggeriert eine objektive Rationalität, obwohl die Differenzierung von Anreizen und Beiträgen sowie ihre Bewertung beim Einzelnen und im Vergleich auch emotional und intersubjektiv bestimmt wird.
- Nicht-rationale und politische Dimensionen sowie der qualitative Eigenwert und Sinn von Arbeit werden ausgeklammert.
- Es werden „autoritäre Verhältnisse" verfestigt sowie die Bedeutung und die Möglichkeiten einer kooperativen Kultur vernachlässigt.

Das Paradigma der rationalen Wahl von Anreizen und Beiträgen des Einzelnen blendet so relevante Einflusskräfte aus, die gerade im Bildungskontext von grundlegender Bedeutung sind. Auch wird das Zusammenwirken einzelner Einflussgrößen nicht hinreichend erfasst. Schließlich erlaubt der Ansatz auch keinen befriedigenden Zugang zur Motivation, insbesondere zur Erklärung der mit der Aufgabe selbst verbundenen, sogenannten intrinsischen Selbstmotivation.

Es ist sicher eines der großen Verdienste der Human Relations Bewegung (vgl. Kapitel 2), dass die Frage einer motivationsbefördernden Organisationsgestaltung so zentral in den Mittelpunkt der theoretischen Diskussion gestellt wurde. Und es waren im Wesentlichen die zwei folgenden wichtigen Erkenntnisse, die wir der Human Relations Bewegung verdanken:

- Die Gestaltung der Organisation nach dem Befehls- und Gehorsams-Prinzip bringt bestenfalls durchschnittliche, niemals aber herausragende Leistungen zu Tage.
- Die intrinsische, also aus der Sache selbst kommende Motivation, ist für die Effektivität einer Organisation von eminenter Bedeutung.

Mit diesen grundlegenden Erkenntnissen verändert sich in den folgenden Jahren das Verständnis vom Mitarbeiter dramatisch. Er wird nicht länger als bloßes Regeln vollziehendes Organ gesehen, das die Rationalität des organisationalen Regelwerks entweder stört oder reibungslos vollzieht, sondern als *„kritische (Human) Ressource"*: Dabei ist die Entfaltung dieser Human-Ressourcen keine (humanistische) Frage der Mitarbeiterpersönlichkeit oder des guten Willens der Organisation, sondern eine Herausforderung im Interesse der effizienten Nutzung verfügbarer Ressourcen. Daher sind insbesondere das betriebliche Miteinander, der Führungsstil (vgl. Kapitel 6) und die Organisationsstruktur von zentraler Bedeutung. Sowohl Führungspraktiken als auch Strukturen der Organisation können Eigeninitiative lähmen, Widerstände provozieren, Interesse an der Arbeit verhindern und die daraus resultierende Frustration schlägt oft in Apathie, Aggression und innere Kündigung um. Daher kann es als die große Errungenschaft der neueren motivationsorientierten Organisations- und Führungstheorien angesehen werden, dass die tendenziell kontraproduktive Wirkung herkömmlicher Organisationsprinzipien auf Motivation und Initiativkraft erkannt wurde. Zudem wurden neue Organisationsmodelle gesucht, die grundsätzlich ein – für alle Beteiligten – besseres Zusammenspiel von individueller Motivation und Organisation ermöglichen sollen. Um diese neuen Organisationsstrukturen finden und gestalten zu können, braucht es allerdings genauere Kenntnisse jener Bedürfnisse und Erwartungen, und damit der Motivationszusammenhänge, die die Mitarbeiter in (Bildungs-) Organisationen haben bzw. wie sie deren Beziehung zur Organisation beeinflusst, sowie wie darauf aufbauend eine Integration ausgerichtet werden sollte. Deren Darstellung soll der Kern der folgenden Ausführungen sein.

4.2 Integration menschlicher Bedürfnisse und der Motivation in die Organisation

4.2.1 Begriffsklärung: Identifikation; Motiv, Motivation, Motivierung

Bildungsorganisationen sind wie andere Non-Profit-Organisationen auch durch besondere Erwartungen, Bedürfnisse und Motivationen bestimmt (vgl. Anheier 2005). Um die Bedeutung menschlicher Bedürfnisse und die motivationale Beziehung des Mitarbeiters zu seiner Organisation zu verstehen, gilt es vorab, einige begriffliche Klärungen vorzunehmen. Daher werden wir zunächst die Grundbegriffe „Identifikation", „Motiv" und „Motivation" bzw. „Motivierung" näher betrachten.

Begriffsbestimmung „Identifikation"

Identifikation ist die selbstständige Wahl von Identifikationsobjekten für die eigene Lebens- und Arbeitsgestaltung Als frei gewählte Verankerung von Werten (Lebens-, Arbeits- und Organisationswerte) kann sie sich auf sachliche Objekte der Arbeitswelt (Arbeitsplatz, Leistungsprogramm, Abteilungsziele) oder personelle Beziehungen (zu Kollegen oder Vorgesetzten als Vorbild oder Kunden) ausrichten.

Identifikationsdisposition meint die individuelle Bereitschaft, sich mit Personen und Gegebenheiten im Unternehmen und am Arbeitsplatz zu identifizieren. Als Identifikations- und Steuerungsmuster kann zwischen Idealität (Werte und Ziele repräsentieren erstrebenswerte Ideale), Similarität (Ähnlichkeit zu eigenen Werten oder Zielen) und Identität (Übereinstimmung mit eigenen Werten und Zielen) unterschieden werden. Einbindung wird nicht nur im Hinblick auf die Institution als Ganzes, sondern auch mit Bezug auf ausgewählte Objekte in Organisationen diskutiert (z.B. Aufgaben oder Projekte). Auch werden Identifikationen zunehmend stärker durch die betriebliche Umwelt (Gesellschaft, Familie) als nur durch spezielle Arbeits- und Organisationswerte im Unternehmen beeinflusst.

Identifikation bildet die Grundlage einer wert- und zielorientierten Selbststeuerung und Selbstmotivation von Mitarbeitern. Sie stellt ferner eine Voraussetzung für die Beeinflussbarkeit durch Führung dar. Denn wer sich mit seiner Tätigkeit identifizieren kann, vermag sich selbst und andere eher zu motivieren. Daher müssen Motivationsanreize, -instrumente und -prozesse überprüft werden, ob sie auf zentralen Werten und Orientierungen aktueller und potenzieller Mitarbeiter aufbauen und sie nicht unterlaufen. Motivationspolitik sollte durch attraktive Gestaltung wichtiger Anreizpotenziale solche Arbeitssituationen schaffen, die Selbststeuerungs- und Identifikationspotenziale mit Aufgaben, Gruppen und Abteilungszielen begünstigen. Dies kann nicht ohne die Kenntnis der Motive und der Motivation sowie der Möglichkeiten der Motivierung erfolgen.

Begriffsbestimmung „Motiv"

Motive sind Beweggründe des Handelns, die meist von bestimmten Zielvorstellungen geprägt sind, z.B. von dem Drang, Bedürfnisse zu befriedigen. Motive können bewusst oder unbewusst sein, im Menschen selbst oder aus seiner Umwelt auf ihn wirken.

Motive sind „hypothetische Konstrukte", die von unterschiedlichen Antriebskräften und Bedürfnissen bestimmt werden (vgl. Nerdinger: 11ff.). Im Gegensatz zu angeborenen Instinkten und Trieben („primäre Motive") sind (Arbeits-)Motive zum großen Teil gelernt und durch kulturelle Einflüsse sozial ausgeformt und gestaltet. Durch gezielte Förderung bzw. Unterdrückung bestimmter Bedürfnisse in Lern- und Sozialisationsprozessen entstehen sog. „sekundäre Motive" (z.B. Streben nach Leistung, Macht, Status oder sozialem Anschluss).

Thematisch verwandte Beweggründe können als Inhaltsklassen für das Handeln zusammengefasst werden. Motive können zudem in eine intrinsische (aus der Tätigkeit selbst) und eine extrinsische (von äußeren Einflüssen bestimmte) Orientierung eingeteilt werden. Intrinsische Motive sind zunächst zweckungebunden und prozessbezogen, im Gegensatz zu den von äußeren Verstärkern (z.B. Belohnung und Bestrafung) abhängigen extrinsischen Motiven (vgl. Heckhausen: 607ff.).

Begriffsbestimmung „Motivation"

Motivation meint allgemein die Antriebskraft und Bereitschaft zu einem bestimmten Verhalten und die Wahrscheinlichkeit seines Auftretens. Der Begriff „Motivation" ist aus dem lateinischen Wort „motivus" („Bewegung auslösend") abgeleitet. Der Wortstamm wird ergänzt durch die Verbformen „se movere" bzw. „movere", was deren reflexiven und dynamischen Charakter (i.S.v. „sich selbst oder jemanden in Bewegung zu versetzen") zeigt. Die Motivationspsychologie fragt, wodurch derartige Bewegungen ausgelöst werden und welche Richtung, Intensität und Ausdauer menschliches Verhalten annehmen kann (vgl. Nerdinger 1995: 9). Damit werden kausale Beziehungen zwischen situativen Bedingungen und beobachtbaren Verhaltensweisen erklärt.

„Motivation" wird üblicherweise definiert als psychische Kraft (i.S. eines Verhaltenspotenzials), die hinter der Intensität, Dauerhaftigkeit und Zielrichtung von Verhalten liegt. Dies bleibt jedoch eine abstrakte Definition, die zu tautologischen Erklärungsversuchen verführt: Ein bestimmtes Verhalten wird durch eine entsprechende Motivation bewirkt; diese Motivation ist aber aus Charakteristika des Verhaltens zu erschließen. Um nicht in „zirkuläre Fallen" zu geraten, sind spezifische Arten verhaltensbestimmender Prozesse innerhalb eines situativen Kontextes zu berücksichtigen. Beschreibungscharakter erhält der Motivationsbegriff, wenn Erlebnisse des „Motiviert-Seins" erfasst werden. Dieses ist mit kognitiven Inhalten verbunden, aber immer zugleich durch emotionale Einflüsse charakterisiert (vgl. Küpers/Weibler 2005). Motivation kann daher als mobilisierende Antriebsbereitschaft von integrierten Denk-, Fühl-, und Verhaltensprogrammen aufgefasst werden. Diese Programme sind jedoch nicht völlig festgelegt, sondern haben dynamische Variationsmöglichkeiten mit spontanen Freiheitsgraden.

Beim *Steuerungsniveau* kann unterschieden werden zwischen
- Motivation als Eigensteuerung des Individuums durch intrinsische Selbstmotivation (vgl. Deci/Ryan 1985: 35)
- Motivierung als Fremdsteuerung über Erzeugen, Erhalten oder Steigern der Verhaltensbereitschaft durch Vorgesetze bzw. Anreize

Motivation als aktueller Zustand innerer Steuerung verweist auf vorgängige Entscheidungen über allgemeine Lebens- und Berufswerte sowie eine Orientierung an Aufgaben, Personen oder Institutionen. Die Motivation in der beruflichen Tätigkeit ist nur ein Ausschnitt aus dem umfassenden Lebenszusammenhang des Menschen (vgl. Neuberger 1985: 147).

Demgegenüber verstehen wir unter fremdbestimmter Motivierung die attraktive Gestaltung, Präsentation, Kommunikation und Interpretation von bedürfnisbefriedigenden Optionen der Arbeitswelt (z.B. Einkommen, Verantwortung, Sicherheit) auf der Grundlage von bestimmten (Leistungs-)Werten und Identifikationsobjekten.

Die Stärke der Motivation bzw. der Motivierung ist abhängig vom Wert der Wünschbarkeit einer Bedürfnisbestimmung, den Erwartungen sowie von kognitiven und emotionalen Bedingungen des Verhaltens. Die Motivation, in einer gegebenen Situation etwas zu verändern, ist umso stärker, je mehr die Bewertung der eigenen Lage hinter den Erwartungen und Realisationsmöglichkeiten zurückbleibt. Dabei sind Ansprüche, Erwartungshaltungen und Umsetzungsmöglichkeiten durch allgemeine und organisationskulturelle Vorgaben, soziale Normen und situative Rahmenbedingungen mitbestimmt. Herkömmliche Motivationstheorien beschäftigen sich primär mit der Frage nach den Motivationsinhalten bzw. der kognitiven Wahl und Bewertung von Handlungsalternativen. Im Weiteren werden Maslows Bedürfnisansatz als Beispiel einer inhaltsorientierten Motivationstheorie sowie Prozessmodelle der Motivation kurz vorgestellt.

4.2.2 Maslows Bedürfnisansatz als Beispiel einer inhaltsorientierten Motivationstheorie

Inhaltsorientierte Theorien der Motivation beschäftigen sich besonders mit sinn- und bedürfnisrelevanten Einflussgrößen, die bei Menschen ein bestimmtes (Motivations-)Verhalten auslösen oder einschränken. Als inhalts- und bedürfnisorientierte Konzepte versuchen sie aufzudecken, was im Individuum oder seiner Umwelt ein Verhalten erzeugt und aufrechterhält. Sie folgen der Leitfrage: Wonach strebt der Mensch, und was muss dazu inhaltlich erfüllt sein bzw. was hindert ihn? Im Weiteren wird Maslows Bedürfnisansatz als einflussreiches Beispiel einer inhaltsorientierten Motivationstheorie beschrieben.

Maslow geht davon aus, dass Menschen auch in ihrem Arbeitsalltag bemüht sind, bestimmte arbeitsbezogene Bedürfnisse zu befriedigen. In seiner Theorie der menschlichen Motivation (vgl. Maslow 1981) beschreibt er, wie persönliches Wachstum, das Streben nach Gesundheit, nach Identität und Autonomie, sowie das Verlangen nach Selbstverwirklichung universelle, menschliche Bestrebungen sind. Die Theorie von Maslow unterscheidet fünf Ebenen von Bedürfnissen, die im Hinblick auf ihre Dringlichkeit hierarchisch geordnet sind:

- Physiologische Bedürfnisse (Essen, Trinken, Kleiden, Wohnen, Sexualität)
- Sicherheitsbedürfnisse (Schutz vor unvorhersehbaren Ereignissen des Lebens)
- Soziale Bedürfnisse (Streben nach Gemeinschaft, Zusammengehörigkeit)
- Wertschätzungsbedürfnisse (Wunsch nach Anerkennung und Achtung)
- Selbstverwirklichungsbedürfnisse (Streben nach Unabhängigkeit, Entfaltung der eigenen Persönlichkeit)

Nach Maslows Ansatz müssen zunächst die „Grundbedürfnisse" befriedigt sein, um i.S. einer umfassenden Selbstverwirklichung zu wachsen (vgl. Maslow 1981: 183). Er geht dabei von einer dynamischen Aktualisierungsabfolge aus, nach der die Inhalte jeder nächst höheren Ebene erst dann ihre motivationale Bedeutung erhalten, wenn die Bedürfnisse vorgelagerter Stufen erfüllt sind.

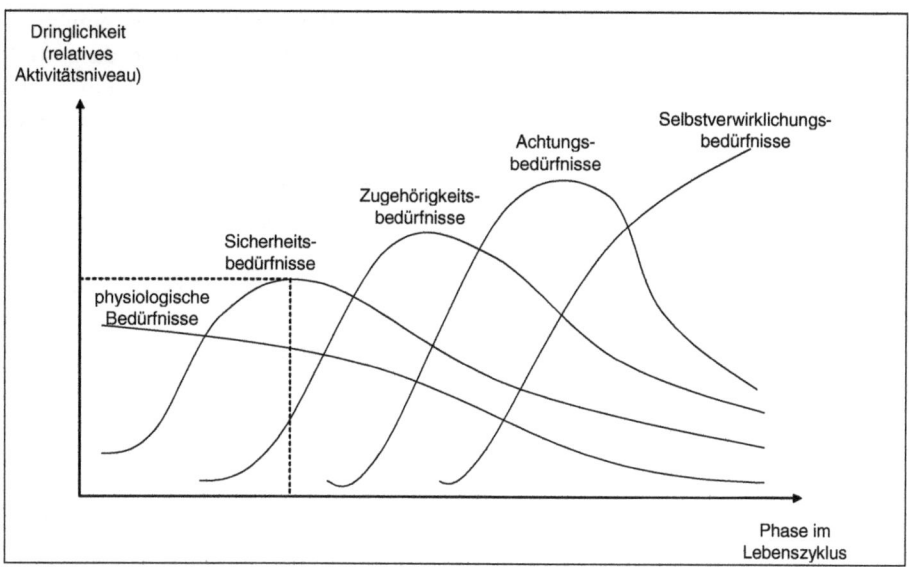

Abbildung 4:
Bedürfnisgruppen nach Dringlichkeit und Phase im Lebenszyklus

Menschen wachsen, indem sie die verschiedenen Stufen von Bedürfnissen durchleben. Ein höheres Engagement ist erst zu erwarten, wenn die Arbeit die Befriedigung der Wachstumsmotive ermöglicht. Wachstumsmotiven stellt Maslow sog. „Defizitmotive" gegenüber. Deren Erfüllung vermeidet Spannungszustände und Krankheit und ruft bei Nichterfüllung Pathologien hervor. Defizitbedürfnisse sind nur solange Motive für das Handeln, solange sie nicht befriedigt werden. Die Befriedigung von Defizitmotiven allein führt noch nicht zum „Wohlergehen" („well-being"). Dies tritt erst ein, wenn man über eine Realitätswahrnehmung verfügt, dabei sich selbst und andere akzeptiert sowie spontan und selbstbestimmt handelt und so auch seine kreativen Potenziale verwirklicht.

Kritische Würdigung von Maslows Inhaltstheorie der Motivation

Aus dem inhaltlichen Motivansatz von Maslow wurden Vorschläge zur motivierenden Arbeitsgestaltung abgeleitet. Sein Modell gibt dem Praktiker Orientierungshilfe zur Frage, wodurch Mitarbeiter in einer arbeitsteiligen Organisation inhaltlich motiviert werden. Maslows These, dass Menschen nach selbst bestimmten Handlungen streben und durch diese intrinsisch motiviert werden, erklärt sich aus dem Streben nach Kompetenz und Autonomie des Ichs (vgl. Deci/Ryan 1985). Dies kann aber nicht unabhängig von sozialer Verankerung und gegenseitiger Hilfe gelingen.

Methodologische und normative Kritik

Maslow wird vielfach seine hierarchische Anordnung der Bedürfnisse zum Vorwurf gemacht. Faktisch hat Maslow aber in keiner seiner Veröffentlichungen eine statische Anordnung postuliert, wie sie in der verbreiteten Pyramidenform dargestellt wird, die sich nur in der Sekundärliteratur findet. Vielmehr geht er von einer relativen Stufengliederung aus, die sich auf das jeweilige Aktivierungsniveau eines Motivs und die Gesamtstruktur bei verschiedenen Menschen bezieht. Auch der Begriff der Selbstverwirklichung muss daher vor dem Hintergrund der individuellen Entwicklung gesehen werden, was eine Übertragung in den organisatorischen Arbeitskontext erschwert.

Problematisch bleibt die globale Charakterisierung einzelner Bedürfnisse und die damit verbundene Schwierigkeit ihrer Operationalisierung und Überprüfung (vgl. Bruggemann et al. 1975). Durch das Fehlen kognitiver und zeitlicher Variablen werden weder Veränderungen des Umfeldes noch individuelle Unterschiede und interpersonelle Prozesse erfasst, z.B. Sozialisation, situative Arbeitsplatzsicherheit. Empirische Untersuchungen zeigen (vgl. z.B. Campbell 1976), dass sich die Motivinhalte nicht in der von Maslow angenommenen Weise voneinander abgrenzen lassen, sondern sich auch überlappen bzw. situativ variieren. So bleibt die Frage der Manifestation und Validierbarkeit von Bedürfnissen empirisch gesehen ein großes Problem. Besteht ein Bedürfnis (bzw. kann man es als bestehend unterstellen), wenn es nicht artikuliert wird? Verallgemeinerungen inhaltsmotivationaler Bedeutungshierarchien sind daher nur begrenzt möglich. Zudem beschränkt sich Maslow in seiner Theorie auf die Beschreibung von Motivklassen, ohne motivationsbestimmende Anreize systematisch einzubeziehen. Nach Nerdinger ist Maslows Theorie „ein philosophisch-anthropologisches Modell menschlicher Antriebe mit normativem Charakter" (vgl. Nerdinger: 41), die auch hinsichtlich ihres weltanschaulichen Gehalts und Menschenbildes kritisch zu betrachten ist (vgl. Neuberger 1985a: 138). Denn jeder Bedürfnistheorie liegt letztlich ein ganz bestimmtes normatives Menschenbild zu Grunde, das selbst nicht wiederum auf empirische Gegebenheiten zurückführbar ist.

Wir gehen hier nicht auf weitere inhaltsorientierte Theorien wie etwa Alderfelders erweitertes Bedürfnismodell oder Herzbergs einflussreiches 2-Faktoren-Modell sowie McClellands Konzept differenzierter Motivdimensionen ein (vgl. Wunderer/Küpers 2003: 100ff.). Auch werden im Rahmen dieses Kapitels die Prozesstheorien der Motivation nicht vertiefend betrachtet. Erwähnt seien hier nur einige Grundzüge und Kritikpunkte. Unabhängig von jeweiligen Motivationsinhalten konzentrieren sich diese prozessorientierten Motivationstheorien auf den Entscheidungs- und Handlungsprozess des Einzelnen. Der Fokus liegt dabei auf der individuellen Auswahl und Bewertung attraktiver Motive sowie auf deren Bedeutung für zielorientiertes Leistungsverhalten. Zudem werden dabei sozialer Vergleich, Ungleichheitsaspekte und Zuschreibungsmechanismen systematisch einbezogen. Verschiedene Konzepte wie das Erwartungs-Valenz-Modell, die Gleichheitstheorie und Attributionstheorien oder Zielsetzungstheorien untersuchen dazu spezifische Prozessdimensionen der Motivation (vgl. Wunderer/ Küpers 2003: 112). Nachteile und Grenzen der Prozessmodelle beziehen sich besonders auf das dabei bevorzugte Menschenbild eines primär rational entscheidenden und selbstständig wählenden und handelnden Mitarbeiters. Das zugrunde liegende Prinzip individueller Nutzenmaximierung ist mit einer folgenreichen Vernachlässigung sozialer und normativer Dimension verbunden, die gerade in Bildungsorganisationen eine zentrale Rolle spielen. Auch erschweren kognitiv orientierte Prozessmodelle den Zugang zu emotionalen Prozessen und willensbezogenen Handlungsrealisationen (vgl. Küpers/Weibler 2005). Die Komplexität zwischen Erwartungen, Ansprüchen und Alternativvergleichen sowie Ergebnissen kann mit den formalen Modellen nicht erfasst werden. Ungeklärt bleibt z.B., welche kontextuellen Einflüsse die unterstellte rationale Auswahl, Kalkulation und Bewertung verschiedener Alternativen mitbestimmen. Aus prozesstheoretischer Perspektive wird dennoch deutlich, wie wichtig Informations-, Interpretations- und Unterstützungsfunktionen für eine konstruktive Erwartungshaltung und Bewertung sind. Auch können Interventionen über Führung subjektive Erfolgseinschätzungen positiv beeinflussen und Instrumentalitäten vermitteln (vgl. Kapitel 6).

4.2.3 Menschenbilder der Theorie X und Y sowie Perspektiven einer reifen Organisation

Douglas McGregor übertrug die Maslowschen Gedanken in ein Konzept organisatorischer Praxis (1960). Ausgangspunkt der Überlegungen ist die verhaltenssteuernde Funktion von Orientierungsmustern (Alltagstheorien), wie sie sich im Laufe der Zeit in Organisationen ausprägen. Dabei steht im Zentrum der organisatorischen Fragestellung, welche Menschenbilder des Mitarbeiters die Entscheidungsträger zugrunde legen. Dabei handelt es sich in der Regel um unausgesprochene Menschenbilder, die das Denken und Handeln steuern.

In einem ähnlichen Zusammenhang sprechen Argyris und Schön (1978) von „theories-in-use" im Unterschied zu „espoused theories". Während letztere die offiziellen expliziten Handlungstheorien beschreiben (Was wird von der Geschäftsführung z.B. offiziell kommuniziert? Welches Leitbild hat die Organisation?), umfassen die erstgenannten Handlungstheorien eher den Bereich dessen, was im Alltag tatsächlich getan wird (Wird z.B. der Kunde tatsächlich als „König" betrachtet wie in offiziellen Verhaltensleitlinien beschrieben oder wird er bei Reklamationen am Telefon abgewiesen?).

McGregor unterscheidet in seinem Konzept eine Theorie X und eine Theorie Y. Mit Theorie X werden jene Annahmen bezeichnet, die auch den Praktiken der traditionellen Organisationsgestaltung zugrunde liegen. Kurz gesagt besagt Theorie X, dass der Mitarbeiter arbeitsscheu ist, streng kontrolliert werden muss, nur nach Anweisung arbeitet, Routinearbeiten bevorzugt und sich vor der Übernahme von

Verantwortung scheut. Theorie Y hingegen beschreibt den Mitarbeiter als im Grundsatz nach Selbstentfaltung und personalem Wachstum strebend, motiviert, arbeitswillig, auf der Suche nach Verantwortung und fähig zur Selbstkontrolle.

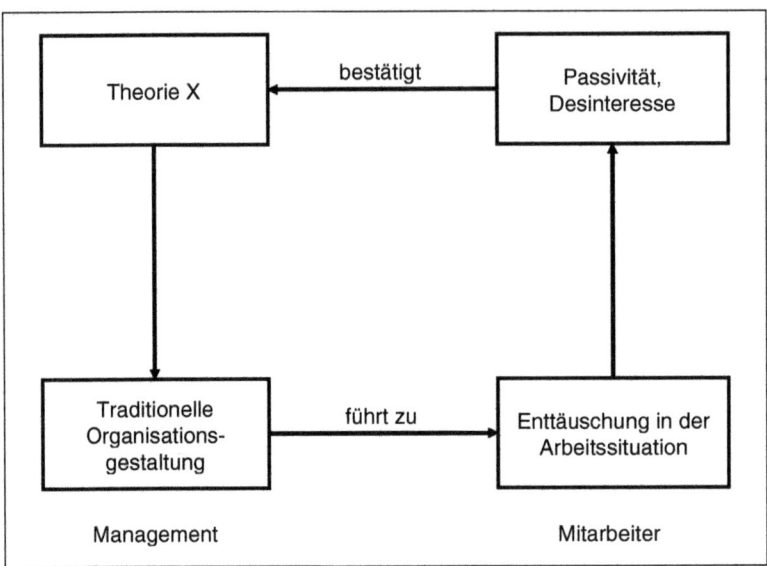

Abbildung 5:
Der Theorie-X-Zirkel (nach Schreyögg 2003: 227)

McGregor argumentiert nun, dass organisationale Gestaltungsmaßnahmen, die sich an Theorie X orientieren, der Maslowschen Bedürfnispyramide zuwiderlaufen und damit den Alltag in Organisationen in eine Negativspirale hineindrehen. Es handelt sich um eine sich selbst erfüllende Prophezeiung, die auf Kontrollbedürftigkeit und Passivität abstellt, die dann bei den Mitarbeitern zu Enttäuschung und Abkapselung führt, was wiederum Passivität und Desinteresse zur Folge hat. Dies bestätigt letztlich die „Richtigkeit der Theorie" (oder besser: der vorgefassten Urteile) bei deren Vertretern.

Damit ist die falsche Verknüpfung von Ursache und Wirkung das Hauptproblem. Nicht das fehlende Interesse, das Streben nach Bequemlichkeit und die mangelnde Arbeitswilligkeit geben Anlass zu dieser Organisationsgestaltung, sondern umgekehrt führt diese Art der Organisationsgestaltung zu diesen Verhaltensweisen. McGregors Vorschlag setzt nun bei einer Veränderung des seiner Meinung nach zentralen Menschenbilds an. Durch Bewusstmachung der Theorie X und der Kritikbedürftigkeit dieses Konzepts könne man an diese Stelle die Theorie Y setzen. Manager und Organisationsgestalter sollen also ihr Menschenbild revidieren, um die Unternehmen auf Dauer effizienter und rentabler zu machen.

Die zentralen Steuerungsmodi einer Theorie X-Orientierung sind Befehl und Kontrolle. Dagegen ist es bei Theorie Y das Integrationsprinzip, das davon ausgeht, dass Organisationen leistungsfähiger werden, wenn es ihnen gelingt, die Planung und Gestaltung organisatorischer Strukturen mit den Zielen und Wünschen der Mitarbeiter in Einklang zu bringen.

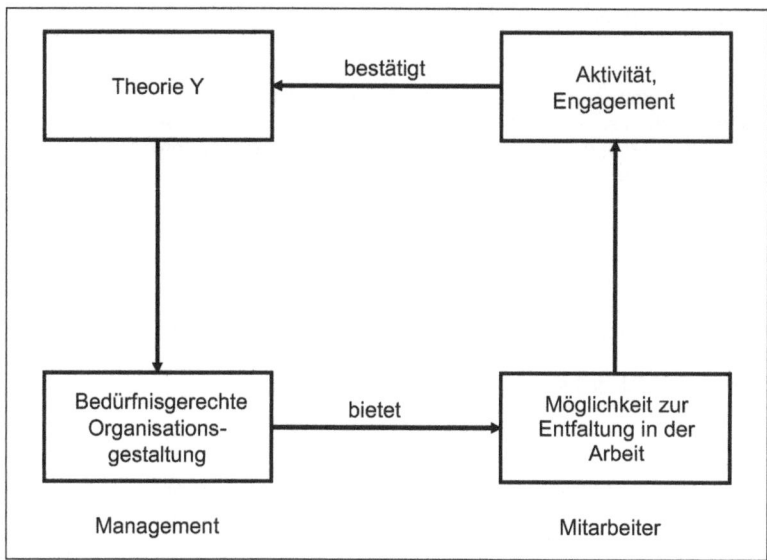

Abbildung 6:
Der gute Zirkel (nach Schreyögg 2003: 229)

Beide Menschenbilder X und Y sind idealtypische Konstrukte, die erst durch eine Überführung in ein Kontinuum und eine anschließende empirische, systemische und situationsspezifische Analyse für praktische Gestaltungsvorschläge verwendbar sind. Je nach implizit verwendetem „mentalen Modell" und Umfeldanreizen sowie Einflüssen der Sozialisation in Gesellschafts- und Unternehmenskulturen wird das eine oder andere Menschenbild begünstigt, gelebt oder unterdrückt.

Allerdings sind solche Dichotomien, wie sie den idealtypischen Konstrukten in der Theorie X bzw. Y zugrunde gelegt werden, nicht ganz befriedigend. Mit ihnen gehen vereinfachende, dualistische Sichtweisen einher, die mittlerweile durch komplexere Typologien von Menschenbildern ersetzt wurden, welche auch den modernen Erkenntnissen der Verhaltenswissenschaften eher gerecht werden. So differenziert Schein nach vier Grundtypen, die schon näher an der Wirklichkeit liegen.

Nicht zuletzt bedingt durch den Wertewandel moderner Gesellschaften sind Organisationsteilnehmer zunehmend als „komplexe Menschen" zu betrachten, weshalb dies eigentlich das Leitbild einer zeitgemäßen Organisation sein sollte. Für diesen ist ein organisationales Umfeld zu schaffen, das sich flexibel den Bedürfnissen und den situativen Erfordernissen anpasst.

Der rational-ökonomische Mensch
- bezieht Motivation hauptsächlich aus monetären Anreizen
- ist passiv und manipulierbar
- ist durch rationale Maßnahmen zu steuern

Der soziale Mensch
- bezieht Motivation aus kommunikativen, sozialen Beziehungen
- zieht sich in einer mechanischen Arbeitsumgebung in soziale Beziehungen zurück
- wird durch die Einbindung in die Gruppe stärker beeinflusst als durch Vorgesetzte
- akzeptiert Führungshandlungen nur, wenn sie seine sozialen Bedürfnisse berücksichtigen

Der sich selbst verwirklichende Mensch
- setzt Selbstverwirklichung an die Spitze einer Hierarchie von Bedürfnissen
- sieht Arbeit positiv, wenn sie der Selbstverwirklichung dient
- kann durch eigenverantwortliche, rationale Entscheidungen die Organisation unterstützen
- ist in der Lage und will sich selbst kontrollieren und motivieren

Der komplexe Mensch
- ist lern- und wandlungsfähig
- hat veränderliche und damit volatile Motive, welche die Sichtweise seiner Stellung in der Organisation beeinflussen und seine Entwicklungsbedürfnisse befriedigen
- hat in unterschiedlichen Situationen differenzierte Motive und Ziele

---

Abbildung 7:
Menschenbilder nach Schein (1980: 50ff.)

Obwohl es keine ausdrücklichen Hinweise gibt, wie eine Theorie Y orientierte Organisationsgestaltung konkret aussieht, deutet McGregor doch an, dass alle Maßnahmen, die Selbstkontrolle und damit Selbstverantwortung befördern, als Theorie Y-kompatibel zu bezeichnen sind. Dezentralisation von Entscheidungsprozessen, Integration durch Ziele, Delegation von Verantwortung, Gruppenentscheidungen sind nur einige solcher Konzepte, die dies unterstützen. Weitergehende Ideen, wie ein Theorie Y-gerechtes Führungskonzept aussehen könnte, verdanken wir Argyris, dessen Ansatz wir in den folgenden Abschnitten näher diskutieren.

Das Reifekonzept nach Argyris

Argyris legt seinem Ansatz ein Persönlichkeitskonzept zugrunde, das er von der allgemeinen universell-menschlichen Entwicklung vom Kind zum Erwachsenen in Hinsicht auf das Reifungsstreben ableitet. Dieses Reifungsstreben wird von Argyris als „psychologische Energie" verstanden, im Unterschied zur „physiologischen Energie" (Hunger, Durst, Sexualtrieb). Mit psychologischer Energie soll eine Antriebskraft (Motivation) verstanden werden, die auf Erfüllung von Wünschen, Zielen und Erwartungen drängt. Argyris beschreibt den Prozess und die Dynamik der Reifung anhand von sieben Dimensionen.

unreif → reif	
Charakteristika einer unreifen Person	Charakteristika einer reifen Person
1. Passivität	1. Wachsende Aktivität
2. Abhängigkeit von anderen	2. Relative Unabhängigkeit
3. Geringe Zahl von Verhaltensmustern	3. Fähigkeit zu vielfältigen Verhaltensweisen
4. Zufällig-oberflächliche Interessen	4. Tiefe, beständige Interessen
5. Kurzfristige Perspektive (Gegenwartsorientierung)	5. Langfristige Perspektive (Zukunftsorientierung)
6. Untergeordnete Stellung	6. Gleich- oder übergeordnete Stellung
7. Fehlendes Bewusstsein eigener Persönlichkeit/Selbstkenntnis/Fremdkontrolle	7. Bewusstsein und Kontrolle der eigenen Persönlichkeit

Abbildung 8:
Das Reife-Kontinuum nach Argyris (1957: 50)

Jede dieser Dimensionen bildet ein eigenständiges Kontinuum, so dass sich der einzelne Mensch in bestimmten Lebensphasen an unterschiedlichen Punkten auf den Kontinua befinden kann. „Reife" eines Menschen heißt dabei nicht, einen Entwicklungspunkt zu erreichen, sondern verweist eher auf eine fortlaufende Selbsterziehung und einen offenen Entwicklungsprozess. Diese Entwicklung zu einer reiferen Persönlichkeit kann durch innere und äußere Einflüsse gehemmt oder gefördert werden. Zwischen den Ansprüchen einer reifen Person und den Anforderungen bürokratischer Organisation nach Fremdkontrolle bzw. passivem, unterwürfigen Verhalten und Denken in kurzen Zeitperspektiven bestehen erhebliche Diskrepanzen (vgl. Staehle: 189).

Es liegt nahe, die diversen Reife-Dimensionen als Ausformulierung des Bedürfnisses nach Selbstverwirklichung, also des Wachstumsbedürfnisses nach Maslow zu verstehen und das Reifestreben des Menschen auch in diesem Sinne als Bedürfnis zu deuten. Argyris' Konzept beruht übrigens auf den Leitbildern der Humanistischen Psychologie, die das mechanistisch-determinierende Menschenbild der naturwissenschaftlichen Ansätze überwinden will. Dabei wird davon ausgegangen, dass der Mensch nicht nur nach einer einfachen Bedürfnisbefriedigung trachtet, sondern nach einem sinnvollen und erfüllten Dasein sucht.

Für eine in diesem Sinne erfolgreiche Organisationsgestaltung müssen allerdings einige grundsätzliche Gesichtspunkte berücksichtigt werden:

- Ob ein Individuum „reif" ist, hängt nicht nur von dem inneren Streben ab, sondern vor allem auch davon, wie das Umfeld und damit auch die Organisation beschaffen sind, denn Selbstbewusstsein kann sich letztlich nur in Gemeinschaft ausbilden. Die einzelnen Reifeschritte bedürfen der Begleitung, der Wertschätzung und Anerkennung durch andere Individuen.
- Ob Individuen ein Reifestreben innewohnt oder nicht, lässt sich empirisch kaum überprüfen. Es ist letztlich ein latentes Merkmal, dessen Vorhandensein man in der Regel durch das Vorhandensein bzw. Nicht-Vorhandensein von bestimmten Verhaltensweisen diagnostiziert.

- Individuen erreichen niemals das Maximum an Reife; dies ist ein immer-währender Prozess, der nie an sein Ende kommt; insofern ist der Zustand der Reife bzw. Unreife immer ein Vorläufiger.
- Die Definition des Begriffs „reif" ist durchaus nicht unumstritten, da dem Konzept von Argyris natürlich eine normative Festlegung über den Menschen innewohnt. Kritik an diesem Konzept ist daher immer auch Kritik an dem zugrunde gelegten Menschenbild.

Reifestreben und Prinzipien formaler Organisation

In einem nächsten Schritt kann man das Reifekonzept von Argyris den traditionellen Organisationsstrukturen gegenüber stellen. Dies lässt erkennen, ob und inwieweit Organisationen, die nach diesen Prinzipien gestaltet sind, Orte sein können, die das Reifungsstreben stützen und wenn nein, welche Konsequenzen für den organisatorischen Erfolg aus einer solchen Beeinträchtigung zu erwarten sind. Um diese Überprüfung vornehmen zu können, bezieht sich Argyris auf vier Grundelemente der traditionellen Organisation:

- Hochgradige Arbeitsteilung
- Befehlskette (Instanzenzug)
- Einheit der Leitung
- Limitierte Kontrollspanne.

1. Hochgradige Arbeitsteilung

Die herkömmliche Organisationsgestaltung strebt – vor allem unter dem Einfluss von Taylor – eine hochgradige Arbeitsteilung an. Diese hoch spezialisierte Arbeit gibt dem Individuum so gut wie keinen Raum zur Selbstentfaltung und lässt auch nicht die Herausbildung eines starken Identitäts- und Selbstwertgefühls erwarten. Die Ausformung einer Vielfalt an Verhaltensmustern und die Ausdifferenzierung eigener Fähigkeitsprofile sind ebenfalls nahezu unmöglich. Das Belohnungs- und Gehaltssystem ist daher dadurch gekennzeichnet, dass die Arbeitnehmer externe Motivierung, sprich: ein höheres Gehalt bzw. höhere Prämien in den Vordergrund ihrer Interessen stellen.

2. Befehlskette (Instanzenzug)

Ein ebenfalls häufig anzutreffendes Charakteristikum (man könnte auch sagen: ein Mythos) traditioneller Organisationsstrukturen ist das Einlinien-Prinzip der Befehlserteilung. An der Unternehmensspitze erfolgt die Willensbildung, die anschließend nach unten durchgesetzt werden muss. Der Vollzug der Anordnung wird schließlich an das Willensbildungszentrum zurückgemeldet. Auch hier liegt es nahe, eine große Diskrepanz zwischen dem Argyris'schen Reifekonzept und der Organisationsstruktur festzustellen. Das strenge Hierarchieprinzip setzt auf Unterordnung und auf reagierende Anpassung, nicht auf aktive Rezeption, Akzeptanz oder gar selbstständiges Handeln. Wenn den Mitarbeitern auf den unteren Stufen der Hierarchie nicht mehr Informationen zugebilligt werden, als sie für die Ausführung ihrer Tätigkeit benötigen, setzt ein Prozess der Regression ein, d.h. ein Verständnis für eine weiter greifende Perspektive kann nicht entwickelt werden – im Gegenteil ist zu befürchten, dass sich die Mitarbeiter zunehmend an diese Einschränkungen anpassen und auch den letzten Rest von Verantwortung „nach oben" delegieren.

3. Einheit der Leitung

Das Prinzip der Einheit der Leitung besagt, dass die Organisation wie „aus einem Guss" handeln können sollte, um optimal zu funktionieren. Das bedeutet, dass nur die obere Führungsebene festlegen kann, welche Ziele zu verfolgen sind und dies möglichst ohne irgendwelche Hindernisse oder Einschränkungen. Damit bleibt aber den Mitarbeitern auf der unteren Ebene das Setzen eigener Ziele versagt und damit auch die Meisterung der Zielerfüllung.

4. Limitierte Kontrollspanne

Das Konzept der limitierten Kontrollspanne geht davon aus, dass einer Führungskraft nur eine bestimmte Anzahl von Personen unterstellt werden kann, damit eine effektive Kontrolle ermöglicht wird. Damit ist die vorherrschende Aufgabe von Führung die Kontrolle, deren Hauptaugenmerk auf der Minimierung der Differenz zwischen Soll-Leistung und Ist-Leistung liegt. Diese Art der Überwachung der Mitarbeiter bedeutet für diese aber nichts anderes als bleibende Abhängigkeit, fortwährende Unterordnung und weiterhin fremdbestimmte Tätigkeiten – also letztlich alles Ausprägungen, die im Argyris'schen Konzept als Merkmale von Unreife gelten.

Einladung zum Nachdenken
Überlegen Sie einmal, wo es Menschen in Ihrem beruflichen Zusammenhang gibt, die besonders engagiert bzw. besonders desinteressiert ihre Arbeit erledigen. Welche „Steuerungsbedingungen" glauben Sie, können die beobachteten Haltungen mit prägen?

Damit können wir zusammenfassen: Die traditionelle hierarchische und bürokratische Organisation ist reifehemmend, weil sie eine reaktiv-passive Haltung fördert, Abhängigkeit betont, den Gebrauch nur weniger Verhaltensweisen ermöglicht, das Festhalten an oberflächlichen, außenorientierten Interessen verstärkt, den Aufbau einer längerfristigen Zielperspektive verhindert, die reibungslose Unterordnung zur Regel macht und nur eine minimale eigene Verfügung und Kontrolle über die tägliche Arbeitswelt erlaubt.

Was aber sind die Konsequenzen angesichts der Diagnose der Unreife traditioneller Organisationen? Nach Argyris entstehen bei den Mitgliedern einer traditionell ausgerichteten Organisation Insuffizienzgefühle, Frustration und Apathie bis hin zu offener Aggression. Die Humanressourcen werden nur suboptimal genutzt, weite Teile der Fähigkeiten liegen brach und es braucht aufwändige Kontroll- und Herrschaftssysteme, um aufbegehrende Widerstände oder auch die stille „innere Kündigung" oder Demotivation in den Griff zu bekommen (vgl. Wunderer/Küpers 2003). Die systematische Vergeudung der Humanressourcen tendiert zur Erstarrung, insbesondere deshalb, weil der erfolgsrelevante Zusammenhang zwischen der Unvereinbarkeit von Reifungsstreben und herkömmlicher Organisationsgestaltung meistens unerkannt bleibt.

In der Praxis finden sich dann dementsprechend folgende Pathologien:
- Die Organisationsmitglieder verlassen die Organisation und/oder
- sie ziehen sich innerlich zurück und/oder
- sie entwickeln passiven Widerstand und/oder
- sie verschieben Verantwortung zu ihren Vorgesetzten und/oder
- sie bilden Abwehrfronten und/oder betrügen und/oder
- sie konzentrieren sich auf den Kampf um höhere Entlohnung.

Diese Probleme treten um so gehäufter auf, je rigider die bürokratische Kontrolle eingehalten wird, je fragmentierter die Arbeitsprozesse sind, je niedriger eine Tätigkeit in der Hierarchie rangiert, je reifer die Individuen bereits sind. Das Management reagiert dann seinerseits in der Regel mit Androhung schärferer Strafen, der Einführung ausgefeilterer Kontrollsysteme und im eher positiveren Fall mit einer Vermehrung der externen Anreize (z.B. höhere Prämienzahlungen). Diese Gegenmaßnahmen führen aber nicht zu einer Lösung des Problems, sondern verschärfen die Ausgangssituation lediglich weiter. Die Inkongruenz stabilisiert sich so ständig auf einem immer höheren Niveau, statt sich abzubauen. Die Effizienzvorteile der traditionellen Organisation drohen damit immer mehr von den (vor allem kostenmäßigen und motivationalen) Nebenwirkungen der Inkongruenz aufgefressen zu werden.

Zusammenfassend kann man sagen – so Argyris und andere Vertreter dieses Führungsansatzes –, dass die klassische traditionelle Organisationsgestaltung, die u.a. auch wesentlich von Konzepten der Mikroökonomie beeinflusst wurde, die am wenigsten effiziente überhaupt ist. Dies ist eine für die Führungs- und Organisationspraxis, aber auch für die Führungs- und Organisationsforschung und -beratung überaus herausfordernde Erkenntnis.

Von der unreifen zur reifen Organisation

Gibt es einen Ausweg aus dem eben skizzierten Teufelskreis der Demotivation und dem organisatorischen Dilemma der Widersprüche zwischen den Bedürfnissen der Menschen und den Erwartungen der Organisation?

Wie alle Vertreter des Humanressourcen-Ansatzes argumentiert auch Argyris, dass die Lösung in modernen, mitarbeitergerechten Organisationsformen liegt. Dabei werden drei Elemente der Neuorganisation in den Vordergrund gestellt:
- mehr Selbstverantwortlichkeit,
- größere Vielfalt in der jeweiligen Tätigkeit und
- mehr Kontrolle über das eigene Arbeitsfeld.

Unterscheidet man noch in die Ebene neuer Strukturmodelle (Makro-Ebene) und die Ebene neuer Formen der Arbeitsorganisation (Mikro-Ebene), so ergibt sich folgender Vorschlag:

- Einführung dezentraler, partizipationsorientierter Organisationsformen, die sich eng an dem funktionalen Beitrag des einzelnen Organisationsmitglieds ausrichten sollen.

Allerdings gibt auch Argyris zu, dass ein Mindestmaß an formaler Struktur zur Rationalitätssicherung unumgänglich bleibt, wobei die Ansprüche der formalen Organisation gleichzeitig immer auch eine Beeinträchtigung der individuellen Entfaltung darstellen („organisatorisches Dilemma"). Als Lösung dieses Dilemmas empfiehlt Argyris eine Art Kompromiss, das Mix Model. Darunter versteht er eine variable Organisationsform, die sich den je spezifischen Gegebenheiten und dem Reifungsstreben der Mitarbeiter besser anzupassen vermag. Allerdings bleibt er hier mit seinen Lösungsvorschlägen eher allgemein und unbestimmt. Den Schwerpunkt der organisatorischen Gestaltungsvorschläge bildet hingegen die Arbeitsplatzebene. Als Gegenpunkt zur tayloristischen Arbeitsplatzgestaltung haben diese Konzepte eine Arbeitsanreicherung im Visier. Ausgangspunkt der motivationsorientierten Arbeitsorganisation ist der Handlungsspielraum, den der Einzelne bei seiner Tätigkeit hat. Dieser Spielraum wird durch zwei Dimensionen bestimmt, den Entscheidungs- und Kontrollspielraum sowie den Tätigkeitsspielraum. Dabei umfasst Letzterer die Vielgestaltigkeit in der Tätigkeit, Ersterer umfasst das Ausmaß selbstständiger Planungs-, Organisations- und Kontrollbefugnisse.

Zur Erweiterung des Handlungsspielraums stehen im Wesentlichen vier arbeitsorganisatorische Maßnahmen zur Verfügung (s. die folgende Abbildung).

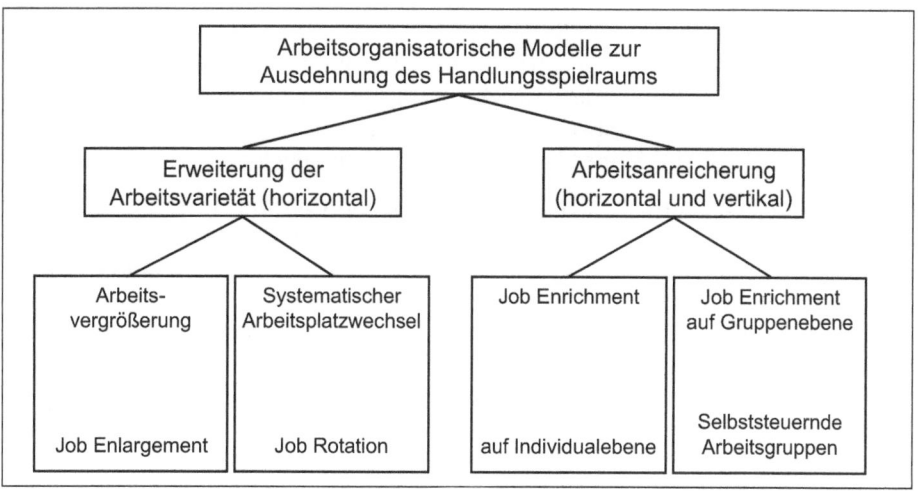

Abbildung 9:
Neue Formen der Arbeitsorganisation (nach Schreyögg 2003: 244)

Zur Erläuterung dieser häufig verwendeten Schlagworte ein paar Details:

1. **Geplanter Arbeitsplatzwechsel (Job Rotation)**

   Im geplanten Arbeitsplatzwechsel wechseln die Mitarbeiter nach einem vorgeschriebenen oder selbst gewählten Zeitrhythmus ihre Arbeitsplätze bis hin zu einem völligen Rundumwechsel. So wird eine Erhöhung der Aufgabenvielfalt nach Maßgabe der Aufgabenanforderungen erreicht.

2. **Arbeitserweiterung (Job Enlargement)**

   Hier werden strukturell gleichartige, stark zersplitterte Tätigkeiten, die ursprünglich von verschiedenen Beschäftigten durchgeführt wurden, wieder an einem Arbeitsplatz zusammengefasst. Im Unterschied zur Job-Rotation kann die Arbeitserweiterung u.U. ein Mehr an Ganzheitlichkeit bieten, in der Regel bleibt sie allerdings auf der Ausführungsebene stecken. Von Herzberg stammt hierzu die kritische Formel $0 + 0 = 0$; damit meint er, dass durch die Aneinanderreihung mehrerer inhaltsleerer Verrichtungen noch kein sinnvolles Ganzes entsteht.

   Die Arbeitserweiterung sieht keine Einbeziehung des Entscheidungs- und Kontrollspielraums vor. Daher sind sowohl Job Rotation als auch Job Enlargement keine geeigneten Konzepte, die Mitarbeitermotivation längerfristig und in größerem Umfang zu steigern, allerdings können sie sehr wohl stark belastende Arbeitssituationen abmildern und die Qualität der Arbeitssituation dadurch verbessern.

3. **Arbeitsanreicherung (Job Enrichment)**

   Die Arbeitsanreicherung stößt demgegenüber sehr wohl in den Entscheidungs- und Kontrollspielraum vor und hebt damit die traditionelle Trennung von leitender und ausführender Tätigkeit am unteren Ende der Management-Hierarchie zumindest teilweise auf. Diese Ausweitung erhält umso mehr Gewicht, je mehr sie im Sinne einer Ganzheitlichkeit angelegt ist.

4. **Arbeitsanreicherung auf Gruppenbasis (Teilautonome Arbeitsgruppen)**

   Die aus Skandinavien stammende Idee der teilautonomen Arbeitsgruppen orientiert sich stark an der Idee der Gruppenarbeit. Teilautonome Arbeitsgruppen sind Kleingruppen im Gesamtsystem der Organisation, deren Mitglieder ganzheitliche Aufgabenvollzüge gemeinsam eigenverantwortlich zu erfüllen haben und über die zur Wahrnehmung dieser Funktion notwendigen Entscheidungs- und Kontrollkompetenzen verfügen. Im Zuge des Einsatzes neuer Technologien werden die Arbeitsplätze so umgestaltet, dass mehr Eigeninitiative der Mitarbeiter selbstverständlich wird. Der Einsatz teilautonomer Arbeitsgruppen beschränkt sich nicht auf den Bereich der Fertigung; zunehmend finden sich auch in der Verwaltung Formen der Gruppenarbeit. Heute werden diese Gruppen am häufigsten im Forschungs- und Entwicklungsbereich eingesetzt, in dem Spezialisten aus einzelnen Funktionsabteilungen eine Gruppe bilden, die bestimmte Teilprojekte völlig selbstständig entwickeln.

4.2.4 Neuere motivationsorientierte Organisationsmodelle

Aktuellere Organisationsgestaltungsmodelle stellen zwei neue Schwerpunkte in das Zentrum ihrer Betrachtung. Zum einen konzeptualisieren sie das Gesamtsystem eher als eine Art Großgruppe, d.h. die zuvor erörterten Team-Prinzipien werden auf die Gesamtorganisation ausgedehnt. Vertrauen, Teamgeist und Kooperationswille spielen hier eine zentrale Rolle. Der zweite Punkt bezieht sich auf den Rückbau organisatorischer Regelungen und eine verstärkte Selbstabstimmung der Mitarbeiter. Hier ersetzt die personale Kompetenz die Strukturrationalität. Wir wollen im Folgenden verschiedene Ansätze kurz darstellen und diskutieren.

Theorie Z

Ouchi (1981), der Begründer der Theorie Z, geht davon aus, dass in Zeiten, in denen andere soziale Beziehungen (Familien, Gemeinde, Freundschaften usw.) kontinuierlich zurückgehen oder in Auflösung begriffen sind, die Erwartungen, die an diese Systeme gerichtet wurden, nun auf die Organisation umgelenkt werden, in der man arbeitet. Ähnliche Ergebnisse lieferte kürzlich die Gallup-Studie (Buckingham/Coffman 2002), wonach die Qualität eines Arbeitsplatzes u.a. davon bestimmt wird, ob man dort seine Fähigkeiten einbringen kann, diese anerkannt werden und man dort einen „guten Freund" habe. Der Arbeitsplatz wird also immer mehr zum Ort der Befriedigung sozialer Bedürfnisse. Den kulturellen Erfahrungshintergrund bildet für (den Japaner) Ouchi die Realität japanischer Unternehmen und der japanischen Gesellschaft, die damals einen wesentlichen Aufschwung erlebten – nicht zuletzt deshalb hat dieses Modell auch im euro-amerikanischen Raum große Beachtung gefunden.

Systematisch gesprochen beschreibt die Theorie Z, deren Name durchaus in bewusster Analogie zur Theorie Y von McGregor gewählt wurde, ein Hybrid-Modell des Managements, welches individuelle Motivation und Verantwortung mit Ansätzen teammäßiger Entscheidungsfindung kombiniert. Die Beschäftigungszeiträume sind eher langfristig ausgelegt, die Leistungsbeurteilung des Einzelnen ist an größere Zeiträume gebunden, um einer „Hire-and-Fire"-Politik vorzubeugen. Die Ausrichtung an langfristigen Zeithorizonten und die klare Orientierung an gemeinsamen Werten bringen ein starkes Involvement der Beschäftigten mit sich, die sich über die Rolle als bloßer Arbeitnehmer hinaus z.B. auch auf die Einbeziehung der Familien erstreckt bzw. in Clan-ähnliche Strukturen im Unternehmen mündet.

Im Prinzip unterscheidet sich die Theorie Z nicht gravierend von der Theorie Y, allerdings gibt es einen wesentlichen Punkt, der so in der Theorie Y nicht enthalten ist: Z-Organisationen zeichnen sich durch einen stark ausgeprägten „Corps-Geist" aus, der die Mitarbeiter zu einer kohäsiven Gruppe zusammenschweißt und so eine Art „Clan-Gefühl" entstehen lässt. Damit empfiehlt Ouchi letztendlich, die Organisation durch entsprechende Werte und Normen zu einer gesteuerten Großgruppe zu machen.

Laterale Organisationsmodelle

Laterale Organisationsmodelle propagieren die Überwindung formaler bürokratischer Ordnungen durch die Betonung informaler, netzwerkartiger Koordinationsmechanismen. Kernkonzept aller lateralen Organisationsmodelle ist die Einrichtung weitgehend selbstständig agierender Teams, die sich aus kompetenten und hoch motivierten Individuen zusammensetzen. Die Idee netzwerkartiger Organisationen ist zum Ende der 1980er und in den 1990er Jahren entstanden, als durch Methoden der Differenzierung und Zerlegung von Organisationen (z.B. durch Outsourcing, Implementation neuer Beschäftigungsmodelle) eine weitgehende Auflösung der traditionellen anweisungsbezogenen Hierarchie erfolgte. Schreyögg und Noss (1994) bezeichnen diese Konzepte daher auch als die „personale Lösung" des Organisationsproblems. Was zuvor mit organisatorischen Regelungen gelöst wurde, liegt nunmehr in den Händen kompetenter und intrinsisch motivierter Mitarbeiter.

Fünf Kernelemente lassen sich als tragendes Gerüst im Hinblick auf die organisationale Perspektive der lateralen Ansätze zusammenfassen:

- **Empowerment**

Unter Empowerment wird die weit reichende Übertragung von Kompetenzen, Wissen und Befugnissen auf die Mitarbeiter verstanden. Angestrebt wird ein System mit mehr Autonomie und Selbstverantwortung. Der Ansatz geht deutlich über die klassische Dezentralisation und Delegation hinaus. Er stellt vielmehr die Befähigung zu Eigeninitiative in seinen Mittelpunkt: Mitarbeiter sollen initiativ werden, sollen die für ihren Aufgabenvollzug relevanten Informationen aufnehmen und vor allem die Anschlüsse innerhalb des Unternehmens soweit wie möglich nach eigenem Ermessen selbst herstellen (laterale Organisation).

Empowerment wird in der Regel auf der Basis von Teams und Projekten betrieben. Die Teams, denen die Aufgaben übertragen werden, verteilen die Arbeit selbst und betreiben nach eigenem Ermessen die Koordination mit angrenzenden Teams. Vorgesetzte haben im Empowerment eher die Rolle des Unterstützers, Motivators und Coach, sollen also im Sinne von „Hilfe zur Selbsthilfe" handeln. Das Empowerment, das auf dem Grundkonzept des Human-Ressourcen-Ansatzes aufbaut, versteht sich in erster Linie als alternative Form der Unternehmenssteuerung, da es klassischen Formen der Steuerung überlegen ist. Es sollen nicht nur die Koordinations- und Organisationskosten gesenkt werden, sondern es geht wesentlich auch um die Freisetzung von Motivation und Kreativität, die wiederum die Innovationskraft und die Flexibilität der Organisation steigern sollen.

- **Selbstorganisation**

Das Konzept der Selbstorganisation ist in erster Linie als Hierarchieersatz anzusehen. Für die motivationsorientierte Teamorganisation bedeutet Selbstorganisation vor allem, dass Teams selbstständig an Problemlösungen arbeiten, um die Flexibilität und Lernfähigkeit der Organisation zu sichern. Im Zentrum steht dabei aber vor allem die spontane Koordination von Teams, die problemlösungsorientiert je nach Situation mit wechselnden anderen Teams zusammen arbeiten. Leitbild ist hier die Vorstellung einer flachen Hierarchie.

- **Heterarchische Organisationsformen**

Entbürokratisierung und die Schaffung von hierarchiearmen oder „heterarchischen" Organisationen fördern Selbstorganisationsfähigkeiten. Heterarchien sind aus mehreren, voneinander relativ unabhängigen aber kooperativ miteinander verknüpften Akteuren, Entscheidungsträgern oder „Potenzialen" zusammengesetzte Handlungs- oder Verhaltenssysteme (vgl. Probst 1987). In ihnen gibt es nur wenig bis keine zentrale Kontrolle „von oben"; die Führung des Systems wird vielmehr sozusagen immer wieder neu ausgehandelt oder „wandert" von Subsystem zu Subsystem bzw. von Potenzial zu Potenzial. Heterarchie will unvorhergesehene Entwicklungen des Systemverhaltens bei Veränderungen zulassen und Teillösungen selbst entwickeln. Sie verändern sich funktional zu den jeweiligen Problemstellungen, wobei Kompetenz- und Verantwortungsbereiche sowie Kontrollinstanzen weitgehend virtuell sind und sich je nach Erfordernissen verschieben lassen.

Als Risiken und Probleme sei hier auf die Gefahr zu weitreichender Verselbstständigung heterarchischer Abteilungen hingewiesen. Dies kann – vor allem in größeren Organisationen – zur Vernachlässigung übergeordneter Gesichtspunkte und zur ungenügenden Nutzung von Verbundeffekten führen (Risiko der Teil-Optimierung). Auch läuft solch eine Profit-Center-Struktur der Nachfrage nach kundenorientierten System- und Komplettlösungen entgegen. Die Zerlegung einer Bildungsorganisation in mehrere autonome, jeweils auf einzelne Produkte oder Dienstleistungen ausgerichtete Einheiten erfordert zudem eine aufwändige Koordinationsleistung und multilaterale Verhandlungen zwischen den einzelnen Einheiten, um Komplettangebote machen zu können.

- **Lose Koppelung**

Eng verbunden mit heterarchischen Organisationsformen ist ein weiteres wesentliches Element lateraler Modelle: die lose Koppelung. Hier wird Organisation als ein Geflecht relativ autonomer Subeinheiten verstanden, die nur gelegentlich und nicht in spezifizierter Weise untereinander in Verbindung treten, sozusagen als Gegenmodell zu dem traditionellen Organisationsideal, wonach alle Bereiche als Teil einer Kette eng verzahnt miteinander interagieren. Lose Koppelung bedeutet für die Mitarbeiter mehr Motivation, mehr Flexibilität, ein breiteres Aufgabenspektrum, eine freiere Arbeitsgestaltung und mehr Selbstbestimmung. Allerdings kann die lose Koppelung auch negative Folgen haben, wenn nämlich die Mitarbeiter die notwendigen abteilungsübergreifenden Zusammenhänge nicht erkennen und nicht bereit sind, Eigenziele zugunsten eines Gesamtziels zurückzustellen. Für die Führung stellt dies eine massive Herausforderung dar. In Bildungsorganisationen findet sich das Prinzip der losen Koppelung sehr häufig.

- **Vernetzte Projektgruppen**

Hier wird die Projektarbeit zur dominanten Form der Arbeitsorganisation; den Grundstock bilden interne fachliche Experten, die je nach Thema immer wieder zu neuen Gruppen gebildet werden. Innerhalb der Teams werden Entscheidungen nach dem Kompetenzprinzip getroffen. Organisationsmitglieder gehören in der Regel mehreren Teams an. Die ohnehin hohe Qualifikation des Einzelnen sollte immer wieder durch entsprechende Maßnahmen der Personalentwicklung gepflegt werden, so dass bei Bedarf schnell und unkompliziert neue Gruppen zusammengestellt werden können.

- **Organizational Citizenship Behaviour**

Das Konzept des OCB legt Mitarbeitern nahe, sich in Unternehmen wie „gute Bürger" zu verhalten. Das bedeutet Interesse an der Funktionstüchtigkeit der Gemeinschaft und ein dem entsprechendes Verhalten, das bei Bedarf den Gemeinnutz vor Eigennutz stellt. Konkret bedeutet dies ein Verhalten, das Arbeitskollegen unterstützt, neuen Mitarbeitern die Orientierung und Integration erleichtert, spontane Übernahme von zusätzlichen Sonderaufgaben ohne Entgelt usw. Gerade in lateralen Teamorganisationen, die nur geringe spezifische Aufgabenbeschreibungen kennen, ist solches Verhalten Garantie für ihr Funktionieren. Es ist offensichtlich, dass man ein solches Verhalten nicht in Organisationen erwarten kann, die nur aus Nutzenmaximierern und Opportunisten besteht.

Kritik der motivationsorientierten Organisationsmodelle

Während der Skizzierung der Gesamtproblematik der Integration von „Individuum und Organisation" wurden immer wieder auch kritische Einwände thematisiert. Hier sollen noch einmal kurz die drei wichtigsten generellen Kritikpunkte erwähnt werden. Zunächst argumentieren die Kritiker der motivationsorientierten Organisationsmodelle, dass die Bedürfnislagen sehr unterschiedlich seien und dass man daher keinesfalls davon ausgehen könne, dass alle nach einer sinnvollen und erfüllenden Arbeit streben. Es läge also eine falsche Generalisierung vor. Vielmehr gebe es auch Menschen, die mit einer monotonen Arbeit in autoritären Strukturen zufrieden wären, weil sie z.B. nicht auf Selbsterfüllung im Rahmen ihres Arbeitslebens setzten. Dem lässt sich entgegenhalten, dass dies in erster Linie eine Frage der bisherigen Arbeitserfahrungen und der Anreize und kein „Naturgesetz" sein dürfte.

Zweitens ist ein zentraler Angriffspunkt der Kritiker die Scheinharmonie der Ansätze; sie vermitteln den Eindruck, als ob sich Individualziele und Organisationsziele problemlos in Einklang bringen ließen. Dies wird als Sozialromantik abgetan. Man müsse vielmehr von einem Nullsummen-Spiel ausgehen, weil die Mittel zur Zielerreichung sowohl der einen als auch der anderen Seite grundsätzlich knapp seien und statt einer harmonischen Kongruenz erbitterte Kämpfe um die knappen Mittel an der Tagesordnung seien (s. mikropolitischer Ansatz). Diesem Einwand ist sicherlich nicht leicht zu begegnen, denn in Organisationen sind Situationen alltäglich, die keine Zielkongruenz erlauben (z.B. Kündigungen,

Abbau von Sozialleistungen usw.). Dennoch bedeutet das nicht, dass eine völlige Unvereinbarkeit zwischen Individual- und Organisationszielen bestünde.

Der dritte Kritikpunkt bezieht sich auf die – nach Meinung der Kritiker falsche – Annahme, dass Manager freiwillig bereit seien, Teile ihrer Macht aufzugeben. Vielmehr wird argumentiert, dass diese Personen in der Regel ein besonders ausgeprägtes Machtbedürfnis hätten. Auch wenn es für dieses Argument einige empirische Evidenz geben mag, kann dies nicht generalisiert werden. Außerdem scheint diese Kritik einer gewissen Theorie X-Orientierung zu unterliegen: Es ist schließlich nicht ersichtlich, warum nicht auch ein Manager an einer inspirierenden, motivierten Führungssituation mehr Freude haben sollte als an einer autoritären (vgl. Kapitel 6).

4.3 Ein Integrationsmodell zur Verknüpfung von Individuum und Organisation

Nachdem wir zuvor Grundlagen der Motivation und verschiedene klassische und neuere Organisationsansätze beschrieben und diskutiert haben, wird im Folgenden ein umfassendes **Integrationsmodell** vorgestellt. Damit wird versucht, die verschiedenen Ebenen des Subjektiven, Intersubjektiven und Systemischen wie sie in (Bildungs-)Organisationen vorkommen, in einen ganzheitlichen Zusammenhang zu bringen. Es werden damit also die Bereiche des Einzelnen, der Gemeinschaft sowie der Kultur bzw. des „Systems" von Organisationen in einem ausgewogenen und dennoch spannungsreichen Beziehungskontext betrachtet. „Integral" bzw. „Integration" verweist dabei grundlegend auf einen Prozess, der die betrachteten Ebenen in deren Innen- und Außenbezug bzw. Individuums- bzw. Kollektivorientierung zusammenzuführen bzw. umfassend zu vernetzen versucht. Dies ist gerade für Bildungsorganisationen bedeutsam, die zunehmend vor der Herausforderung stehen, zwischen einer Innen- und Außenorientierung sowie einer individuellen wie kollektiven Ausrichtung im Verhältnis zu verschiedenen Anspruchsgruppen, Wertorientierungen etc. zu vermitteln.

Die dabei vorgenommene analytische Betrachtung dient als eine Art Landkarte oder Heuristik der Einordnung und methodischen Erfassung. Damit können die verschiedenen Sphären und Prozesse des Feldes zwischen Individuum und Organisation systematisch berücksichtigt werden. Ein solches Modell ist hilfreich, weil auf diese Weise die relativen Bedeutungen des Subjektiven, Intersubjektiven und Objektiven insbesondere auch für die Motivation bzw. Motivierung in einem Deutungszusammenhang systematisch berücksichtigt werden können. Mit einer integralen Orientierung können zudem die herkömmlichen (Motivations-)Ansätze und deren Mangel an integrierendem Entwicklungs- und Transformationsverständnis überwunden werden. Außerdem werden damit ebenenspezifische Motivationsprobleme und Pathologien sowie die Bedeutung einer „Gesundheit" des Einzelnen, der Gemeinschaft wie des Organisationssystems erkennbar. Schließlich erlaubt eine solche Orientierung die Bestimmung konkreter Gestaltungsmöglichkeiten bzw. Umsetzungsmaßnahmen.

4.3.1 Grundstruktur und -dimensionen des Modells

Mit dem hier vorgestellten Ansatz wird eine multidimensionale Integration angestrebt, welche die Wirklichkeit von (Bildungs-)Organisationen als einen Zusammenhang von miteinander interagierenden Teilen und eines Ganzen, d.h. als ein *Holon* versteht.

Der Begriff „Holon" stammt vom griechischen „holos" (Ganzes) und dem griechischen Suffix "-on" (Teil) und verweist damit auf ein „Teil-Ganzes". Je nach Kontext oder Betrachtungswinkel können Holons gleichzeitig sowohl als Ganzes wie auch als Teil eines anderen Ganzen fungieren. Der Teilaspekt von Holons zeigt sich in ihrer Fähigkeit, sich anderen Holons anzupassen bzw. sich handlungspraktisch auszurichten um sich selbst zu erhalten. Neben diesem Handlungsbezug tritt die Kommunion, als Fähigkeit Verbindungen einzugehen. Eine weitere Eigenschaft ist die Fähigkeit zur Selbsttranszendenz; dies verweist auf die Wandlungsfähigkeit der Holons. Mit der Selbstauflösung schließlich besteht die Möglichkeit eines Zusammenbruchs der Holons (vgl. Wilber: 63ff.).

Jedes Holon, das simultan eine innere und eine äußere Dimension hat, besteht also zugleich aus Ganzheiten und Teilheiten, die in einem offenen Kontext und einem dynamischen Konstellationszusammenhang miteinander verbunden sind. Jedes Element einer Bildungsorganisation ist sowohl ein „Ganzes" für sich wie ein Teil eines umfassenderen Ganzen. Aufbauend auf diesem Wirklichkeitsverständnis wird nun als Grundstruktur ein „Vier-Sphärenmodell" vorgestellt, welches als wesentliche Differenzierungen zwischen innerlichen und äußerlichen sowie individuellen und kollektiven Sphären unterscheidet. (vgl. Wilber: 161f.). Aus dieser vierfachen Gliederung ergibt sich eine Matrix mit vier Quadranten. Die oberen beiden Quadranten umfassen die *individuellen* Sphären des Einzelnen. Während das obere linke Quadrat sich auf den Binnenbereich des Subjekts bezieht (intentionaler und psychischer Aspekt), umfasst der obere rechte Bereich dessen äußere Ausdrucksformen, also körperliche Grundlagen sowie Verhaltensweisen und Handlungen des Einzelnen. Diesen Innensphären des Einzelnen steht mit den beiden unteren Quadraten die soziale oder *kollektive* Sphäre gegenüber. Die untere linke Sphäre verweist auf die kulturelle oder gemeinschaftliche Innensphäre. Dieser Bereich wird durch den unteren rechten Bereich der äußeren systemisch-funktionalen Zusammenhänge ergänzt.

Damit können die Sphären als spezifische Bereiche bestimmt werden. Während das individuelle Innen als „subjektiver Bereich" definiert werden kann, verweist das individuelle Außen auf einen „objektiven Bereich". Analog entspricht das kollektive Innen einem „inter-subjektiven Bereich"; während das kollektive Außen als „inter-objektiver" Bereich qualifiziert werden kann. Folgende Abbildung veranschaulicht diese verschiedenen grundlegenden Orientierungen.

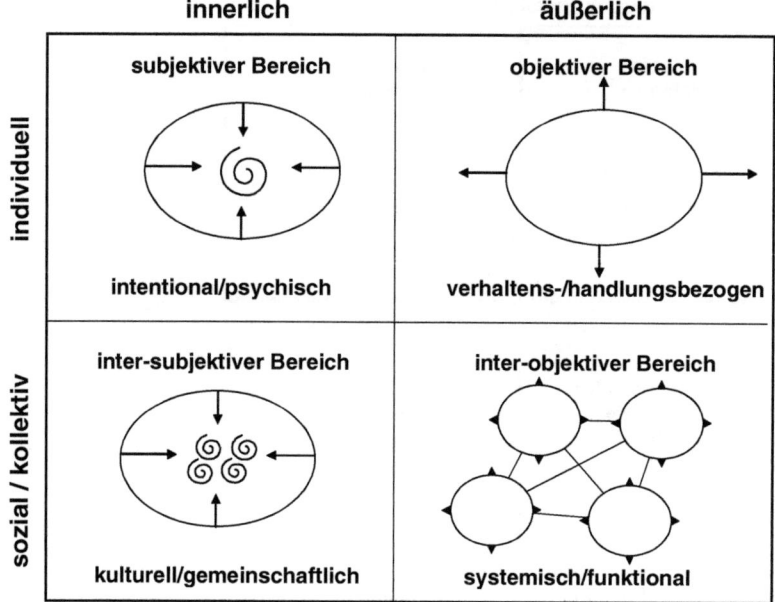

Abbildung 10:
Grundlegende Bereiche des Vier-Sphären-Modells

Für das Verständnis des Vier-Sphären-Modells ist es insgesamt wichtig, dass sich keiner der dargestellten Bereiche auf einen anderen reduzieren lässt. Vielmehr sind alle Quadranten als gleichberechtigt zu berücksichtigen. Eine integrale Orientierung betrachtet daher alle Quadranten immer in einem Zusammenhang, da sich – wie wir noch zeigen werden – alle Bereiche wechselseitig durchdringen. Mit diesem Grundverständnis kann zum einen ein Bewusstseins- und zum anderen ein Verhaltensbereich bestimmt werden. Diese beiden Bereiche machen die Identität des Akteurs i.S. einer intentionalen und handelnden Individualität aus (obere Quadranten). Zum anderen ergeben der kollektive Kultur- und ein Systembereich die *kollektive* Identität (untere Quadranten). Dieses kann man auch als Kommunalität bezeichnen. Analog bestimmen auch Innen- und Außenbereiche spezifische Identitäten. Während die linke Binnensphäre zu einer *subjektiven* Identität des Einzelnen und der Gemeinschaft tendiert, neigt die rechte Außensphäre zu einer *objektiven* Identität beider. Jeder Bereich repräsentiert zudem eine andere Art von „Welt". So kann zwischen einer intrasubjektiven Innenwelt und einer objektivierten Handlungs- und Wirkwelt des Einzelnen wie auch einer gemeinschaftlich-kulturellen Mitwelt sowie einer funktional-systemischen Umwelt von (Bildungs-)Organisationen unterschieden werden. Folgende Abbildung zeigt diese Zusammenhänge der perspektivischen Bereiche, Identitäten und Welten der vier Bereiche:

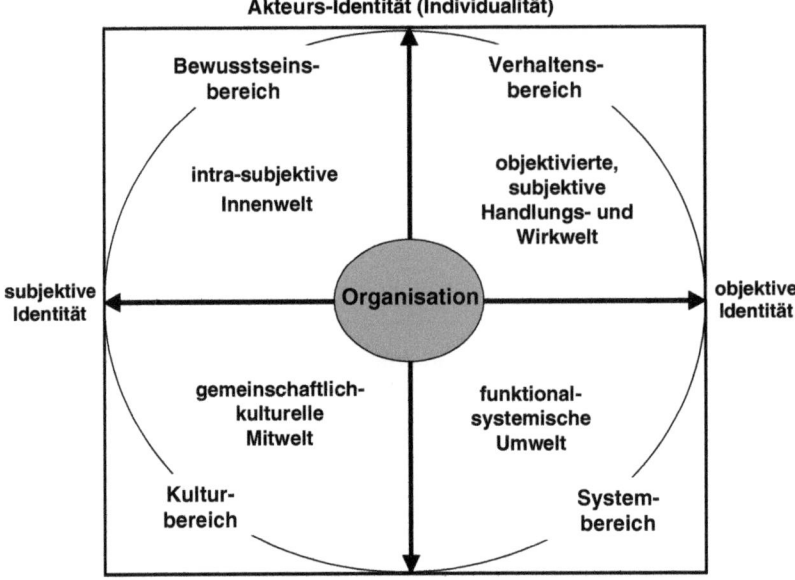

Abbildung 11:
Ganzheitliche Perspektiven der Organisation im Zusammenhang

Anlog zu den verschiedenen Welten können unterschiedliche Einheiten im integralen Modell unterschieden werden. Ein Individuum ist in seinem Bewusstsein verkörpert und andererseits Teil eines sozialen Zusammenhangs im Sinne von Kultur. Außerdem tritt das Individuum als individuell handelnder Akteur auf, es kann darüber hinaus auch als Teil eines objektiven Handlungszusammenhangs wahrgenommen werden. Wir wollen im Folgenden diese vier Aspekte mit Bewusstsein/Psyche, Gemeinschaft/Kultur, Agent/Handelnder und Agentur/System bezeichnen. Zudem können den vier Einheiten Personalpronomen zugeordnet werden:

- Die individuell-innerliche Sphäre (Bewusstsein/Psyche) I korrespondiert mit dem „Ich" im intra-subjektiven Bereich
- Die individuell-äußere Sphäre (Agent) II entspricht dem „Mein"/„Es" im objektivierten Bereich
- Die sozial-innerliche Sphäre (Gemeinschaft/Kultur) III meint das „Wir" im intersubjektiven Bereich
- Die sozial-äußerliche Sphäre (Agentur/System) IV steht für das „Unser"/„Es" im interobjektiven Bereich

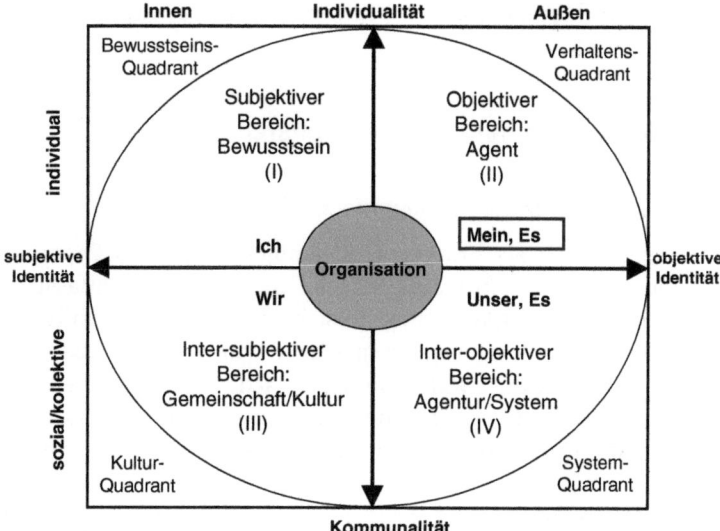

Abbildung 12:
Ganzheitliche Perspektiven der Organisation in individuellen/kollektiven Einheiten

Entsprechend den Zuschreibungen der Personalpronomina gibt es eine jeweilige „Ich-Sprache", eine „Wir-Sprache" die nach einem Verstehen fragt (was bedeutet es für mich/für uns?) sowie eine „Es- oder Objekt-Sprache" die nach einem Erklären fragt (was tut es? wie funktioniert es?). Folgende Abbildung zeigt typische Fragen des Einzelnen, der Gemeinschaft und des Systems bereits mit Bezügen zum organisationalen Kontext:

Abbildung 13:
Typische Fragen innerhalb des Vier-Sphären-Modells

Diese beispielhaften Fragen können durch spezifische Belange von Bildungs-organisationen ergänzt werden.

4.3.2 Inhalte und Bestimmungen der einzelnen Sphären

Sphäre I: Subjektiver Innenbereich einzelner Organisationsmitglieder

Diese erste Sphäre bestimmt sich als Erfahrungszusammenhang eines Organisationsmitglieds als individuelles Selbst bzw. als Subjekt. Entsprechend umfasst sie Wahrnehmungen, Gefühle und Gedanken sowie Absichten und Willenskräfte des Einzelnen. Dieser subjektive Bereich einer inneren Welt macht deutlich, dass sich Menschen tief in sich selbst emotional wahrnehmend, nachdenkend erleben und verstehen müssen, um in wahrhaftiger Art und Weise nach Außen wirken zu können, eine Gemeinschaft zu bilden und im Funktionszusammenhang angemessen eingebunden zu sein.

Denn als Bedürfnis-, Wert- und Motivationsbereich prägt dieser Bereich auch das Handeln und Verhalten des Einzelnen (Sphäre II) sowie die Gemeinschaft (Sphäre III) wie auch den Funktionszusammenhang (Sphäre IV) der Organisation.

Mit seinen alltäglichen Lebens- und Sprachformen kann dieser Bereich als eine originäre „private" Lebensweltlichkeit bestimmt werden, die die Bereiche der Gemeinschaft und des Systems direkt und indirekt beeinflusst. Inhaltlich geht es in dieser Sphäre also um die persönliche Identität sowie um Bedürfnisse, Bereitschaften (Potenziale) bzw. innere Motivationen und Einstellungen sowie Ziele und Werthaltungen des Einzelnen. Die zu diesem subjektiven Bereich korrespondierenden Werte bzw. Geltungsansprüche sind dabei Wahrhaftigkeit, Aufrichtigkeit, Integrität und Vertrauenswürdigkeit.

Die Bestimmungsmomente eines personalen Selbst und dessen Verwirklichung wurden in verschiedenen psychologischen Selbst-Modellen und Persönlichkeitstheorien erforscht (vgl. Fisseni 1998). Das Selbst ist ein dynamisches und vielfältiges Phänomen, das sich aus (Selbst-)Bildern, Schemata und Prototypen sowie Beziehungen mit anderen (Sphäre III) bildet. Die Selbstbeziehung ergibt sich aus dem Zusammenspiel eines wahrnehmenden Selbst im Verhältnis zu dem eigenen aktuellen Selbstwert und den sozialen Beziehungen sowie zu einem „Ideal-Selbst" bzw. einem idealen Set aus sozialen Identitäten. Mit diesem Selbst entwickeln die Subjekte spezifische „Arbeitshypothesen" oder „Gebrauchstheorien" und überprüfen diese in ihrem äußeren Alltags- und Berufshandeln (Sphäre II). Bei Bewährung behalten sie diese bei, sonst werden sie verändert oder verworfen. Diese handlungsleitenden Konstrukte sind dabei immer durch verschiedene Dimensionen miteinander verbunden. So spielen emotionale Empfindungen und kognitive Orientierungen, spezifische Entwicklungsniveaus (vgl. Wilber 2000a: 28ff) und Kompetenzen (Sphäre II) wie auch soziale Zusammenhänge (Sphäre III) und strukturell-systemische Prozesse (Sphäre IV) zusammen.

Mit dem Begriff der *Person* als „subjektiver" Bereich sind die einzigartigen und charakteristischen Dispositionen, Eigenschaften und Verhaltensweisen des einzelnen Mitglieds von Organisationen gemeint. Der anthropologische Personbegriff umfasst dabei zwei Traditionsstränge: Der substanzielle Personbegriff betont die Selbstständigkeit, die Individualität (Unteilbarkeit, Einzigartigkeit), Selbstreflexivität, Freiheit, Autonomie und Würde des Menschen. Demgegenüber benennt der relationale Personbegriff das In-Beziehung-Stehen und Einander-Gegenüber-Sein, die Beziehungsangewiesenheit, die Dialogfähigkeit und die Verantwortung zur Solidarität.

Im Kontext der Organisation tritt der einzelne Mensch mit der ihm jeweils eigenen *Persönlichkeit* in Erscheinung. Unter einer Persönlichkeit versteht man die gesamten Charakteristika der Person, die zu konsistenten Verhaltensmustern führen. Diese individuellen Ausprägungen bestimmen alle sozialen Beziehungen der Person (vgl. Sphäre III) sowie deren Verhältnis zur Organisation (vgl. Sphäre IV). Weil diese jedoch schwer verallgemeinert werden können und sich Organisationen auf Personenmehrheiten ausrichten, wird im betriebswirtschaftlichen Diskurs und in der Organisationspraxis meist der Kollektivbegriff *„Personal"* verwendet. Während mit „Persönlichkeit" ein bestimmtes menschliches Individuum bezeichnet wird, verallgemeinert der Begriff des Personals dieses zu einem vereinheitlichten „Aggregat" von einzelnen Personen (vgl. Neuberger 1997: 492), bei dem von individuellen Merkmalen weitgehend abstrahiert wird (vgl. Sphäre III und IV).

Auf die Problematik eines formalisierten Personenbegriffs und die Bedeutung von geregelten Rollen und Positionen wird bei der Betrachtung des Außenverhältnisses der Person (Sphäre II) näher eingegangen.

Als Hintergrundfolie des Verständnisses von Organisationsmitgliedern und ihres Umgangs miteinander fungieren Menschenbilder. Sie sind eine grundsätzliche, relativ dauerhafte Auffassung über das Wesen sowie die Bedürfnisse, die Einstellungen und Verhaltensmuster des Menschen und konkretisieren sich in Werten, Erwartungen und Beurteilungen oder in der zwischenmenschlichen Praxis. Menschenbilder haben so eine normativ-wertende, d.h. verhaltenslenkende Funktion. Sie bestimmen die Sicht auf die eigene Person und die Mitmenschen und beeinflussen dadurch auch Gestaltungsmöglichkeiten. Beispiele für Konzepte, die auf bestimmten Menschenbildern aufbauen, wurden zuvor z.B. mit Maslows motivationstheoretischem Konzept der Selbstverwirklichung, McGregors Theorie X und Y sowie Argyris Reife-Modell beschrieben.

Sphäre II: Objektivierter Bereich als Handlungs- und Kompetenzkontext

Dieser Bereich umfasst die körperlichen Grundlagen, materielle, objektivierbare Vergegenständlichungen sowie äußere Prozesse und Standards für die Praxis des Einzelnen. Er umfasst damit objektivierte Äußerungen des Einzelnen in Form von Wissen, Kompetenzen sowie die Motivations- und Entscheidungspraktiken, wie sie im Verhalten wirksam werden und sich im Handeln manifestieren. Die Person wird hier zum „Akteur", die ihre Absichten zu verwirklichen versucht. Als eine Art Handlungszentrum ist die Person dabei allerdings de facto nicht von sozialen und systemischen Gegebenheiten zu trennen, sondern immer schon mit den kollektiven Sphären (III; IV) verbunden. Denn erst mit der Einbindung in soziale Kontexte werden Individuen zu handelnden Personen mit sozialen Eigenschaften und Identitäten und im Organisationskontext zu Mitgliedern bzw. zu Mitarbeitern.

Mit dem Bezug zur äußeren Praxis und dem Wahrnehmen externer Zustände können die hier leitenden Werte bzw. Ansprüche dieses Bereichs auf „Wahrheit", „Entsprechung" und „Repräsentation" überprüft werden. „Wahrheit" als Leitwert im Organisationskontext meint dabei eine objektivierende Wirksamkeit bzw. Durchführbarkeit. „Entsprechung" und „Repräsentation" können dann als Übereinstimmung des Handelns mit Erwartungen, Anforderungen oder Vereinbarungen bestimmt werden. Handeln wird dann als ein intendiertes Erleben und Sinngeschehen bestimmt, das sich an die gelebte Motivbildung (Sphäre I) der Handelnden anschließt und dieses umsetzt. Es ist ein subjektiv reflektierter und interpretativer Vollzug, bei dem der individuelle Sinnzusammenhang mit den kollektiven Prozessen (Sphäre III IV) zusammenwirkt.

Auch wenn zum Handeln Orientierungs- und Routinewissen verwendet wird und sich der Handelnde immer schon in Rollen und Strukturen, also in einem gesellschaftlich bzw. organisational vorgegebenen Handlungsrahmen bewegt, werden diese vom Einzelnen aktiv angeeignet und umgesetzt. Der Handelnde legt das vorgegebene Typenrepertoire seinen Bedürfnissen und Interessen entsprechend situativ immer wieder neu aus, stimmt es mit anderen ab und modifiziert es gemäß seinen Erfordernissen. Der Handelnde steht damit immer wieder vor der Aufgabe, neue Techniken z.B. der Problembewältigung im Organisationsalltag zu erlernen, entweder indem er das Bewährte für sich passend macht oder neue Techniken erfindet. Überdies steht der Akteur ständig vor der Wahl, welche der denkbaren Lösungen er mit Aussicht auf Erfolg realisieren sollte. Er leistet kreative Anpassungsleistungen, mit denen mittelbar auch die organisationale Ordnung erzeugt, verändert und erhalten wird.

Rollen und Rollenspiele der Person in Organisationen

Die Mitglieder einer Organisation treten aus Sicht der Organisation nicht als individuelle Persönlichkeiten und Handelnde mit all ihren Möglichkeiten und Begrenzungen in Erscheinung, sondern werden nur partiell in den Organisationskontext einbezogen (vgl. Kieser 1999: 608). Sie werden auf bereits im Vorfeld definierte Leistungs- und Verhaltenspotenziale hin ausgewählt, die zum Gelingen des organisationalen Auftrags beitragen sollen. Diese geforderten Potenziale einer Person werden im Zusammenhang mit den Potenzialen der anderen Personen gesehen, so dass sich im Ergebnis eine beabsichtigte Verknüpfung der Organisationsmitglieder untereinander ergibt (Sphäre III). In dieser Logik nehmen Mitglieder von Organisationen mehr oder minder genau definierte Positionen ein, an die formale Verhaltenserwartungen geknüpft sind. Sie übernehmen damit soziale und formale Rollen in der Organisation und sind organisationalen Regelungen direkt unterworfen. Dabei wird vorausgesetzt, dass sie sich der Position und der Rolle entsprechend verhalten und eben nicht ihrer Individualität freien Lauf lassen.

Soziale bzw. formale Rollen stellen im Organisationszusammenhang ein in sich konsistentes Bündel von Verhaltenserwartungen dar, die sich an den Inhaber einer bestimmten Position richten. Die Position bezeichnet den Ort bzw. die Stellung, die ein Individuum in einem Gefüge sozialer und formaler Beziehungen einnimmt bzw. die über organisatorische Regelungen spezifiziert werden (z.B. die Zuordnung zu bestimmten Funktionsbereichen und Hierarchieebenen (vgl. Sphäre IV)). Sie beinhaltet bestimmte generalisierte Erwartungen, die für die Position typisch sind. Die Positionen werden durch formelle Verfahren (Stellenbesetzung und -beschreibung) festgelegt, die so das konkrete Handeln mitbestimmen.

Auch wenn organisationale Rollen durch ihre spezifischen Charakteristika insgesamt einen hohen Grad an Vorbestimmtheit und Druck zur Handlungsanpassung auf die Organisationsmitglieder aufweisen, wird nicht alles Handeln und Verhalten in Organisationen durch formale Verhaltenserwartungen bestimmt. Auch formale Rollen weisen einen nicht unerheblichen interpretativen Spielraum auf, der unter anderem durch die Interpretationsmöglichkeiten und Rollenfreiräume entsteht und – je nach Situation – eine relativ freie und spontane Ausgestaltung des Rollenhandelns ermöglicht. Zudem kann es zu einem spezifischen Außer-Rollenverhalten und vor-sozialen bzw. anti-sozialen oder sogar kontraproduktiven Rollenspielen kommen. Mit einem „Außer-Rollenverhalten" werden Verhaltensweisen von Mitarbeitern bezeichnet, die nicht in formalen Rollenvorschriften festgelegt oder direkt belohnt werden, aber an den organisationalen Werten und Zielen orientiert sind. Ein derartiges Verhalten ist also aus der Sicht der Organisation durchaus funktional und von daher positiv zu bewerten.

Zu Formen eines Extra-Rollenverhaltens gehören u. a. das Konzept der persönlichen Initiative pro-sozialen, organisationalen Verhaltens bzw. organisationaler Spontaneität und das sog. „Arbeitsengagement aus freien Stücken" (vgl. Müller/ Bierhoff 1994) sowie das bereits beschriebene „Organizational Citizenship Behaviour". Sie alle tragen zur Förderung von Eigenverantwortlichkeit, Risikobereitschaft und Kooperativität bei.

Die individuellen und sozialen Choreographien sind somit neben den formalen, offiziellen und sachlich-funktionalen Rollenzuschreibungen immer auch durch informelle, inoffizielle und extrafunktionale Rollen begleitet. Die Möglichkeiten zu einer derartigen Distanzierung von der vermeintlich festgelegten Rolle ist dabei von großer Wichtigkeit für die Identität der Rollenträger. Ihr Handeln ist nämlich gerade keine bewusstlose Anpassung an die formalen Rollenerwartungen. Vielmehr ist es als ein wechselseitiges Aushandeln der sozialen Beziehung durch die Beteiligten aufzufassen. Die Aushandlungsprozesse, die sich meist auch über informelle Interaktionen vollziehen, betreffen dabei sowohl die Definition der Wahrnehmungen, Interpretationen und sozialen Identitäten als auch die des „sense-makings" in (Bildungs-)Organisationen.

Sphäre III: Der intersubjektive Bereich von Organisationen als Lebenswelt

Als Bereich des Zwischenmenschlichen (Intersubjektiven) und der kulturellen Rahmenbedingungen (Kultur) umfasst diese Sphäre die vorherrschenden und identitätsbestimmenden Werte, Konventionen sowie die Vereinbarung von Regeln für Gruppen bzw. (Organisations-)Gemeinschaften. Die tradierten, wandelbaren, zeitspezifischen, auch über Symbole und Geschichten vermittelten Wertvorstellungen, Normen und Überzeugungen prägen das kollektive Wahrnehmen, Fühlen, Denken und Verhalten der Mitglieder dieser Gemeinschaften.

Auf der Basis eines gegenseitigen Verständnisses darüber, was als „richtig" und „gerecht" gilt, organisieren die Mitglieder einer Kultur ihr Zusammenleben. Die kollektiven Wahrnehmungen – als soziale Leistung in einem gemeinsam geteilten Kontext von Bedeutungen und kulturellen Praktiken – bilden und folgen intersubjektiven Mustern im Bewusstsein der Mitglieder einer Organisationskultur. Sowohl die gemeinsamen Wahrnehmungen wie die intersubjektiven Muster werden dabei insbesondere in Bildungsorganisationen maßgeblich durch deren Werte bestimmt. Die leitenden Werte dieses Bereichs sind idealtypisch auf eine gerechte, passende, „richtige" sowie auf gegenseitiges Verständnis orientierte, diskursive Ausrichtung angelegt. Des Weiteren ist zu beachten, dass die Legitimität von Bildungsorganisationen – im Rahmen der Erfüllung gesellschaftlicher Aufgaben – von ihrer Fähigkeit abhängt, *akzeptierte* Strukturen und Regeln sowie formale Prozesse (Sphäre IV) zu entwickeln und daraus ein verlässliches, konformes Verhalten zu demonstrieren aber zugleich ihren Eigensinn zu wahren.

Die gemeinschaftliche Sphäre kann auch als eine besondere „Erzähl"-Praxis interpretiert werden. In Erzählungen des Organisationsalltags kommt es zu einer spezifischen gemeinschaftsbildenden Integration von Fakten und Bildern. Über narrative Kommunikationsprozesse werden kollektive Erfahrungen aufgebaut und weiterentwickelt.

Geschichten dienen der Orientierung sowohl bei organisationsinternen Handlungen wie in der Interaktion mit den Kunden. Erzählte Geschichten sind als Orientierungs- und Interpretationswissen eine Art „soziale Landkarte", die bedeutungsvolle Wege zeigt und den Fokus der Gemeinschaft ausrichtet . Zudem unterstützt ein narratives Wissen und Erzählen informelles Networking und schafft spezifische Verbindungen unter den Organisationsmitgliedern. Die Identität und das kollektive Handeln in und von Organisationen werden daher maßgeblich durch Erzählungen vermittelt bzw. beeinflusst. Erzählpraktiken bilden dabei spezifische Interpretationsgemeinschaften von lernenden „Praktikern" aus (vgl. Brown/Duguid 1991: 40-57), die auch konkrete Problemlösungsprozesse unterstützen. Nach Weick erzeugen und gestalten Geschichten organisationalen Sinn durch ein vorausschauendes und nachträgliches „sense-making" (Weick 1995: 127). Für Organisationen stellen Erzählungen also ein Medium dar, durch welches deren Werte, Sinn- und Glaubensvorstellungen hervorgebracht, legitimiert, reproduziert und transformiert werden. Gleichzeitig ermöglichen es Geschichten mit mehrdeutigen Wirklichkeiten zu leben, was, wie beschrieben, gerade für Bildungseinrichtungen von großer Bedeutung ist.

Zusammenfassend kann die inter-subjektive Praxis von Organisationen als Lebenswelt des Sozialen (Organisationsgemeinschaft) und Kulturellen (Organisationskultur) bestimmt werden. Die lebensweltliche Sozialität und Kultur bilden dabei einen Gesamtzusammenhang der Identität und der Wert- und Sinngemeinschaft einer (Bildungs-)Organisation. Als soziale (Wahrnehmungs- und Sprach-) Gemeinschaft bzw. gemeinschaftliche Kultur mit ihren je spezifischen Wertvorstellungen, Denkhaltungen und Normen beeinflusst diese Sphäre das Fühlen, Wollen, Denken (Sphäre I) sowie Wissen bzw. Können und Handeln bzw. Verhalten (Sphäre II) der Einzelnen sowie den systemisch-strukturellen Bereich (Sphäre IV). So werden durch die Gemeinschaftssphäre grundlegend die Selbstidentität des Individuums (Sphäre I) sowie die Bedeutung und Entwicklung seiner Fähigkeiten und Kompetenzen (Sphäre II) mitbestimmt. Zudem beeinflusst dieser Bereich auch die Verwirklichung der Ziele und Aufgaben, Ressourcen und Strukturen sowie damit den bildungsspezifischen (Dienst-)Leistungsprozess und insgesamt die institutionelle Verfasstheit der Organisation nach Außen (Sphäre IV). Umgekehrt beeinflussen auch alle anderen Sphären diesen soziokulturellen Bereich. Auf diese Zusammenhänge wird im Folgenden zurückzukommen sein.

Sphäre IV: Der interobjektive systemische Bereich als Struktur- und Funktionskontext

Die interobjektive systemische Sphäre stellt schließlich die „Verkörperung" der Organisation als institutionelles und funktionales System dar. Als äußerlicher Bereich des kollektiven Organisationszusammenhangs besteht sie daher aus objektivierbaren Artefakten, Funktionen und Prozessen. Diese „interobjektive" Wirklichkeit kann damit als äußeres Gebilde und Ordnung bestimmt werden, welche insbesondere die materiellen und ideellen Ressourcen sowie die Arbeits- und „Produktionsbedingungen" und die Strukturen umfasst. So spielen z.B. die räumlich-materielle und technologische Infrastruktur, Maschinen und (Wissens-) Ressourcen sowie die Aufbau- und Ablaufstruktur für die Identität, Bestandssicherung und Entwicklung von Organisationen hier eine grundlegende Rolle. Die Realität dieses Bereichs bezieht sich zudem auf die externe Umwelt als die umgebende gesellschaftliche Kultur und äußere Anspruchsgruppen bzw. den „Markt" einer Organisation.

Einflussreich ist dieser Systembereich v.a. weil er als geregelter Strukturzusammenhang einen spezifischen Ordnungszusammenhang für alle anderen Bereiche schafft und erhält. So regeln Strukturen als dauerhafte und unpersönliche Regelungsmuster die Beziehungen zwischen den organisierten Personen als Einzelne (Sphäre I), steuern deren Handeln und Verhalten (Sphäre II) und das Zusammenarbeiten und -leben in der Gemeinschaft (Sphäre III).

Die Gesamtheit der geltenden Regelungen für die Steuerung des Verhaltens von Organisationsmitgliedern bildet die formale Organisationsstruktur mit ihrem spezifischen Aufbau- und Ablaufgefüge sowie deren Leitungs- oder Führungsorganisation. Organisationen regeln so Über-, Unter- und Gleichordnungen (z.B. im Dienstrecht) zwischen den Elementen und dem Aufbau bzw. der Organisationsverfassung. Zum Zweck einer effizienten Aufgabenerfüllung regeln Organisationen über Strukturen sowohl die Aufspaltung von Gesamtaufgaben in Teilaufgaben, wie auch die Reintegration der Teilleistungen zu einer Gesamtleistung. Über Aufgaben hinaus, werden auch Kompetenzen und Verantwortlichkeiten bestimmt, mit denen Material- und Ideenströme effektiv und effizient geleitet werden.

In der wiederholbaren und übertragbaren Struktur verkörpert sich so eine bestimmte Allgemeinheit und Regulierung der Organisation. Organisatorische Strukturen und Ordnungen entstehen dabei insbesondere durch das Formulieren und Erlernen von Regeln und Normen (Sphäre III) und deren Befolgen im Handeln (Sphäre II). Regulierende Normen beziehen sich in Organisationen neben den technisch-strukturellen Prozessen auch als soziale Handlungsnormen auf den Umgang und die Konflikte der Organisationsmitglieder untereinander. Dazu treten Deutungsnormen, z.B. in sog. Unternehmensleitbildern, mit denen die Wahrnehmung der Organisationswirklichkeit durch die Organisationsmitglieder zielgerichtet beeinflusst werden sollen. Mit ihrem präskriptiven Charakter beziehen sich Regeln damit nicht nur auf die Regelmäßigkeiten des Verhaltens, auf das, was Organisationsmitglieder unter bestimmten Umständen sagen oder tun, sondern auf die Regelhaftigkeit ihres Verhaltens, also auf das, was sie unter bestimmten Umständen zu sagen oder zu tun haben. Konventionelle Regeln dienen damit auch der Rechtfertigung, Kontrolle und der Beurteilung des Verhaltens der Organisationsmitglieder sowie der Konflikthandhabung. Organisatorische Regelungen stellen somit kodifizierte Verhaltenserwartungen dar, deren Befolgung honoriert wird und deren Nichtbefolgung Sanktionen nach sich zieht. Sanktionen fungieren dabei insbesondere zur Unterdrückung oder Beseitigung „unerwünschter" bzw. „systemgefährdender" Abweichungen. Als geregeltes System stellt also eine Organisation eine instrumentalisierte Struktur dar, mit der der Vollzug einer bestimmten Ordnung realisiert wird. Organisationen und die durch sie ausgedrückte und verwirklichte Ordnung fungieren dabei als ein Mittel für die Erreichung von Zielen.

Organisatorische Regeln sind durch verschiedene Formen charakterisiert und erfüllen verschiedene Funktionen. Sie reduzieren die Unsicherheit in Bezug auf das Verhalten eines Interaktionspartners und die Entscheidungskomplexität, indem sie die Vielfalt möglicher (Handlungs-) Varianten auf einige wenige Formen beschränken. Des Weiteren versorgen sie Aufgabenträger mit den für die Aufgabenerfüllung benötigten Informationen und helfen die Konsistenz und Stabilität von Entscheidungen im Zeitablauf zu gewährleisten. Dies trägt so auch zu einer Verbesserung der Entscheidungsqualität bei. Schließlich grenzen sie die Aufgabengebiete und Handlungsspielräume von Akteuren ab und wirken damit integrierend und identitätsstiftend. Unter einer weitgehenden Abstraktion von aktuellen Inhalten oder Konflikten bieten Regeln Verfahren, wie mit Problemen formal umzugehen ist. Sie leisten dies z.B. dadurch, dass sie den Kommunikationsprozess strukturieren, in dem die Interpretation der Regeln geklärt wird. Als funktionaler Struktur- und Systemzusammenhang betrachtet, kommt paradigmatisch für diesen Bereich ein Funktionalismus zur Anwendung. Dieser versucht eine strukturelle und funktionale Passung (Fit) von kollektiven Wahrnehmungs-, Kommunikations- und Organisationsprozessen zu erreichen. Damit sollen die Selbsterhaltung, Funktionalität und Anschlussfähigkeit der Leistungen von Organisationen als kollektiven Systemen gesichert und die Systemfunktionen optimiert werden. Da Strukturen, Regeln und Funktionen nicht alle Anwendungsfälle und alle Ausführungsbedingungen vorwegnehmen können, besteht die Offenheit eines Spielraums des Geregelten oder Regelbaren, je nach Personen (Sphäre I), Handlungstyp (Sphäre II) und soziokulturellen Lebenswelten (Sphäre III). Zudem können Regelbrüche als Innovationsquelle dienen.

Exkurs

In Organisationstheorien findet der funktionale Ansatz seine Entsprechung in der einflussreichen Kontingenztheorie. (vgl. z.B. Burns/Stalker 1961; Lawrence/Lorsch 1967, vgl. Kieser 2001: 169ff.) Nach dieser Theorie wird die Organisationsstruktur – die als objektive Gegebenheit genommen wird – durch situative Kontingenzfaktoren (z.B. Umwelt, Technologien, Organisationsgröße etc.) bestimmt. Es wird also implizit von einer „natürlichen Ordnung" der sozialen Welt ausgegangen, die den einzelnen Organisationen Strukturmerkmale aufzwingen, die in diese Ordnung hineinpassen. Diese Strukturmerkmale determinieren wiederum weitgehend das Verhalten der Organisationsmitglieder wie aller anderen Teilnehmer der „sozialen Veranstaltung". Der Kontingenzansatz versucht entsprechend Organisationsstrukturen und Situationen bzw. Situations-Struktur-Konstellationen zu operationalisieren und messbar zu machen, um Einflussgrössen zu erklären und deren Auswirkungen auf das Verhalten der Organisationsmitglieder und die Zielerreichung (Effizienz) der Organisation zu erfassen. Es werden dazu nur solche Variablen berücksichtigt, die die formale Struktur der Organisation kennzeichnen, also solche, die unabhängig von persönlichen Eigenschaften und Handlungen der Organisationsmitglieder sind (Ausschluss von Sphäre I und II). Regelmäßigkeiten in den Beziehungen zwischen Situation und Struktur und deren „Systemlogik" werden als allgemeingültige, quasi-naturgesetzliche und damit kulturunabhängige Zusammenhänge gesehen (Ausschluss von Sphäre III). Veränderungsprozesse sind dort zu beobachten, wo Organisationen ihren Ordnungsbeitrag nicht mehr leisten können und sich in ihrer Struktur entweder anpassen oder ganz verschwinden.

Der Kontingenzansatz wurde einer radikalen Kritik unterzogen. Kritisch kann aufgezeigt werden, dass die Situation nicht die Organisationsstruktur determiniert; dass der Kontingenzansatz kein Konzept enthält, das die Anpassung der Organisationsstruktur an die Situation erklärt und dass er die Ausübung von Herrschaft in Organisationen verschleiert sowie eine konservative Organisationsgestaltung propagiert. Ferner lassen sich Organisationsstrukturen nicht „objektiv" d.h. unabhängig von Intentionen und Wahrnehmungen (Sphäre I) und Handlungen (Sphäre II) der Organisationsmitglieder und ihrer Kultur (Sphäre III) konzipieren und erfassen. Zudem sind Regelmäßigkeiten in den Beziehungen zwischen Situation und Organisationsstruktur je nach Organisationskultur unterschiedlich. Der herkömmliche Kontingenzansatz verkennt, dass Strukturen und Funktionen Produkte menschlicher Intentionen, individuellen und kollektiven Handelns und kultureller und politischer Prozesse (Sphäre II und III) und damit veränderbar sind. Auch die Weiterentwicklung des Ansatzes, bei der typische Konstellationen der strukturellen Variablen oder Organisationskonfigurationen untersucht werden, hält an der Annahme fest, dass eine Organisation erfolgreich ist, wenn eine stimmige Passung zwischen ihr und ihrer „Situation" hergestellt wird. Auch hier wird jedoch mit dem Primat einer „Logik der Organisation" und einer überwiegend deterministischen Grundhaltung die Bedeutung von Umweltfaktoren überschätzt und der Einfluss Einzelner und der Organisationsgemeinschaft nicht integrativ berücksichtigt. Organisationale Strukturen sind jedoch nicht substanziell fixiert oder fixierbar, sondern stellen einen sich kontinuierlich verändernden Cluster von Beziehungen dar.

Nachfolgende Abbildung zeigt nochmals zusammenfassend die verschiedenen Bereiche einer integralen Bildungsorganisation mit ihren inhaltlichen Sphären.

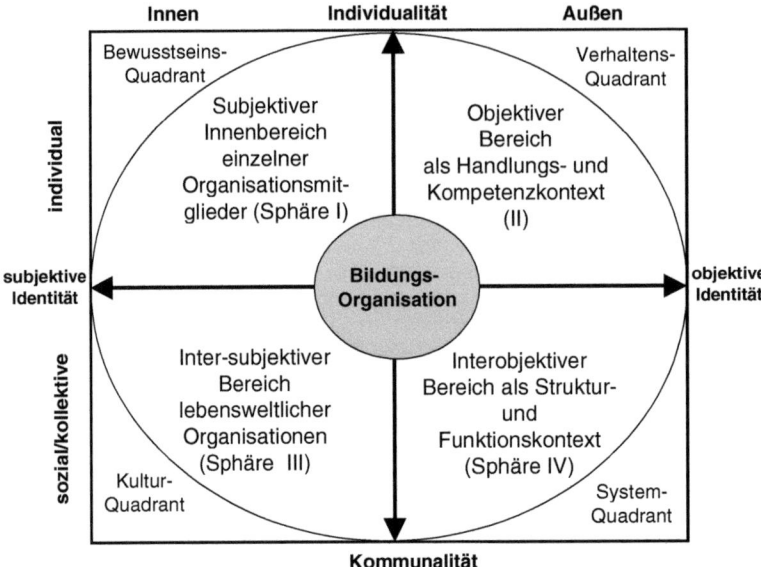

Abbildung 14:
Die verschiedenen Bereiche einer Bildungsorganisation

Für jede dieser Sphären gibt es verschiedene praktische Gestaltungsmöglichkeiten, die im Folgenden näher bestimmt und anschließend im Zusammenhang betrachtet werden.

4.3.3 Gestaltungsmöglichkeiten in den einzelnen Sphären

Möglichkeiten der Gestaltung sind immer eingebettet in die Bereiche des Einzelnen wie der Gemeinschaft und in den systemischen Funktionszusammenhang der (Bildungs-)Organisation. Daher werden im Weiteren verschiedene Gestaltungsansätze für die „intra-subjektive" Sphäre des Bewusstseinsbereichs, die „objektivierte" Sphäre des Handlungs- und Verhaltensbereichs sowie die intersubjektive und interobjektive Sphäre im Kultur- bzw. Systembereich beschrieben.

Gestaltung der Sphäre I als Bereich der Selbstentwicklung

Gestaltungspraktisch setzt die intersubjektive Sphäre bei einer Kultivierung und Sensibilisierung von Wahrnehmungen und damit des Fühlens, Denkens und Wollens des Einzelnen an. Bereitschaft und Erwartungen zur (Selbst-)Motivation können durch Selbsterkenntnis und Transformation gefördert werden. Dazu dienen Übungen zur Persönlichkeitsentwicklung und Techniken des Selbstmanagements und der Selbstreflexion. Im Anschluss an die zuvor dargestellten Konzepte der Maslowschen Selbstverwirklichung (vgl. Kapitel 4.4.2) können hier praktische Möglichkeiten zur Persönlichkeitsbildung und Selbstführung zur Anwendung kommen. Wie psychologische Persönlichkeitstheorien aufgezeigt haben (vgl. Fisseni 1998), ist „Persönlichkeit" als ein fortschreitender Prozess des Veränderns, Entwickelns und Lernens zu verstehen. Sie bewegt sich dabei in Handlungsfeldern, die neben dem Beruf auch Familie und Freizeit umfassen. Zusammen sind diese als integrative und sich wechselseitig beeinflussende Bereiche zu sehen. Eine integrale Selbst- und Persönlichkeitsentwicklung zielt darauf ab, dass der Einzelne sich fortwährend selbst kennen und mit sich selbst so umzugehen lernt, dass er in seinen Lebensbereichen mit deren Ansprüchen und Anforderungen zu einer ausgeglichenen Lebenspraxis kommt. Dies beinhaltet ein Sich-ins-Verhältnis-bringen und eine Auseinandersetzung mit den eigenen Begabungen, dem eigenen intellektuellen Vermögen und persönlichen Ressourcen, aber auch Gefährdungspotenzialen des individuellen Lebensstils sowie Schwächen und Grenzen. Ziel dieser Selbstbesinnung ist es, die eigene Person bewusst und selbstbestimmt zu führen, also sich selbst und die eigenen Lebensumstände so zu organisieren, dass den Anforderungen des beruflichen und des privaten Alltags mit ‚engagierter Gelassenheit' begegnet und die eigene Lebenskraft sinnvoll eingesetzt werden kann. Dahinter steht das idealtypische Ziel, Lebenszufriedenheit, Glück und eine erfüllte Sinnpraxis i.S. eines ‚gelingenden Lebens' zu gewinnen. Durch die gezielte Auseinandersetzung mit sich selbst und durch Einübung in bewusstes Erleben, z.B. durch Praktiken der Meditation sowie durch die damit gewonnene Empathie und kritische Reflektion, wird es für den Einzelnen möglich, sich seiner Potenziale, Motivationen und Präferenzen, bewusst zu werden. Zudem gilt es dann, deren Aktualisierungstendenz (Rogers) zu unterstützen bzw. ungünstige physische, psychische, soziale und systemische Umstände und Bedingungen, die eine Verwirklichung behindern, zu reduzieren. Ein weiterer praktischer Ansatzpunkt liegt in der Weiterentwicklung eigener Einstellungen, Haltungen und Wertvorstellungen, i.S. einer bewussten Selbstkultur und Selbstführung als Teil einer neuen „Lebenskunst". Was hier dem Leser evtl. abstrakt erscheint, ist ein wichtiger Teil der derzeit sehr konkret geführten Debatte um die sog. „work life balance", also den immer wieder neu zu erarbeitenden Ausgleich zwischen Arbeit und Privatheit.

Einladung zum Nachdenken
Wie könnte eine Bildungsorganisation dazu beitragen, ihre jeweiligen Adressaten oder Kunden bei der Auseinandersetzung um deren „work life balance" zu unterstützen?

Gestaltung der Sphäre II als Bereich des Handlungs- und Kompetenzkontextes

Grundlegend geht es in dem objektivierten Verhaltensbereich um die Entwicklung des körperlichen Handlungsvermögens (Fitness) sowie v.a. von Fähigkeiten, Kompetenzen und Wissen des Einzelnen als Teil der Organisation. Mit Bezug auf die körperlichen Dimensionen im Äußeren geht es konkret um die Wahrnehmung von Signalen des Körpers und die Wahrung von Gesundheit, also darum, Risikofaktoren zu minimieren (z.B. mangelnde Bewegung, Übergewicht, falsche Ess- und Schlafgewohnheiten, zu hoher Alkohol- und Nikotinkonsum, Abhängigkeit von Medikamenten und Drogen). Dazu gehören regelmäßiges körperliches Training und Fitness (vgl. Laws/Treixler 1997), regelmäßige Erholungspausen (arbeitsfreie Wochenenden, stressfreier Urlaub, ausreichender Schlaf) und Muße (Nichtstun, Lesen, Musik hören usw.), Lösung von körperlichen und psychischen Verspannungen, Senkung des allgemeinen Erregungsniveaus, zur inneren und äußeren Ruhe zu kommen.

Entscheidende und organisationsrelevante Ansatzpunkte zur Gestaltung dieser Personen-Sphäre liegen hier besonders bei der Verhaltensänderung im Organisationskontext und damit der Anwendung und Entwicklung von entsprechenden zielgruppenspezifischen Fähigkeiten und Kompetenzen – hier als Vermögen des Einzelnen. In den „objektiv" vorhandenen oder zu entwickelnden Qualifikationen und Kompetenzen wird das Handeln des Einzelnen äußerlich praktisch und wirksam und vermittelt den Bezug zu professionellen Verhaltens- und Leistungsprozessen. Ansatzpunkte dazu liegen – mit Bezug zur Sphäre III – im Bereich der Aus- und Weiterbildung und Qualifizierung sowie einer individuell ausgerichteten Personalentwicklung (z.B. persönliches Coaching oder Kompetenztraining, Einübung in emotionale Kompetenzen, Erlernen von Problemlösungstechniken, Verhandlungs- oder Konfliktlösungsfähigkeiten oder von Schlüsselqualifikationen (vgl. Wunderer/Küpers 2003: 385; Wunderer 2003: 57ff.). Dabei ist eine Entwicklung verschiedener Kompetenzen und Handlungsorientierungen anzustreben (vgl. Scheytt/Meister-Scheytt, 2004: 152). Zudem sind bildungsspezifische Formen eines arbeitsintegrierten (Selbst-)Lernens auch für das unterstützende und administrative Personal zu berücksichtigen (vgl. Hanft 2004: 132ff.).

Selbstverständlich bestehen vielfältige Zusammenhänge zwischen den beiden Sphären des Innen und Außen des Einzelnen. Gerade auch bei der Motivation des Einzelnen besteht immer ein Zusammenspiel von inneren Zuständen und äußeren Handlungspraktiken. So sind Prozesse des Fühlens und Denkens weder einseitig allein auf den „Innenbereich" des Subjektes, noch auf dessen „Außen", also auf Gehirnfunktionen oder Handlungen zu beziehen. Im Gegensatz zu solchen einseitigen Verkürzungen ist vielmehr von einer ursprünglichen und kontinuierlichen Verflechtung von Innen und Außen auszugehen. Damit werden monokausale und dualistische Auffassungen fraglich, die jeweils einen Bereich verabsolutieren oder beide unüberbrückbar separieren. Beide Bereiche sind vielmehr als Momente eines Kontinuums von Erfahrungs- und Handlungsprozessen zu sehen, in denen sich innere Zustände und äußere Dimensionen wechselseitig bestimmen und relativieren oder auch korrigieren.

Gestaltung der Sphäre III als Bereich der Lebenswelt von Organisationen

Wie beschrieben, repräsentiert dieser Bereich die Lebenswelt der wert- und sinnbasierten Organisationsgemeinschaft und der Organisationskultur. Entsprechend setzt eine Gestaltung dieser Sphäre v.a. bei der Entwicklung der gemeinschaftlichen Beziehungen und Kultur der Organisation an. Diese Entwicklung bezieht sich dabei auf eine Fortführung bzw. Neuausrichtung des sozialen Ordnungszusammenhangs, die zu Prozessen der Erweiterung des gemeinsamen Wahrnehmens, Wissens und Könnens von Organisationsmitgliedern führt. Diese Prozesse vergrößern das Potenzial und die Praxis einer gemeinsamen Reflexion und der Flexibilität für sinngebende Handlungen. Ansatzpunkte und Maßnahmen für eine praktische Gestaltung der intersubjektiven Sphäre i.S. einer Beziehungs- und Kulturentwicklung können unterstützt werden, z.B. durch gemeinsames Überdenken und Weiterentwickeln der Werte und Normen der Organisation („Wertedialog") sowie durch die vielfältigen Maßnahmen der Gestaltung einer qualitativen Personalstruktur insbesondere der Personal- und Teamentwicklung (vgl. z.B. Wunderer/Dick 2001, Wunderer/Küpers 2003: 379ff.). Dabei sind jedoch spezifische Bedingungen der Personalentwicklung in Bildungsorganisationen (vgl. Scheytt/Meister-Scheytt 2004), z.B. individualisierte Arbeitsformen, heterogene Personalstruktur, multiple Rollen, Nachwuchsförderung oder Karrierepfade zu beachten (vgl. Pellert 2004). Dazu treten zielgruppenspezifische Aus- und Weiterbildungsprogramme für Mitglieder von Bildungsorganisationen. Ferner kommen hier Möglichkeiten des Coachings, Counseling, Mentoring sowie der direkten, situativen und interaktiven Führung mit ihrer Ausrichtung auf eine ergebnis- und wertorientierte Umsetzung von Partizipations-, Delegations- und Entwicklungsmaßnahmen zur Anwendung (vgl. Wunderer 2003; Wunderer/Küpers 2003; vgl. auch Kapitel 6).

Mit ihren wichtigen Feedbackfunktionen erscheinen Mitarbeitergespräche sowie darin verhandelte verbindliche Ziel- und Leistungsvereinbarungen als zweckmäßige Entwicklungsinstrumente gerade für den dezentral organisierten Bildungskontext. Verbunden mit an Einzelgesprächen anschließenden Teambesprechungen können durch Mitarbeitergespräche „wertvolle personal- und organisationsentwicklerische Impulse ausgelöst werden" (Pellert 2004: 172).

Zur Entwicklung einer nachhaltigen Integration der kollektiven Sphäre ist eine kooperativ-kommunikative Kultur anzustreben (vgl Kropp 1997: 423). Diese strebt nach Ausgleich von Machtverhältnissen und Reduktion von Abhängigkeiten beteiligter Interessengruppen auf der Grundlage von Entwicklungsförderung, (Fehler-)Toleranz und Offenheit. Dabei sind verschiedene Einzel- und Kollektivinteressen auf der Basis von Gerechtigkeit, Fairness und Gleichheit (i.S. Gleichwertigkeit) anzuerkennen und ein Konflikt austragender Interessensausgleich ist anzustreben. Eine solchermaßen auf Kooperation orientierte Kultur folgt bei Verhandlungen und Ausgleichsprozessen einem Dialogprinzip, i.S. einer verantwortungsvollen Beteiligung möglichst aller Betroffenen und versucht, eine sinnstiftende und vertrauensorientierte Arbeitswelt zu fördern.

Eine Entwicklung und Gestaltung der kollektiven Praxis kann im Rahmen einer kollektiv orientierten Organisationsentwicklung (vgl. Sphäre IV) v.a. durch die Erweiterung von kollektiven Handlungsspielräumen (z.B. Aufgaben-, Entscheidungs- sowie Kooperationsspielräumen) zur selbst organisierten Gestaltung in Arbeitskontexten von Gruppen unterstützt werden (vgl. Ulich 1994). Eine besondere Möglichkeit der Gestaltung der Gemeinschaftssphäre ist durch die Unterstützung und Entwicklung von Praxisgemeinschaften möglich (vgl. Lave/Wenger 1991; Wenger/Snyder 2000; Küpers 2004). Diese sich freiwillig bildenden Gemeinschaftsformen werden durch das verbindende Interesse am und Erfahrungsaustausch über Wissen sowie durch gemeinsame Ziele zusammengehalten. Diese

Kooperationsform, die sowohl beruflich-praktische wie soziale Aspekte der täglichen Praxis integriert, bildet sich durch das gemeinsame Handeln bzw. das gegenseitige Engagement in aufgabenbezogenen Wissensgebieten oder Problemen als eine soziale Form für die Sinnentstehung bzw. -entwicklung.

Die Auseinandersetzung mit Problemlagen erfolgt dabei durch ein gemeinsames Repertoire. Dieses äußert sich z.B. im verwendeten Sprachgebrauch, in Werkzeugen, Regeln oder Routinen. Da die Aktivitäten der Praxisgemeinschaften sich informell, hierarchie-unabhängig und zeitlich nicht begrenzt gestalten, stellen sie eine flexible Organisationsform dar, die neben offiziellen Organisationseinheiten oder formellen Teams existiert. Als selbst-organisierende, emergente Gemeinschaften setzen diese sich selbst Ziele und verwirklichen sie selbstverantwortlich. Damit bieten sie sich gerade für Bildungs- und Wissenschaftsorganisationen in besonderer Weise an. Als „Wissens- oder Lerngemeinschaften" (vgl. North et al. 2000; Romhardt 2002) kann es in ihnen zu einem lebendigen Umgang und zur Verteilung auch von implizitem Wissen kommen. Als Experimentier- und Lernfeld können Mitglieder von Bildungsorganisationen darin offen Ideen austauschen und ihre Kompetenzen weiterentwickeln. Schließlich formen sie durch ihre Gemeinschaftsbildung auch eine spezifische Identität für ihre Mitglieder aus, die in Zeiten des ständigen Wandels von Projekten und Teams besondere Relevanz gewinnt.

Für eine nachhaltige Förderung von Praxisgemeinschaften kann es keine Patentrezepte oder pauschal gültige Lösungen geben. Wenn man den Boden adäquat bereiten will, auf dem sie wachsen und gedeihen sollen, muss den individuellen Lern- und Arbeitsstilen wie den jeweiligen sozialen und kulturellen Befindlichkeiten sorgfältig Rechnung getragen werden. Wenger (1998: 225ff.) beschreibt ein Design sowie Lernarchitekturen zur Förderung von Praxisgemeinschaften. Mit dem Design können Felder zur Identifikation und Verhandlung geschaffen werden, die Orientierung für die Praktiken der Beteiligten und deren Partizipationsmöglichkeiten bieten. Dabei werden infrastrukturelle Entwicklungsansätze für Engagement, Imagination und Anpassung in der Organisation aufgezeigt.

Neben geeigneten Informations- und Kommunikationstechnologien sind regelmäßige Face-to-Face-Meetings und Freiräume sowie Anerkennungssysteme von grundlegender Bedeutung für die Entwicklung der Identität von Praxisgemeinschaften. Grundlegend unterstützen alle Maßnahmen zur Schaffung von Organisationsformen, die soziales Lernen ermöglichen, den Aufbau und die Entwicklung von Praxisgemeinschaften. Mit der Entwicklung von lernenden Praxisgemeinschaften im Verbund mit Einstellungen (Sphäre I), Kompetenzen (Sphäre II) und Systembedingungen (Sphäre IV) kann dann eine lernende und damit „gebildete" Bildungsorganisation aufgebaut werden. Dies impliziert, dass Organisationen und ihre Mitglieder nicht nur „lernen" – also ihre handlungsleitenden Wissensstrukturen reflektieren und verändern, sondern auch das Lernen lernen, d.h. die Art und Weise der Veränderung dieser Wissensstrukturen einer Reflexion zugänglich machen können. Mit einem solchen Meta-Lernen wird die organisationale Lernfähigkeit selbst zum Gegenstand des Lernprozesses. Dabei wird z.B. der Leitfrage gefolgt: „Sind unser Wissenserwerb und unsere Lernpraxis überhaupt angemessen zur Erreichung unserer Strategien?" Es fragt also nicht danach, ob „die Dinge richtig getan", sondern „die richtigen Dingen getan" werden. Ein „lernendes Lernen" analysiert und hinterfragt damit auch die bisherigen Lernvorgänge im Hinblick auf den Lernkontext, das Lernverhalten sowie die Lernerfolge oder -misserfolge. Dazu müssen die Organisationsmitglieder gemeinsam frühere Lernkontexte und erfolgreiche sowie erfolglose Lernerfahrungen in Erinnerung rufen, reflektieren und untersuchen. Mit einem solchen „Verständnislernen" werden auch lernhemmende bzw. -fördernde Faktoren, also Lernhindernisse bzw. Lernerleichterungen bestimmt. Die gewonnenen Erkenntnisse sollten dann in ein verändertes Handeln und Kommunizieren des Einzelnen (Sphäre II) bzw. des Kollektivs einfließen oder für zukünftige Lernsituationen zur Verfügung stehen, um so die Wandlungsfähigkeit sicherzustellen. Auch vermag eine solche organisationale Bildung eingefahrene Regeln und Strukturen (Sphäre IV) von Organisationen zu verändern. Lernen wird damit auch zu einem ständigen Prozess der übereinstimmenden Überprüfung von Organisationsprozessen bzw. -strukturen und äußeren Umfeldeinflüssen.

Einladung zum Nachdenken
Was hindert Organisationen, sich mit der eigenen Lernfähigkeit selbstkritisch auseinanderzusetzen? Könnte in Ihrer Organisation die Bildung von Praxisgemeinschaften einen produktiven Entwicklungsansatz darstellen und welche Bedingungen müssten im konkreten Fall gegeben sein, damit eine derartige Kooperationsform bei Ihnen Aussicht auf Erfolg hätte?

In „gebildeten" Organisationen kommt es somit nicht nur auf die bloße Konstatierung und Lösung von Problemen, sondern vor allem auf den reflexiven Umgang mit diesen Problemen und Herausforderungen an. Damit erst entwickeln sich organisationale Lernfähigkeit und kreative Gestaltungsprozesse. Denn eine solche organisationale Bildung bezieht sich sowohl auf den Prozess des „Lernens des Lernens" in und von Organisationen (*Bildung als Prozess*), als auch auf die durch diesen Prozess vermittelte wirklichkeitsverändernde Kompetenz zum organisationalen Lernen, also die organisationale Lernfähigkeit (*Bildung als Ergebnis*). „Demgemäß ‚bildet' sich eine Organisation sofern es ihr gelingt, organisationale Lernprozesse zu initiieren und kontinuierlich fortzuentwickeln. Sie ‚ist gebildet', wenn sie über die für organisationales Lernen erforderlichen Kompetenzen und Fähigkeiten verfügt und diese auch umzusetzen vermag" (Klimecki/Lassleben 1995: 16).

Mit all dem trägt organisationale Bildung zur Erhöhung der Selbstorganisations- und Selbststeuerungsfähigkeit und damit zum Wandlungsvermögen von Bildungsorganisationen bei.

Gestaltung der Sphäre IV als interobjektives System

Gestaltungsfelder und deren Maßnahmen beziehen sich hier auf Artefakte, auf die Entwicklung von Strukturen (Restrukturierung) bzw. auf die Weiterentwicklung des Organisationssystems und seiner Ressourcen. Gestaltungsmöglichkeiten bei Artefakten und äußeren Einrichtungen umfassen dabei unterschiedliche Möglichkeiten. Dazu gehört die Bereitstellung effizienter Arbeits- und Hilfsmittel (z.B. leistungsstarke Computer- und Informationssysteme), eine ergonomisch angepasste und werthaltige Ausstattung der Arbeitsumgebung sowie eine stimmige Umgebungsgestaltung (z.B. architektonisches Erscheinungsbild, runde Sitzungstische, Erholungs- oder Pausenräume sowie Räume für informelle Gespräche). Zudem kann bei der Gestaltung von Freizeiteinrichtungen (z.B. Erholungs- und Sportanlagen oder Kinderbetreuung in Arbeitsplatznähe), bei Mitteln zur Identifizierung (z.B. Logo, Visitenkarten, Embleme oder Design) oder bei der Verteilung von Werbemitteln mit Firmenaufdruck (z.B. T-Shirts, Mützen, Anstecknadeln, Aufkleber, Kalender) angesetzt werden. Eine Überprüfung von Statussymbolen und Titelhierarchien kann z.B. zu einer geänderten Politik in Bezug auf Kleiderordnung oder Büroeinrichtungen führen. Schließlich bilden mit Bezug zur gemeinschaftlichen Sphäre (III) auch kulturelle Sonderveranstaltungen (z.B. regelmäßige Ausflüge, Konzerte, interne Bildungsveranstaltungen, Kunstausstellungen, Mäzenatentum) sowie die Zuwendung bei besonderen Anlässen (z.B. Bücher, Urkunden, Ehrennadeln, Widmungsfoto, Reisen, Darlehen, Gutscheine) konkrete Gestaltungsansätze.

Neben äußerlichen Ritualen und Zeremonien (z.B. systematische Einführungsveranstaltung für neue Mitarbeiter, Jubiläumsfeiern, Betriebsfeste), die im Verbund mit der Sphäre III inszeniert werden, können auch Veröffentlichungen (z.B. Jahresbericht, Bücher zur Organisationsgeschichte, Jubiläumsschriften, Hauszeitschriften, Handbücher, usw.) die interobjektive Sphäre der Organisation beeinflussen.

Die Gestaltung der interobjektiven Sphäre kann grundlegend bei einer Restrukturierung und Systementwicklung der Organisation ansetzen. Gestaltungsmöglichkeiten liegen damit im geregelten Struktur- und Ordnungszusammenhang, besonders im Aufbau- und Ablaufgefüge, mit denen die Beziehungen zwischen Einzelnen (Sphäre I) und deren Handlungen (Sphäre II) sowie der lebensweltlichen Gemeinschaft (Sphäre III) organisiert werden. Veränderungen der formalen Organisationsstruktur und damit der Aufbau- und Ablaufstruktur sowie der Leitungs- oder Führungsorganisation (vgl. Kapitel 6) sind Beispiele für tiefgreifende Veränderungen. So können aufbaustrukturelle Neuzuordnungen von materiellen Ausstattungen oder Neubestimmungen der Ressourcenzusammenlegung das Organisationssystem modifizieren und nachhaltig irritieren.

Auch Restrukturierungen der Arbeitsprozesse in personaler, zeitlicher und räumlicher Hinsicht verändern das Organisationsgefüge. Dies kann über eine Zerlegung von Teilaufgaben in einzelne Arbeitsschritte oder Arbeitsgänge (Arbeitsanalyse) und eine erneute Zusammenfügung von Arbeitsprozessen (Arbeitssynthese) als Basis für modifizierte Ressourcenzuteilungen vollzogen werden.

Bei all den genannten Veränderungen sind die Besonderheiten einer Reorganisation von Bildungseinrichtungen, z.B. von Fakultäten und Fachbereichen (Grubitzsch 2001) zu beachten. Aufgrund der Heterogenität von Bildungsorganisationen mit ihren unterschiedlichen Kulturen und Profilen kann es nicht um die Einführung einer abstrakten „optimalen Organisationsstruktur" gehen (Nickel/ Zechlin 2005: 205; Kühl 2002). Vielmehr sind Optimierungen der Organisationsstrukturen in Bildungseinrichtungen immer im Zusammenhang mit den besonderen bildungsspezifischen Anforderungen ihrer Tätigkeiten (z.B. wissenschaftliches Arbeiten, relativ autonome Tätigkeiten) sowie deren jeweiligen lebensweltlichen Kulturen (vgl. Sphäre III) zu sehen. Eine konkrete Konzipierung interner Strukturen von Bildungsorganisationen muss zudem neben den fachlichen Ebenen auch überfachliche Ebenen sowie die Ebene der Gesamtorganisation berücksichtigen (Nickel/Zechlin 2005: 206f.). Mit einem solchen differenzierten Restrukturierungsvorgehen kann eine Verbesserung der jeweiligen funktionalen Strukturen und Prozesse erreicht werden (z.B. Optimierung des organisationalen Designs und der Aufgabenstrukturierung in Fachbereichen über Standardisierung, Verfahrensrichtlinien, Programme, Pläne oder auch Gestaltung von Strukturalternativen). Dazu tritt der Einsatz neuer Organisationsformen und innovationsfördernder Organisationsstrukturen. Dies sind z.B. intra- und inter-organisationale Netzwerkstrukturen, mit denen temporäre betriebliche oder überbetriebliche Projektteams gebildet sowie längerfristige Partnerschaften geschaffen werden können. Netzwerke bilden lateral verknüpfte, teil-autonome Einheiten, die (dezentral organisiert) mit der Gesamtorganisation in einer losen Koppelung verbunden sind. Die innovationsförderliche Entwicklung von „Schnittstellen" zwischen Experten und die pro-aktive Mitwirkung in Netzwerken öffnen den Blick und unterstützen die Kooperation der Subeinheiten mit internen und externen Quellen des Wissens und der Zusammenarbeit. Mit der Vernetzung können neben den genannten Chancen allerdings auch Unsicherheiten und Risiken wie z.B. Abhängigkeiten, Intransparenzen, Misstrauen, Opportunismus oder Übervorteilung einhergehen.

Eine tief greifende Einflussnahme in diesem Systembereich erfolgt über die Veränderung von strukturprägenden Faktoren wie Größe (z.B. Anzahl von Hierarchieebenen) und „Leistungsprogramm" (z.B. Angebotsbreite) sowie weitere (Umwelt-)Faktoren (z.B. Herstellungsbedingungen oder Informations- und Kommunikationstechnologien). Damit zusammenhängend liegt ein wichtiger Ansatzpunkt für die funktionale Sphäre in der strategischen Ausrichtung und Bewertung von Leistungsprozessen (z.B. Qualitätsmessung und Qualitätssteuerung). Dabei sind jedoch die Besonderheiten und Schwierigkeiten einer Erfassung von Bildungs-(Dienst-)Leistungen und eines entsprechenden Controlling zu beachten (vgl. Kappler 2006). Des Weiteren dienen Anreizsysteme als funktionales und instrumentelles Gestaltungsmedium. Auch bei diesen Führungssystemen besteht gerade in Bildungsorganisationen die Gefahr, dass äußere Anreize die intrinsische Motivation verdrängen (vgl. Kapitel 6).

Schließlich stellen die Ressourcen einer Organisation ein wichtiges Gestaltungsfeld dar. Dies umso mehr, wenn (wie in vielen Bildungsorganisationen der Fall) einerseits die verfügbaren Ressourcen sehr knapp sind, es aber andererseits professionelle Unterstützungssysteme und eine entsprechende Ausstattung braucht. In Anbetracht der gesteigerten Bedeutung von organisationalen Wissensressourcen benötigen auch Bildungsorganisationen ein Wissensmanagement. Mit diesem wird nicht nur eine Sammlung und Speicherung von Wissen (Informationsmanagement), sondern auch eine zielorientierte und integrative Gestaltung von Wissensprozessen organisiert. Im Rahmen eines solchen Wissensmanagements geht es vor allem darum, Bedingungen für die Entwicklung und Verwendung des individuellen und impliziten sowie expliziten und kollektiven Wissens zu schaffen, um die in der Organisation vorhandenen Potenziale zu erschließen („wenn die Organisation X wüsste, was die Organisation X weiß!"). Denn der Zu- und Umgang zu diesen Wissenspotenzialen wurde als eine entscheidende Voraussetzung für Innovationen beschrieben. Organisationale Wissensressourcen und -prozesse können für diese Sphäre insbesondere durch den Einsatz von Informations- und Kommunikationstechnologien realisiert werden. Dazu gehören Methoden der operativen Wissenslogistik (z.B. Work-flow-Management) sowie Geschäftsprozesswissen und IT-basierte Systeme und Architekturen. Die Bereitstellung und Entwicklung erforderlicher Informations- und Wissensressourcen bezieht sich aber nicht nur auf quantitative oder technologische Aspekte. Wichtig ist auch ein benutzerfreundlicher und medienkompetenter Umgang, sowie vor allem die Qualität und Transparenz der Wissensressourcen. Arbeitsbezogene Transparenz bezeichnet die von einem Mitglied der Organisation erlebte Verfügbarkeit und Verständlichkeit von arbeits- und organisationsbezogenen Informationen. Dazu gehören neben der Kenntnis der Aufgaben, Informationen über wichtige Organisationsangelegenheiten sowie Rückmeldungen über die eigenen Arbeitsleistungen. Der zentrale Einflussfaktor jeden Wissensmanagements ist allerdings die Bereitschaft der „Wissenden", ihr Wissen der Organisation zur Verfügung zu stellen und sich damit – getreu dem Grundsatz „Wissen ist Macht" – ein Stück selbst zu entmachten. Dies dürfte letztlich nur dann der Fall sein, wenn die „Wissenden" nicht befürchten müssen, dass diese Machtverschiebung auf ihre Kosten geht. Notwendige Voraussetzung eines erfolgreichen Wissensmanagement in Bildungsorganisation dürfte deshalb der langfristige Aufbau eine „Kultur des Vertrauens" sein.

Einen wichtigen Gestaltungsansatz in dieser Sphäre von Bildungsorganisationen sehen wir in der Bereitstellung und im Aufbau von „slacks". Damit sind gewissermaßen die „organisationalen Fettpölsterchen" gemeint, die einer Organisation helfen können, auch Phasen sehr knapper Ressourcenzuteilung ohne größere Beeinträchtigung zu überstehen. Die Bildung von „slacks" wird durch Mehrfachqualifizierung des Personals, überlappende Aufgaben und vielseitige Rollenverteilung sowie Entscheidungsverteilung und Zulassen selbstorganisatorischer Elemente gefördert. Die Ressourcenüberschüsse können dann als „Umsteuerungspotenziale" genutzt werden, die in Form von Flexibilitätsmöglichkeiten (z.B. „Puffer", zweckindifferente Instrumente oder Ressourcen) vielfältige Ausgleichs- und Anpassungsmöglichkeiten eröffnen. Eine gewisse „slack-Menge" eröffnet Organisationsmitgliedern Spielräume, um persönliche und betriebliche Interessen besser aufeinander abzustimmen. Zudem werden so Potenziale und Energien in zukunftsgerichtete, extrafunktionale Leistungen gelenkt. „Slacks" wirken positiv, wenn die Mitglieder der Organisation sie für kreative Sachleistungen nutzen. Wobei deren Leistungsfähigkeit und -bereitschaft sowie ein verantwortungsvoller Umgang mit den Freiräumen die Wirksamkeit von „slacks" wesentlich bestimmen. Durch Bereitstellung und Aufwertung des Stellenwertes von „Slacks" als Teil der Rahmenbedingungen kann die Entwicklung der internen kollektiven Praxis (Sphäre III), wie die Ebene der individuellen Praxis (Sphäre I, II) nachhaltig gefördert werden.

Folgende Abbildung zeigt noch einmal zusammenfassend die programmatischen Gestaltungsmöglichkeiten in den verschiedenen Bereichen.

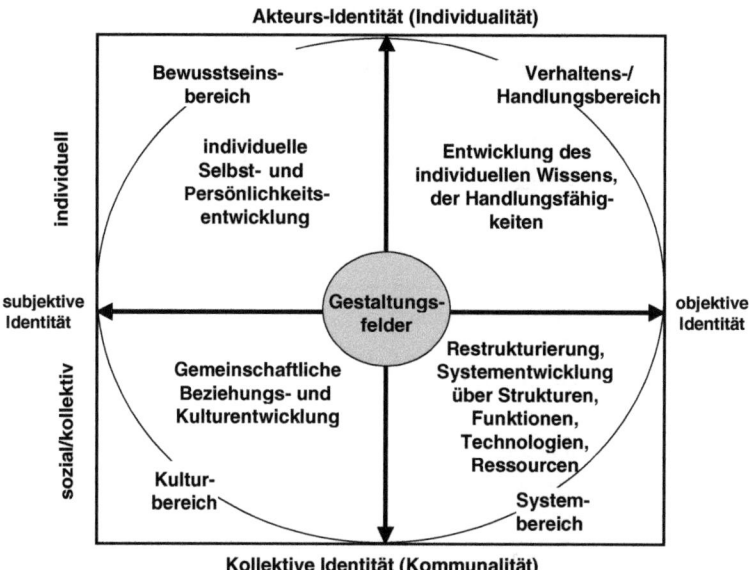

Abbildung 15:
Gestaltungsfelder in unterschiedlichen Sphären

4.3.4 Zusammenhang der vier Sphären

Auch wenn die beschriebenen vier Sphären analytisch differenzierbar sind, bilden sie keine völlig voneinander getrennten Bereiche. Die analytische Aufteilung in die vier Bereiche dient vielmehr als heuristisches Hilfsmittel, mit dem die Komplexität der Phänomene und ihrer Inhalte besser zugänglich und interpretierbar wird. Entscheidend bleibt, dass diese heuristisch-analytische Aufteilung und die Beschreibung als Modell mit seinen vier Sphären nur eine Landkarte ist, nicht aber mit „der Wirklichkeit" selbst verwechselt werden darf. Die „wirkliche" Praxis präsentiert sich holonistisch, d.h. jede einzelne Sphäre repräsentiert nur einen Weltausschnitt innerhalb eines „Teil-Ganzen".

Die folgende Abbildung zeigt nochmals die verschiedenen Bereiche im holonischen Gesamtzusammenhang.

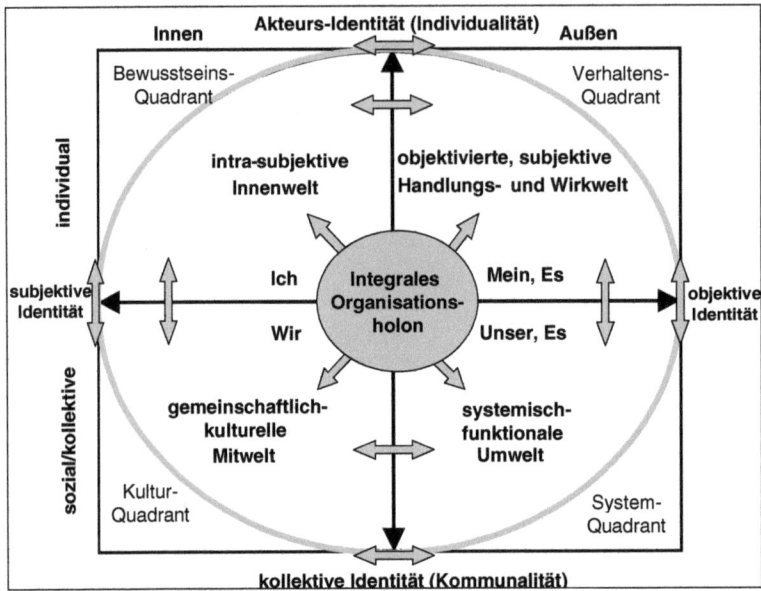

Abbildung 16:
Die Beziehungen der Sphären im Organisationsholon

Eine Organisation entwickelt sich durch das Innen und Außen und durch den Einzelnen und die Vielen in einem verflochtenen Zusammenhang von Zusammenhängen und Wechselwirkungen.

In der Praxis des Holons treten die Sphären entsprechend gemeinsam auf und sind durch vielfältige Wechselwirkungen zu- und miteinander verwoben. Alle vier Quadranten mit ihren Wirklichkeiten und Prozessen integrieren und entfalten sich so in einem Zusammenhang.

Ein *integrales Organisationsholon* vereinigt entsprechend ebenso die Matrix aller Bereiche. Nur wenn alle Felder in ihrer Verbundenheit und Einflussweise hinreichend beachtet werden, können Organisationen und ihre einzelnen Mitglieder bzw. ihre Gemeinschaft sowie ihre Systemfunktionen zu einer nachhaltigen Entwicklung gelangen.

Werden einzelne Sphären nicht hinreichend integral beachtet, kommt es zu Ungleichgewichten und Pathologien. Konkrete Beispiele dazu wären

- ein Introspektions- und Reflexionspotenzial ohne hinreichende Wahrnehmungs- und Kommunikationsfähigkeiten,
- hoch entwickelte kognitive Fähigkeiten oder technische Kompetenzen ohne Beachtung ihrer Grenzen oder emotionaler Aspekte,
- Gruppen mit guter Gemeinschaftskultur, die Einzelne isolieren oder nicht mit anderen Abteilungen kooperieren oder nicht zu einem Anschluss an die Gesamtorganisation bereit sind,

- Informations- und kommunikationstechnologische Unterstützung von Organisationsprozessen (z.B. Computer Based Training), die von ihren Anwendern abgelehnt werden.

Daher ist eine parallele Betrachtung und gleichwertige Berücksichtigung der Inhalte, Möglichkeiten und Probleme in *allen* genannten Sphären eine wesentliche Voraussetzung für eine integrative Evolution. Nur so wird ein innerliches und äußerliches Wachstum von Organisationen und ihren Mitarbeitern und Gemeinschaften sowie von ganzen Systemen ermöglicht. Das bedeutet z.B. konkret, dass zur Lösung von Aufgaben und Problemen im Organisationsalltag sowohl subjektive und soziale bzw. kulturelle Zustände und Prozesse sowie systemische Strukturzusammenhänge integral zu berücksichtigen bzw. gestaltungspraktisch zu entwickeln und umzusetzen sind.

Einfluss- und Entwicklungsfelder der vier Sphären

Für alle Bereiche des Modells können spezifische Einflussfelder bestimmt werden. Im personalen inneren Bereich kann z.B. das „Wollen" als Bereitschaft und (selbst-)verpflichtendes Commitment als Einflussfeld zugeordnet werden. Im Außenbereich können entsprechende „Rollen" und das „Können" bzw. Qualifikationen für eigenständiges Handeln des Einzelnen definiert werden. Auf der kollektiven Ebene sind beispielsweise das soziale „Dürfen/ Sollen" (dies meint die vorherrschenden Werte und normativen Kultur- oder Strategiepraktiken) als Einflussregion bestimmbar sowie entsprechende soziale Rollen. Zum Anderen kann im Kontext der Arbeits- und Organisationsgestaltung auf ein „Haben" i.S. situativer Ermöglichung etwa durch Ressourcenverfügbarkeit und Entscheidungs- und Handlungsspielräume verwiesen werden. Alle Einflussfelder sind miteinander verflochten und können sich positiv, bei unzureichender Gestaltung aber auch negativ verstärken. Folgende Abbildung zeigt die Einflussfelder mit ihren Wechselwirkungen.

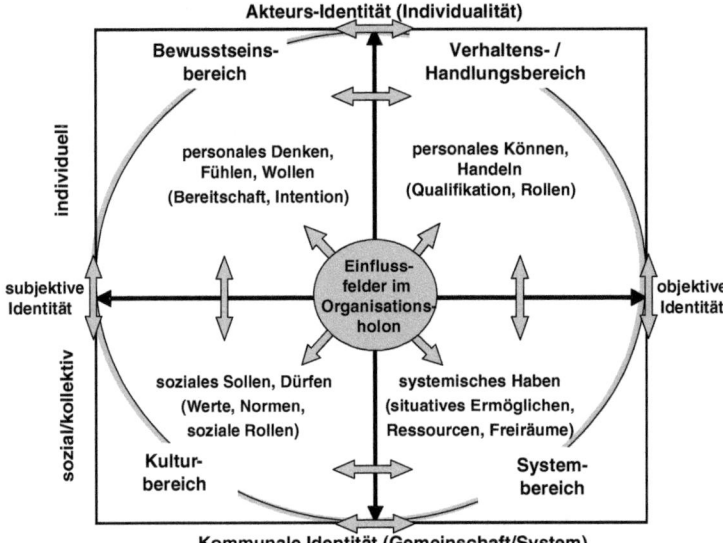

Abbildung 17:
Einflussfelder mit ihren Wechselwirkungen

Die zuvor beschriebenen Gestaltungsfelder der einzelnen Sphären können als Entwicklungsfelder bestimmt werden, die allerdings aufeinander abzustimmen sind, um die Entwicklung einer Organisation nachhaltig zu gestalten. Abbildung 18 fasst die verschiedenen Entwicklungsfelder mit ihren Wechselwirkungen zusammen.

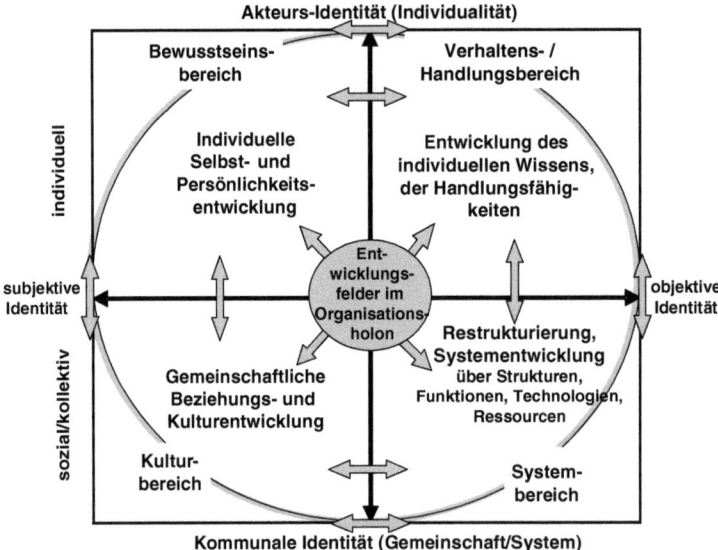

Abbildung 18:
Entwicklungsfelder der vier Sphären

Mit den beschriebenen Zusammenhängen gehen vielfältige Konflikte und ein erheblicher Koordinationsbedarf zwischen den Sphären einher. Die Konsequenzen dieser komplexen Situation für den Stellenwert von Führung wollen wir in Kapitel 6 näher diskutieren.

Fragen zum Themenbereich „Motivation und Integration von Individuum und Organisation"

- Wie beeinflusst die Motivation Prozesse in Bildungsorganisationen?
- Wie würden Sie eine „reife Bildungsorganisation" charakterisieren?
- Diskutieren Sie kritisch Möglichkeiten und Grenzen neuer Formen der Arbeitsorganisation sowie motivationsorientierter Organisationsmodelle für Bildungsorganisationen.
- Bitte rufen Sie sich eine konkrete Organisationssituation in Ihrer beruflichen Praxis in Erinnerung, die aus Ihrer Sicht besonders gelungen oder besonders ungünstig verlaufen ist. Beschreiben Sie die Situation, indem Sie die folgenden Aspekte beachten:
    - In welchem Verhältnis standen einzelne Betroffene und Gruppen zu ihren Handlungen und den Organisationsstrukturen bzw. -funktionen?
    - Wie wurden Intentionen, Aufgaben und anstehende Tätigkeiten umgesetzt?
    - Wie bestimmte sich dabei der Umgang mit Problemen. Welche Lösungsansätze wurden praktiziert und wie könnte man das Ergebnis beschreiben?
    - Würden andere Personen die Situation ebenfalls als besonders gelungen oder besonders ungünstig beschreiben?
      Wenn Sie jetzt noch einmal über die gewählten Beispiele nachdenken, welche Elemente, Verhaltensweisen oder konkreten Ergebnisse haben Sie dazu veranlasst, das Beispiel als „gelungen" oder „ungünstig" zu beurteilen?
- Welche Vorteile bietet das beschriebene integrale Modell für das Verständnis von Bildungsorganisationen und deren Entwicklung?
- Welche Voraussetzungen und Gestaltungsaufgaben wären zur Umsetzung einer integralen Bildungsorganisation in ihrem beruflichen Umfeld notwendig?

Literatur zur Vertiefung

Argyris, C. (1975): Das Individuum und die Organisation. In: Türk, K. (Hg.): Organisationstheorie. Hamburg, 215-233.

Bartölke, K./Grieger, J. (2004): Individuum und Organisation. In: Schreyögg, G./ von Werder, A. (Hg.): Handwörterbuch Unternehmensführung und Organisation. 4. Aufl. Stuttgart. Sp. 464-472.

Küpers, W./Weibler, J. (2005): Emotionen in Organisationen. Stuttgart.

Nerdinger, F. W. (1995): Motivation und Handeln in Organisationen: Eine Einführung, Stuttgart.

Schreyögg, G./Noss, Ch. (1994): Hat sich das Organisieren überlebt? Grundfragen der Unternehmenssteuerung in neuem Licht? In: Die Unternehmung 48, 17-33.

Wunderer, R./Küpers, W. (2003): Demotivation – Remotivation: wie Leistungspotenziale blockiert und reaktiviert werden. Neuwied: Luchterhand.

5 Bildungsorganisationen als Expertenorganisationen

Nachdem zuvor weitgehend von Organisationen im institutionalisierten Sinne die Rede war, beschäftigen wir uns nun mit einem spezifischen Organisationstyp, dessen Verständnis für die Gestaltung, Steuerung, Führung und Veränderung unumgänglich ist: der Bildungsorganisation als Expertenorganisation. In den folgenden Ausführungen konzentrieren wir uns ausschließlich auf diejenigen Aspekte und Merkmale von Expertenorganisationen, die im Zusammenhang mit Bildungsorganisationen von besonderer Bedeutung sind.

5.1 Merkmale der Expertenorganisation

Als Expertenorganisationen werden in Anlehnung an Henry Mintzberg (1983) „professional bureaucracies" bezeichnet, die zwar generell einer bürokratischen Grundorientierung folgen, deren Entscheidungsprozesse allerdings durch die „professionals", die Experten gestaltet, bzw. erheblich beeinflusst werden. Unter diesen Organisationstypus fallen alle Unternehmen mit einer spezifischen Wissensbasis, die für die betrieblichen Kernprozesse von konstituierender Bedeutung ist, wie z.B. Softwarehäuser, Universitäten, Kliniken aber auch Kirchen, Streitkräfte, usw. In Expertenorganisationen verfügen die sog. „professionals" gegenüber anderen organisatorischen Einflussgruppen über erheblich mehr Macht zur Durchsetzung ihrer Interessen. Mintzberg (1983) hat diese Zusammenhänge in einer systemischen Analyse herausgearbeitet (vgl. nachfolgenden Kasten).

Nach Mintzberg (1983) lassen sich in jeder Organisation fünf, für die Leistungserstellung unmittelbar oder mittelbar verantwortliche interne Einflussgruppen identifizieren:

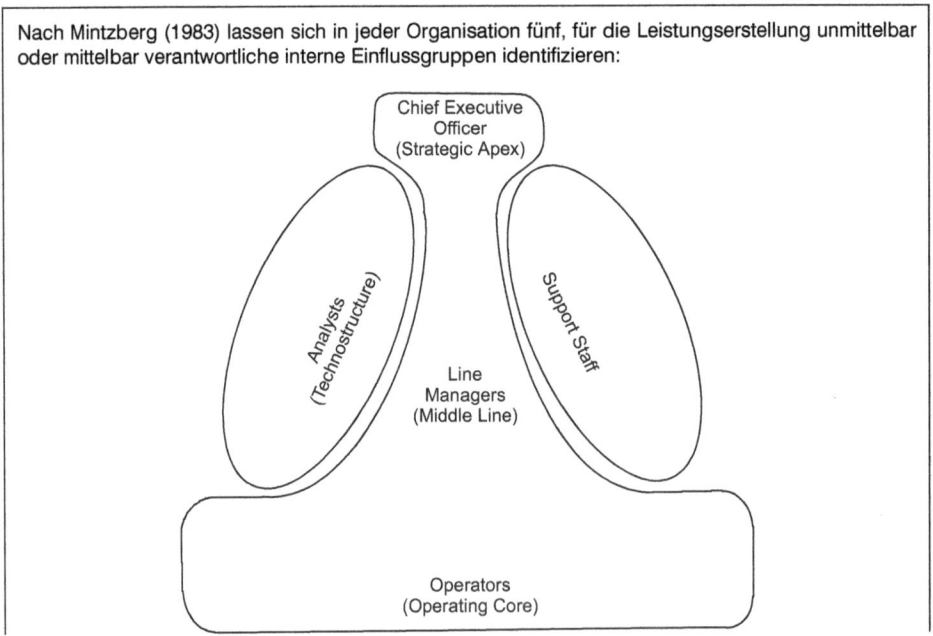

An der Spitze steht die *Unternehmensleitung* (Chief executive officer), der die Strategie-formulierung und -umsetzung obliegt. Sie wird dabei vom *mittleren Linien-Management,* der zweiten Einflussgruppe, unterstützt. Die *organisatorische Basis* (Operators) ist für die eigentliche Leistungserstellung der Organisation zuständig. Sie kann – je nach Branche und Wirtschaftszweig – aus gelernten und/ oder ungelernten Mitarbeitern bestehen oder auch, wie in Expertenorganisationen, aus Akademikern und Wissenschaftlern. Zwei weitere, etwas neben dieser unmittelbaren Hierarchie stehende Gruppen sind die *Analysten*, die das organisationseigene Planungs- und Kontrollsystem (z.B. Planung, Buchhaltung, Controlling, Organisation) betreiben und die Support-Mitarbeiter, die mit unterschiedlichen Kompetenzen den reibungslosen Ablauf der Organisation (Postdienst, Kantine, Haustechnik, Raumpflege, Rechenzentren) gewährleisten. Die strukturelle Integration erfolgt in Bildungseinrichtungen über lose Koppelungen (siehe weiter unten).

Nach Mintzberg bestehen in jeder Organisation vier Einflusssysteme, über die die zuvor beschriebenen Gruppen – in Abhängigkeit zum Organisationstyp – in unterschiedlicher Weise verfügen:

Autoritätssystem	Politisches System	Expertensystem	Ideologisches System (Unternehmenskultur)
• Persönliches Machtsystem aufgrund von Hierarchie (z.B. Arbeitsanweisungen, Entscheidungen, Kontrolle) • Bürokratisches Kontrollsystem (Planungs- und Kontrollsystem, über das eine Standardisierung der Arbeit und eine Formalisierung des Verhaltens erreicht wird)	• Verhalten außerhalb der legitimen Einflusssysteme • Verhalten, das primär Individuen und Gruppen nützlich ist. • Verhalten, das konfliktträchtig ist, da es sich gegen andere richten kann.	• Organisationsteilnehmer, deren Wissen und Kenntnisse für die Organisation zwingend erforderlich sind. • Je wichtiger diese Kenntnisse für die Organisation sind, desto unabhängiger können Experten agieren.	• Das Werte- und Normensystem der Organisation, das von den Organisationsmitgliedern geteilt wird und ihr Verhalten bestimmt. • Im Idealfall identifizieren sich die Organisationsmitglieder mit der Kultur der Organisation.

Das Autoritätssystem wirkt vor allem im Interesse des oberen und mittleren Managements, dient also der Festigung der Einflussmöglichkeiten der Organisationsleitung. Über das politische System können alle organisatorischen Gruppen verfügen, es unterstützt vor allem aber diejenigen, deren Einflussmöglichkeiten über die anderen Systeme eher gering sind. Die Experten bedienen sich – wie der Name sagt – vorrangig des Expertensystems und das ideologische System wirkt, wenn es entsprechend ausgestaltet ist, eher im Interesse der Organisationsleitung.

Gegenüber Wirtschaftunternehmen sind die auf dem Autoritätssystem beruhenden Einflussmög-lichkeiten der Organisationsleitungen in Bildungseinrichtungen (z.B. Rektoren oder Präsidenten in Hochschulen) eher gering. Das bürokratische Kontrollsystem ist wenig ausgebaut, Sanktions- und Belohnungsmöglichkeiten bestehen kaum. Das mittlere Management, das diese Position meist nur befristet bekleidet und sich vor allem aus dem Expertensystem rekrutiert, ist an Steuerungs- und Leitungsaufgaben nur mäßig interessiert.

Da auch Analysten und Support-Mitarbeiter aufgrund der losen Koppelungen zwischen den Subsystemen über keine direkten Einflussmöglichkeiten gegenüber der Expertengruppe verfügen und zudem eine Einbindung der Experten über das ideologische System aus einer Vielzahl von Gründen (z.B. Verzicht auf symbolische Politik in den Nach-68er-Jahren, befristete Beschäfti-gungsverhältnisse, Identifikation mit der Scientific community) erschwert wird, sind Experten in Bildungseinrichtungen mit erheblichen Macht- und Einflussmöglichkeiten ausgestattet. Experten, ob als Lehrer in Schulen oder als Wissenschaftler in Hochschulen, besitzen im Vergleich zu anderen Organisationen über einen hohen Grad an Autonomie, der aufgrund ihrer Bedeutung für die organisatorische Leistungserstellung kaum infrage gestellt wird.

Gerade Expertenorganisationen des öffentlichen bzw. semi-öffentlichen Bereichs – z.B. Universitäten, Schulen, aber auch Krankenhäuser – unterliegen seit einigen Jahren dramatischen Veränderungen ihrer Rahmenbedingungen (vgl. dazu besonders Grossmann/Pellert/Gotwald 1997). Steigendes Kostenbewusstsein bei öffentlichen Stellen, steigender Legitimationsdruck auf Universitäten durch die Gesellschaft, Qualitätskontrolle, Evaluierung sowie Kundenorientierung sind nur einige Schlagworte, die den neuen Managementdiskurs in diesem Bereich charakterisieren. Damit beurteilt werden kann, inwiefern die aufgestellten Forderungen nach mehr Effizienz, mehr Managementorientierung oder mehr Kundenorientierung sinnvoll und zweckdienlich sind, sind die Besonderheiten dieses Organisationstyps zu beachten.

Im Zentrum dieses Organisationstyps steht der Experte (Hochschullehrer, Lehrer, Arzt usw.) mit seinem Wissen, der durch seine hohe individuelle Autonomie eine relativ starke Stellung in der Organisation innehat. Diese Autonomie wird als Voraussetzung für die Ausübung der Expertentätigkeit gesehen und sie ist notwendig, damit die Expertenorganisation ihren jeweiligen Leistungsauftrag überhaupt erfüllen kann. Dienstrechtlich war die starke Stellung in der Vergangenheit häufig mit Unkündbarkeit verbunden, im Laufe der letzten Jahre ändert sich dies aber vielfach in Richtung auf Verträge privatrechtlicher Natur mit erhöhtem Kündigungsschutz. Der Experte hat in der Regel sehr viel Zeit und Geld in einen langen persönlichen Qualifizierungsprozess investiert, dessen Ergebnis ein hoch spezifisches Expertenwissen ist. Die Leistungsfähigkeit (und die Leistungsbereitschaft) des Experten ist daher im wahrsten Sinne des Wortes das Kapital der Organisation und steht daher im Mittelpunkt der jeweils organisationsspezifischen Dienstleistungsprozesse.

Da damit das wichtigste Produktionsmittel – das Wissen – im Kopf der Experten liegt, muss die Organisation so gestaltet werden, dass sowohl Leistungsmöglichkeit, -willigkeit und -fähigkeit be- und gefördert werden. Die Art der Leistungserstellung ist nicht durch andere „Produktionstechnologien" ersetzbar, der Kontakt zum Leistungsabnehmer (Schüler, Student, Patient usw.) ist direkt und unmittelbar. Daher ist die Qualität dieser „Kunden"-Beziehung auch entscheidend für die Qualität des gemeinsam erstellten „Produkts". In Bildungsorganisationen ist für den Kernprozess Lehre auch durch die Zwischenschaltung von e-Learning-Technologien die Abkoppelung von Experten und Leistungsadressaten kaum wirklich möglich.

Zudem ist für Expertenorganisationen kennzeichnend, dass der Experte eher seiner jeweiligen Profession verpflichtet ist als der Organisation, in der er eigentlich tätig ist. Diese tendenziell gering ausgeprägte Identifikation mit der Organisation führt daher oft dazu, dass es wenig Engagement für die Ziele der Gesamtorganisation gibt. Die Organisation wird meist nur als notwendiges Übel akzeptiert, das für die Beschaffung von Ressourcen (Bücher, Laborausstattungen, Computer usw.) unerlässlich für die jeweiligen Kernprozesse Forschung, Lehre, Patientenversorgung usw. ist. Der einzelne Experte kommt daher in den Genuss einer kollektiven Infrastruktur, bei deren Nutzung ihn jedoch nicht interessiert, wie diese Infrastruktur bereitgestellt wird und welcher organisatorischer Leistungen es dazu bedarf. Der dahinter liegenden Verständigungsproblematik zwischen den Personalkategorien „Experten" versus „Administration" widmen wir uns weiter unten.

Ein weiteres wesentliches Charakteristikum von Expertenorganisationen ist die Trennung von Fachsystem der Profession und den anderen Sub-Systemen der Organisation (z.B. Support-Mitarbeiter, Analysten). Während auf der Fachebene häufig Innovation und Fortschritt stattfinden, gilt dies für die Praktiken auf der Organisationsebene, also für die Gestaltung der internen Abläufe eher nicht. Hier wird das Wissen der Experten – soweit zu den jeweiligen Gebieten vorhanden – meistens vernachlässigt, was auch mit der schon angedeuteten strukturell konfliktären Beziehung zwischen Administration und Experten zu tun hat. Zusätzlich wird die Karriere des Experten anhand der inneren Logik seiner Profession definiert (z.B. Promotion und Habilitation für einen Hochschullehrer im deutschsprachigen Raum) und ist eher unabhängig von der konkreten Organisation, in der er tätig ist. Aufstiegschancen (und damit geht in aller Regel auch Reputationsgewinn einher) hat der jeweilige Experte nur dann, wenn er diesen Gesetzen der Karrierelogik seiner Profession folgt. Da aber Organisations-, Management- und Koordinationsleistungen in der eigenen Organisation von dieser Karrierelogik meistens nicht wertgeschätzt werden, kann es nicht verwundern, dass es bis zu einen gewissen Grad eher rational erscheint, wenn Experten sich nicht für „ihre" Organisation engagieren. Gleichzeitig – und das mag paradox anmuten – ist aber die Reputation des einzelnen Experten von enormer Wichtigkeit für die Reputation der Gesamtorganisation. In der scientific community etwa kennt man international sehr wohl die einschlägigen Fachexperten zu einer bestimmten Thematik, die Organisation, in der diese Experten beschäftigt sind, treten aber dagegen in den Hintergrund.

Gerade in Expertenorganisationen, deren Kerngeschäft die Wissensproduktion und -vermittlung ist, entsteht immer wieder der Zwiespalt zwischen der vom Experten geforderten (und auch selbst betriebenen) ständigen Spezialisierung und der Integration individuellen Teilwissens (z.B. zu einem sinnvollen Curriculum/ Ausbildungs- oder Studiengang). Für den Experten sind die Produktion neuen Wissens und die Ausdifferenzierung der Disziplin wichtige Mechanismen zur Sicherung der eigenen Position, des eigenen Prestiges und der benötigten Ressourcen.

Diese ständig steigenden Anforderungen an die zunehmende Spezialisierung auf Seiten der Experten finden ihren organisationalen Niederschlag in einer Organisationsstruktur, die meistens entlang der fachlichen Profile der Experten aufgebaut ist. Die Gründung bzw. der Aufbau solcher spezialisierten Organisationen hilft, Erfolg versprechende Experten an die Organisation zu binden. Dies ist insbesondere in Hochschulen und Krankenhäusern der Fall. Diese Art des Aufbaus der Organisationsstruktur führt aber auch dazu, dass die meist additive Vermehrung von Stellen und Einheiten ein großes Ressourcenproblem und einen wachsenden Integrationsbedarf auf der Ebene der Gesamtorganisation schafft. Die so entstehende Organisation kann als „lose gekoppelt" bezeichnet werden (Weick 1976), weil die Einheiten untereinander weitgehend nicht mit einander verbunden sind

und die Gesamtorganisation sich daher in Bezug auf die Verknüpfung der Subeinheiten als Netzwerk oder Konglomerat hoch autonomer Teileinheiten darstellt –
dementsprechend wird auch die Steuerung von lose gekoppelten Organisationen zu
einer schwierigen Aufgabe.

Was sind lose Koppelungen?
Ereignisse, die aufeinander reagieren, dabei aber ihre Identität und Eigenheit bewahren. Lose gekoppelte Teilsysteme innerhalb eines Gesamtsystems ermöglichen, dass
unterschiedliche Wertsysteme und Rationalitätskriterien nebeneinander bestehen
können, bzw. Teilsysteme eigene Wertsysteme entwickeln.

Darüber hinaus verfügen die autonomen Teileinheiten noch über jeweils verschiedene Arbeitsformen, Werthaltungen, Fachsprachen und (Sub-)Kulturen, die
gegenüber der Gesamtorganisation zusätzlich abgrenzend wirken. Dabei wären
gerade auf der Ebene der Gesamtorganisation im Hinblick auf die Leistungserstellungsprozesse Kooperation und Koordination angesagt, da viele gesellschaftliche Problemlagen nur durch interdisziplinäre Zusammenarbeit bewältigt werden
können.

Lose Koppelungen haben eine Reihe von Vorteilen, die vor allem in Bildungseinrichtungen zum Tragen kommen, sie können aber – vor allem in instabilen
Umwelten – auch nachteilig für die Organisation wirken:

Positive Effekte loser Koppelungen	Negative Effekte loser Koppelungen
▪ Sie ermöglichen die Entwicklung sehr unterschiedlicher Fach(bereichs)-kulturen, die den jeweiligen Professionen entsprechen, ohne dass der Verwaltungsbereich mit seinen eigenen Gesetzmäßigkeiten dadurch tangiert wird.	▪ Fokussierung auf pädagogische oder wissenschaftliche Fragestellungen oder die Lehr-/Lernbeziehung unter Vernachlässigung der Gesamtorganisation.
▪ Sie erlauben sensible Umweltwahrnehmungen und schnelle Umweltanpassungen aufgrund der Eingebundenheit der Experten in organisationsübergreifende Netzwerke.	▪ Die Zusammenarbeit der Sub-Einheiten wird erschwert: „Der Pädagoge oder Wissenschaftler als Einzelkämpfer".
▪ Sie erlauben die Entfaltung einzigartiger Projekte, ohne dass es aufwendiger zentralistischer Planungsverfahren bedarf.	▪ „Tunnelblick". Das Expertenwissen im eigenen Bereich wächst, für andere Bereiche geht es verloren.
▪ Das Scheitern einzelner Projekte hat auf das Gesamtsystem keine großen Auswirkungen.	▪ Die Reformierbarkeit wird wegen fehlender Steuerungs-/Einflussmöglichkeiten erschwert.
▪ Sie bieten Raum für Selbstentfaltung und -bestimmung als wesentliche wissenschaftliche Prinzipien.	

Tabelle 2:
Effekte loser Koppelung

5.2 Koordination und Kontrolle in Expertenorganisationen

Expertenorganisationen werden traditionellerweise von der Verwaltung ‚zusammengehalten'. Das administrative Personal ist in diesen Organisationen oftmals die einzige Gruppe, die ein Interesse an der Gestaltung der Gesamtorganisation hat. Von den Experten allerdings werden Handlungen der Administration meist als Störung der eigenen Arbeit und als Einengung der persönlichen Freiheit empfunden. Noch dazu werden die Mitarbeiter in der Administration häufig als verlängerter Arm der Zentralgewalt erlebt (Verwaltungen des Staates oder anderer Trägerorganisationen), die sich – so die Wahrnehmung der Experten – häufig mit untauglichen Mitteln in die fachliche Arbeit einmischen. Arbeitsweisen, Organisationskulturen, Referenzsysteme und die Bedeutung von Hierarchien (flach bei Experten, hoch bei der Administration) könnten zwischen Administration und Experten wohl nicht unterschiedlicher sein.

Ein wesentliches Charakteristikum von Expertenorganisationen ist daher die professionelle (Selbst-)kontrolle. Da die Arbeit der Experten hoch spezialisiert, komplex und vielgestaltig ist, kann sie in der Regel nur durch ebenfalls spezialisierte Personen und durch die Abnehmer der Leistung gemessen und bewertet werden. Aber auch diese Evaluation unterliegt ihren Schwierigkeiten mangels allgemein verbindlicher Quantifizierungsmaßstäbe. So ist es durchaus nicht einfach festzustellen, was z.B. ein Teilnehmer in einer Lehrveranstaltung gelernt hat, allen eingesetzten Fragebögen zum Trotz, die oft eher eine Zufriedenheitsanalyse sind (sog. „happiness sheets") als eine Bewertung der Qualität des Lehrangebots. Auch ist nicht einfach festzustellen, ob ein Experte in Leistungserstellungsprozessen immer sein gesamtes Wissen mobilisiert, oder ob er etwa in Verfolgung eigener Interessen, sein Wissen der Organisation nur teilweise zur Verfügung stellt. Daher muss Qualitätssicherung immer einen hohen Anteil professioneller Selbstkontrolle beinhalten, auch wenn dies bei steigenden externen Anforderungen zunehmend als unzureichend angesehen wird. Aber eine Fremdkontrolle (durch wen auch immer) bleibt aufgrund der hohen Komplexität der Leistungserstellung aufwändig, schwierig und ist damit auch sehr teuer – wie manche Beispiele der Evaluierung von Studiengängen an deutschen Universitäten zeigen. Inzwischen sprechen Praktiker bei aller Überzeugung von der Notwendigkeit systematischer Qualitätskontrollen von einem „Evaluations-Overkill", von „Evaluitis" als moderner Organisationskrankheit bzw. von Evaluation als einer der „sieben Plagen der Moderne".

Fast allen Expertenorganisationen ist zu Eigen, dass sie Management- und Führungsdefizite aufweisen. Experten sind aufgrund ihrer Karrierelogik fast ausschließlich auf ihre Facharbeit konzentriert und investieren daher kaum Zeit für den Aufbau von Management- und Führungskompetenzen. Wenn diese Personen dann temporär Führungsfunktionen bekleiden (z.B. weil sie „dran" sind oder weil sie sich nicht laut genug gewehrt haben usw.), werden die damit verbundenen Aufgaben eher suboptimal für die Gesamtorganisation ausgeführt. Dazu kommt, dass Experten Hierarchien bzw. hierarchische Führung zugunsten eines kollegialen Führungsverständnisses eher ablehnen. Experten, die vorübergehend Führungspositionen innehaben, beschreiben daher ihre Rolle auch sehr häufig als „primus inter pares" und nicht in klassischen Managementrollen. Da nach drei bis vier Jahren in der Regel neue Experten die Führungsfunktionen übernehmen, kommt es aufgrund der Kürze der Amtszeit weder zu einem systematischen Aufbau von Führungskompetenzen, noch zu notwendigen organisationalen Veränderungsprozessen, die durch die Führenden angestoßen werden müssten. Ein derartiges Führungssystem weist daher ein hohes Maß an Stabilität auf.

5.3 Die Gestaltung von Expertenorganisationen

Bislang war ein Kennzeichen von Expertenorganisationen die Kombination aus sehr hoher individueller Autonomie der Experten (siehe staatliche Universitäten und Hochschulen) und relativ großer Autorität des Staates bei einer gleichzeitig geringen institutionellen Autonomie der Expertenorganisation selbst. Während der einzelne Experte einen großen Freiraum bei der Ausübung seiner Tätigkeit besitzt, so besteht auf der Ebene der Gesamtorganisation eine hohe Regelungsdichte, die kaum Spielraum für Neuerungen und Gestaltungsspielräume lässt. Seit einigen Jahren sind aber Entwicklungen in der Umwelt dieser Organisationen zu beobachten, die ihnen zunehmend mehr institutionelle Autonomie (ob nun gewollt oder nicht) bescheren (siehe die österreichischen Universitäten unter dem Universitätsgesetz 2002). Immer häufiger werden diese Organisationen aus der Obhut des Staates ‚entlassen' (ob dies aufgrund besserer Einsicht oder aus Gründen der finanziellen Knappheit erfolgt, sei hier dahin gestellt); damit aber wird auch ein effizientes und modernes Management anstelle der bekannten staatlichen Bürokratie notwendig. Da sich aber Führungskräfte aus erwerbswirtschaftlichen Organisationen häufig nicht in die institutionellen, kulturellen und fachlichen Besonderheiten von Expertenorganisationen hineinfinden (können), wird es in Zukunft für das Überleben dieser Organisationen immer häufiger nötig, Personen innerhalb der Expertenorganisationen für die neuen Management- und Führungsaufgaben zu qualifizieren. Welchen Aspekten in diesem Zusammenhang besondere Bedeutung geschenkt werden sollte, ist Teil des nächsten Kapitels.

Für die zu erbringende Leistung ist die Motivation der Experten von höchster Bedeutung. Wenn man also versucht, seitens des Managements der Organisation den Experten Vorschriften zu machen, die deren eigenen Vorstellungen widersprechen, läuft man Gefahr, dass Widerstände aufgebaut werden, auch wenn es sich eigentlich um sinnvolle Maßnahmen handelt. Daher wird der Experte seine ganze Autorität verwenden, um institutionelle Entscheidungen zu verhindern bzw. abzuwenden, die ihn in seiner Tätigkeit beschränken könnten. Um folglich die Motivation der Experten aufrecht zu erhalten bzw. zu fördern, sollte darauf Bedacht genommen werden, dass Organisationsstrukturen und -prozesse so gestaltet sind, dass sie der Arbeit förderlich sind bzw. als solche empfunden werden. Für die mit Führungsaufgaben betrauten Personen ist dies oft ein schwieriger Balanceakt zwischen der institutionellen Sicherung von Freiräumen bei gleichzeitiger Einbindung der Experten in ein organisationales Ordnungssystem. Diese Balance dürfte umso besser gelingen, je mehr sich die Leitung neben der Klärung und

Kommunikation anschlussfähiger Ziele auf die Definition jener „Mindest-Organisationsbedingungen" (Kappler) beschränkt, die für die Sicherung der Funktionsfähigkeit der Gesamtorganisation unumgänglich sind. Ein Zuviel an Vorschriften und Regelungen führt nur allzu leicht zur unproduktiven und demotivierenden „Übersteuerung" von Systemen und ruft den Widerstand gerade jener Experten hervor, auf deren Mitspielen die Organisation doch angewiesen ist.

5.4 Bildungsorganisationen

Um den Besonderheiten von Bildungsorganisationen auf die Spur zu kommen, sollte man sich noch einmal vergegenwärtigen, welche gesellschaftlichen Funktionen Bildung zugesprochen wird. Sie sichert einerseits die Grundlage der Demokratie und ist die Voraussetzung für den sozialen Fortschritt und Wandel. Des Weiteren ist Bildung grundlegend für die Entfaltung der Persönlichkeit und damit für die Zuteilung oder Verhinderung von Lebenschancen. In der vergangenen Dekade wird darüber hinaus auch verstärkt auf die Bedeutung von Bildung für die wirtschaftliche Entwicklung eines Landes hingewiesen. Hier wären exemplarisch die Diskussionen rund um die PISA-Ergebnisse und deren Konsequenzen in den verschiedenen europäischen Ländern zu nennen. Allein diese Aufzählung gesellschaftlicher Funktionen von Bildung macht schon deutlich, dass in denjenigen Expertenorganisationen, die sich der Bereitstellung von Bildungsprozessen und -produkten verschrieben haben (Einrichtungen der Erwachsenenbildung, Schulen, Universitäten usw.) auf unterschiedliche Funktionsmechanismen, Logiken und Besonderheiten Rücksicht genommen werden muss.

5.4.1 Besonderheiten von Bildungsorganisationen

Wenn wir hier von Bildungsorganisationen als einer einheitlichen Kategorie sprechen, sind wir uns der damit verbundenen Vereinfachung durchaus bewusst. Eine gewisse Entschuldigung bietet evtl. das Argument, dass auch ein Herunterbrechen der Kategorien (z.B. *die* Volkshochschulen, *die* Weiterbildungsinstitutionen, *die* Sekundarschulen, *die* Universitäten) diese Heterogenität nicht ganz zum Verschwinden bringen würde. Im Übrigen wäre selbst bei Verwendung des gleichen Ausdrucks noch nicht garantiert, dass Autoren und Leser darunter jeweils dasselbe verstehen.

Jede generelle Beschreibung von Bildungsorganisationen muss daher notwendiger Weise oberflächenhaft bleiben. Dies nicht nur wegen der banalen Feststellung, dass sich etwa eine Volksschule und eine Universität bzw. mehrere Volksschulen oder Universitäten jeweils voneinander unterscheiden. Auch ein und dieselbe Bildungsorganisation lässt sich nicht eindeutig und in einer von allen Betrachtern geteilten Weise beschreiben: Bedingt durch unterschiedliche Perspektiven und Interessenslagen gilt auch für Bildungsbetriebe „... they are many things at once" (Morgan 1997). So haben z.B. die Führungspersonen, die wirtschaftlichen und/oder politischen Träger, die Dozentinnen oder diejenigen Personen, welche die Leistungen einer Weiterbildungseinrichtung in Anspruch nehmen, vermutlich recht unterschiedliche Vorstellungen von deren „Wesen", deren Funktionen oder von den Qualitätsmaßstäben, anhand derer die Leistungen der Organisation, einzelner Bereiche oder ihrer Mitglieder jeweils beurteilt werden sollten. Diese unterschiedlichen Sichtweisen konstituieren (mit jeweils differierenden Akzentsetzungen) die Organisation im eigentlichen – nicht-juristischen – Sinne (ausführlicher hierzu u.a. Czarniawska-Joerges 1993; Neuberger 1990).

Ohne Anspruch auf eine „vollständige" Erfassung der Charakteristika von Bildungsorganisationen sei im Folgenden besonders auf deren Logik, Zielsetzungen, Gegenstand und Grundstruktur Bezug genommen.

5.4.2 Logik von Bildungsorganisationen

„Manche sind versucht, erfolgreiche Antriebskräfte der Wirtschaft auf alle Lebensbereiche zu übertragen und sie zum einzigen Maßstab zu machen. Ich halte das für falsch. Die Gesellschaft, in der nur noch die Gesetze von Konkurrenz, Wettbewerb und wirtschaftlichem Erfolg gelten, wäre nach meiner Überzeugung keine humane Gesellschaft. Bildung ist zuallererst ein Beitrag zur Persönlichkeitsentwicklung." (Johannes Rau, ehemaliger Bundespräsident der Bundesrepublik Deutschland)

Dieses Zitat verdeutlicht nochmals sehr deutlich, welcher enorme Stellenwert (und das meint hier nicht ökonomischen Wert) der Bildung für eine Gesellschaft zukommt. Es illustriert aber auch, unter welchem (ökonomischen) Kalkül Bildung zunehmend betrachtet wird. Prinzipiell kann man feststellen, dass Bildungsorganisationen immer verschiedensten Logiken oder Rationalitätsansprüchen genügen müssen. So sind Universitäten auch wirtschaftende Betriebe, weil sie als wirtschaftliche Akteure auf den Märkten erscheinen. Andererseits sind sie auch Organisationen, die sich mit Ausbildung befassen und damit am Erziehungssystem teilhaben (vgl. Baecker 2000). Und sie sind Organisationen, in denen Forschung eine Hauptaufgabe darstellt, die also im Wissenschaftssystem agieren. Universitäten betreiben aber auch kulturelle Aktivitäten und sind ganz wesentlich Orte, in denen gesellschaftlicher Fortschritt „vorgedacht" wird. In jüngerer Zeit sind sie schließlich noch verstärkt auf dem Weiterbildungsmarkt tätig und treffen dort auf andere, konkurrierende Anbieter.

Alle diese Abnehmer-„Märkte", die für andere Bildungsorganisationen in ähnlicher Weise definiert werden können, folgen aber jeweils spezifischen Logiken, womit eine prinzipielle Problematik von Bildungsorganisationen benannt ist: Bildungsorganisationen müssen unterschiedlichen und größtenteils einander widersprechenden Rationalitätsansprüchen genügen. Wir wollen dies nur kurz an einem Beispiel aufzeigen: ökonomische Rationalität, die ganz generell gesprochen durch ein Zweck-Mittel-Denken geprägt ist und damit einem meist kurzfristigen Kosten-Leistungs-Kalkül folgt, steht beispielsweise im Gegensatz zum Rationalitätsanspruch von Bildung im Sinne einer Vorbereitung auf das (Berufs-)Leben, deren „Rendite" sich – wirtschaftlich gesprochen – nur in sehr langfristigen Rückkopplungsschleifen ergibt. Daraus folgt aber auch, dass die verschiedenen Logiken nicht gegeneinander auszuspielen sind, weil sie „inkommensurabel", unvergleichbar sind, und sich demnach nicht auf ein widerspruchsfreies System herunter brechen lassen.

5.4.3 Zielvorstellungen von Bildungsorganisationen

Handeln in sozialen Organisationen wird prinzipiell über Ziele gesteuert, die als Richtschnur, Bewertungsmaßstäbe und Prioritätsregeln zugleich fungieren. Allerdings wäre es Ausdruck eines eher naiven rationalistischen Fundamentalismus, würde man annehmen, dass sich diese Ziele in eine eindeutige, logisch widerspruchsfreie, gar unumstrittene Rangordnung bringen ließen. Das gilt für profitorientierte Unternehmen, mehr aber noch für Bildungsorganisationen. Oft genug haben selbst die – irrtümlich als Horte der Rationalität geltenden – Wirtschaftsbetriebe überhaupt keine ausdrücklich formulierten Ziele (ironisch könnte man anfügen, dass dies auch durchaus im Interesse der Flexibilität liegen kann). Vor der Unterschiedlichkeit der Interessen in Bildungsorganisationen gibt es aber erst recht kein Entkommen: Zielpluralität und Zielkonflikte sind nicht nur Nebenfolge der Organisationsform, sondern gehören zu den konstitutiven Elementen. Das hat Folgen für die konkreten Zielsetzungen von Bildungsorganisationen und die Handlungen, die der Realisierung dieser Ziele gewidmet sind: auf der Grundlage multipler und einander widersprechender Logiken und Rationalitätsansprüche (z.B. Kostendeckung von Lehrprogrammen, Sicherung höchster Qualität, Bindung der Experten an die Organisation, Karriere von Experten durch Organisationswechsel usw.) müssen auch die Zielvorstellungen komplex und mitunter widersprüchlich sein (vgl. Baecker 2000). Allein schon aus diesem Grund wird Führungshandeln in Bildungsorganisationen notwendig zu „politischem Handeln", gilt es doch, das Verhältnis der verschiedenen Ziele und Interessen zueinander und in Relation zur Organisation als Ganzes im Zeitablauf immer wieder neu auszutarieren.

Hinzu kommen die meist unausgesprochenen Erwartungen, dass Bildungseinrichtungen als Transportunternehmen für sehr unmittelbare persönlich-individuelle Ziele oder auch Gruppenziele und -interessen fungieren sollen: Dies gilt nicht nur für jene Institutionen, bei denen Interessenverbände ausdrücklich als Träger auftreten (z.B. Arbeitgeberverbände, Gewerkschaften, Parteien), sondern auch dort, wo – etwa über die Besetzung von Schlüsselpositionen – indirekt Einfluss auf die Durchsetzung „richtiger" Wertvorstellungen genommen wird (man denke etwa an die verbreiteten politischen „Farbenspiele" bei der Ernennung von Schuldirektoren). Schließlich ist nicht zu vergessen, dass Bildungsbetriebe immer auch Arbeitsorganisationen darstellen, in denen Menschen gegen Entgelt ihr Arbeitsvermögen zur Verfügung stellen und denen gegenüber die Mitarbeiter entsprechende Erwartungen formulieren. Es empfiehlt sich also, bei der Zielklärung in Bildungsorganisationen die Frage nach dem „wessen" nicht zu vergessen.

Bildungsorganisationen bewegen sich dabei in aller Regel innerhalb eines vorgegebenen, aber gleichwohl unscharfen politisch-administrativen Rahmens (z.B. Lehr- und Studienpläne, Zulassungs- und Prüfungsbedingungen). Dies ist gewissermaßen der Preis, der an öffentliche Legitimationsverleihungs-Instanzen wie z.B. Evaluierungs- oder Akkreditierungsagenturen zu entrichten ist. Davon sind meist auch Bildungsorganisationen in privater Trägerschaft – etwa Privatuniversitäten – nicht ausgenommen, die in einem Klima ausgeprägter staatlich-bürokratischer Ordnungs- und Regelungsansprüche nur wenig Raum für autonomes Handeln finden. Selbst in den wenigen Fällen, in denen von staatlicher Seite versucht wurde, mehr Spielraum für Eigeninitiative zu geben (u.a. die „erlassfreie Schule" Ende der 70er Jahre in Niedersachsen oder die derzeit zu beobachtende „Autonomisierung" von Universitäten), waren offenbar die Vorprägungen (Prä-Formationen) der Organisationsmitglieder – oder sollte man besser sagen: die *De-formationen?* – als Schere im eigenen Kopf bereits so geschliffen, dass die Schwierigkeit eines derartigen Versuchs sehr rasch offenkundig wurde.

5.4.4 Wissen als Ziel und Gegenstand von Bildungsorganisationen

Bildungsorganisationen können in Abgrenzung zu Industrieunternehmen als „knowledge intensive organizations" oder Know-how-Betriebe bezeichnet werden. Der Kern ihres Handelns zielt auf die Produktion und den Transfer von Wissen, nicht auf die Erstellung von materiellen Produkten ab. So sind Universitäten sui generis Orte, an denen nicht nur (bereits bekanntes) Wissen an Studierende weitergegeben wird, sondern die im Kernprozess Forschung ihrem eigenen Anspruch nach explizit das Ziel verfolgen, neues Wissen zu generieren. Die Messbarkeit neuen Wissens stößt allerdings da an ihre Grenzen, wo ökonomisch nicht klar unterschieden werden kann, was in diesem Wissensgenerierungsprozess Input und was Output ist. Aber diese Problematik wollen wir nicht wesentlich vertiefen.

Für alle Bildungsorganisationen gilt, „.... that they have only the expertise of their staff as assets with which to trade" (Winch/Schneider 1993: 923), und dass es erst diese ausgeprägte Expertise ist, der besonders gute Ergebnisse zu verdanken sind. Diese Ausrichtung führt zu einigen charakteristischen Besonderheiten, die hier allerdings nur kursorisch aufgeführt werden können (vgl. für den Bereich von Bildungsorganisationen vor allem Alvesson 1993: 1000; Gibbons u.a. 1994).

Eines der zentralen Merkmale von Bildungsorganisationen ist die ausgeprägte Personenabhängigkeit der Leistungserstellung – wir haben in der Einleitung schon darauf hingewiesen: Wissenskapital ist – vor allem in stark wertbezogenen politischen, ökonomischen und sozialen Problemzusammenhängen – in hohem Maße mit den individuellen Kompetenzen und Grundhaltungen der Produzenten verknüpft (technisches und kulturelles Wissen, rhetorische Fähigkeiten, soziale Kompetenzen und Einstellungen der sog. „knowledge worker"; kritisch zu diesem Ansatz z.B. Knights u.a. 1993). Zwar bewirkt der zunehmende Einsatz technischer Produktions- und Vermittlungshilfen (z.B. der Einsatz von Multimedia und anderer Lerninformationssysteme) eine gewisse Entpersönlichung der Leistungserstellung. Dennoch scheinen – zumindest gegenwärtig – einer technikgestützten Standardisierung von Lehr-/Lernprozessen neben ökonomischen vor allem pädagogische und soziale Grenzen gesetzt (z.B. hohe Entwicklungskosten elektronisch gestützter Lernprogramme, mangelnde Akzeptanz einer „glasfasergesteuerten Interaktion").

Vermutlich sind diese Grenzen auch auf den relativ hohen Professionalisierungsgrad (s. auch oben die Ausführungen zur Expertenorganisation) zurückzuführen, der immer wieder als ein Wesensmerkmal von Bildungsorganisationen hervorgehoben wird. Dabei liegt es – verständlicherweise – im Interesse der Mitarbeiterinnen und Mitarbeiter, dieses Professionalitätsimage zu pflegen und aufrechtzuerhalten, dient es ihnen doch als eine mögliche Machtressource in ihrer Beziehung zur Organisation und als ein Schutzschild gegenüber denkbaren An- oder Eingriffen von außen und Ab- oder Entwertungen ihres Arbeitsvermögens und ihrer beruflichen Identität: Je besser es einzelnen Organisationsmitgliedern nämlich erstens gelingt, monopolähnliche Wissensbestände und/oder Problemlösungskompetenzen aufzubauen und zu erhalten, je wichtiger und spezifischer diese Qualifikationen zweitens für eine Organisation erscheinen, und je weniger leicht drittens die Mitarbeiter dementsprechend zu ersetzen sind, desto ausgeglichener werden sich die wechselseitigen Abhängigkeitsverhältnisse entwickeln (Alvesson 1993: 999; Auer u.a. 1993: 158). Vermutlich drückt es aber eher eine hoffnungsfrohe Erwartung als eine nüchterne Analyse gesellschaftlicher Wirklichkeit aus, wenn festgestellt wird, dass dies auch für die Organisationen als Ganzes gelten müsste, dass also eine zunehmende Besonderheit und gesellschaftliche Bedeutung des produzierten Wissens eine verstärkte Autonomie gegenüber mächtigen Institutionen bewirken kann. Schon allein die alltäglichen bürokratischen Eingriffe übergeordneter Instanzen etwa in Schulen oder Universitäten decouvrieren diese Erwartung als einen schönen Traum. Und je mehr das Vertrauen in die gesellschaftliche Problemlösungskompetenz fachspezifischen Wissens schwindet, desto mehr müssen Bildungseinrichtungen um ihre öffentliche Akzeptanz bemüht sein (so gewinnt man etwa bei wirtschaftspolitischen Diskussionen oder bei Erziehungsfragen zuweilen den Eindruck, dass Expertise – der Menge, nicht unbedingt dem Ergebnis nach – geradezu ein im Übermaß vorhandenes Gut zu sein scheint!).

In wissensbasierten Organisationen mit hohen Professionalisierungsgraden entwickeln sich darüber hinaus leicht Loyalitätskonflikte. Dies ist darauf zurückzuführen, dass einerseits Professionalisierung oft mit einem ausgeprägten beruflichen Selbstverständnis verknüpft ist (z.B. ethische Grundüberzeugungen, tradierte und stabile Vorstellungen darüber, wie „man" sich in der entsprechenden Gemeinschaft zu verhalten habe, feste Bilder vom „guten Lehrer"), dass aber andererseits gerade in Bildungsbetrieben gemeinsame organisationskulturelle Wertvorstellungen als eine Art emotioneller Klebstoff wirksam werden können (sollen?), der die Mitarbeiter an „ihren" Betrieb bindet. Wenn nun berufliche Identität und Verhaltenserwartungen der Organisation miteinander in Widerspruch geraten – und nicht zuletzt die unterschiedlichen Vorstellungen der verschiedenen Interessensgruppen (Stakeholder) machen derartige Konstellationen wahrscheinlich – wird der Umgang mit mehrwertigen Entscheidungssituationen zu einer wichtigen Kompetenz der für Führung verantwortlichen Personen. Für Führungskräfte kann sich diese zweiseitige Spannungssituation dann zu einem „Dreiecks-verhältnis" auswachsen, wenn übergeordnete Trägerinstanzen (z.B. Regierung, Ministerien oder andere Behörden) politische oder bürokratische Loyalität einfordern, die weder mit dem beruflichen, noch mit dem organisationalen Selbstverständnis übereinstimmen. Als aktuelles Beispiel sei etwa auf die Kostensenkungsprogramme verwiesen, mit denen Universitäten derzeit nahezu weltweit konfrontiert werden. Diese produzieren Loyalitätskonflikte und organisationsinterne Widerstände vermutlich weniger dadurch, dass eine allgemeine Notwendigkeit zum sparsamen Umgang mit Ressourcen als Ziel abgelehnt würde, sondern durch den meist autoritär-besserwisserischen Stil, in dem Detailregelungen als bürokratisches Diktat vorgegeben werden, und der dem Autonomieverständnis von Bildungsorganisationen massiv zuwiderläuft. Bei solchen Prozessen ist es nicht einfach, den dadurch angerichteten motivationalen Flurschaden zu beheben – und so droht die Gefahr, dass die Hierarchie durch ein weiteres Anziehen der Kontrollschrauben wiederzugewinnen sucht, was sie möglicherweise in ausgeprägter Selbstüberschätzung fahrlässig aufs Spiel gesetzt hat. Die Spirale der Demotivation ist in solchen Prozessen absehbar.

Für die Frage der Führbarkeit von Bildungsorganisationen und der angemessenen Art und Form der Führung hat das oben Beschriebene weit reichende Konsequenzen. Führung in Expertenorganisationen muss Bezug auf die spezifischen Organisationsbedingungen nehmen, wenn sie gestalterisch wirksam und zielführend sein soll. Dazu bedarf es des Einbezugs der Experten, um einerseits die Bereitschaft für die Mitwirkung an Entwicklungs- und Veränderungsprozessen zu sichern und um andererseits deren Wissen, Fähigkeiten und Werthaltungen in den jeweiligen Entwicklungsprozessen nutzbar zu machen. Aber dazu mehr im folgenden Kapitel.

Fragen zum Themenbereich „Bildungsorganisationen als Expertenorganisationen"

- Inwieweit würden Sie Ihre Organisation als eine Expertenorganisation bezeichnen? Worin findet dies seinen Ausdruck und inwieweit wird dies im Rahmen der konkreten Steuerung Ihrer Organisation auch berücksichtigt? Welche Konflikte treten Ihrer Erfahrung nach in derartigen Organisationen typischerweise auf – und wie geht die Organisation mit diesen Konflikten um?
- Einige der derzeit in Bildungseinrichtungen erprobten Reformen zielen auf eine Eingrenzung der Expertenmacht beispielsweise durch die Stärkung der organisatorischen Leitung ab. Welche Chancen und welche Risiken sehen Sie angesichts dieser Entwicklungen oder laufen sie angesichts der weitgehenden Autonomie der Experten ins Leere?
- Welche Risiken sehen Sie, wenn man Bildungsabschlüsse als „Produkte" und Studierende/Schüler als Kunden definiert?
- Beschreiben Sie anhand eines Beispiels aus jener Organisation, in der Sie tätig sind, den Gegensatz von ökonomischer und bildungsbezogener Grundorientierung!

Literatur zur Vertiefung

Alvesson, M. (1993): Organizations as Rhetoric: Knowledge-Intensive Firms and the Struggle with Ambiguity. In: Journal of Management Science 30, 998-1015.
Der Artikel von Alvesson ist aufgrund seines theoretischen Backgrounds zwar nicht ganz einfach zu lesen, wer sich aber bemüht, wird mit einem höchst interessanten und aufschlussreichen Beitrag „belohnt".

Gibbons, M. u.a. (1994): The New Production of Knowledge. The Dynamics of Science and Research in Contemporary Societies. London/Thousand Oaks/New Delhi.
Inzwischen eines der Standardwerke zur Wissensproduktion in der modernen Gesellschaft.

Pellert, A. (1999): Die Universität als Organisation: Die Kunst, Experten zu managen. Wien.
Wer sich mit den hoch komplexen Strukturen von Universitäten näher befassen möchte, kann in diesem Buch viele wertvolle Informationen finden.

Weick, K.E. (1976): Educational Organizations as Loosely Coupled Systems. In: Administrative Science Quarterly 21, 1-19.
Der Artikel von Weick ist inzwischen zu einem der meist zitierten Aufsätze geworden, wenn versucht wird, die strukturellen Besonderheiten von Bildungsorganisationen zu charakterisieren.

6 Integrale Führung in Bildungsorganisationen

6.1 Einführung

Auf der Basis der bisherigen Kapitel werden nun einige zusammenfassende Überlegungen zur Führung in Bildungsorganisationen vorgestellt und diskutiert. Ganz allgemein ist es die zentrale Aufgabe von Führung, eine zielgerichtete Gestaltung, Steuerung und Entwicklung von Organisationen zu gewährleisten. Führung in Bildungseinrichtungen hat spezifische Besonderheiten und Aufgaben, die gleichzeitig auf das Sicherstellen von lernförderlichen Bildungsprozessen wie auf die effektive Organisation des „Bildungsbetriebes" ausgerichtet ist. Zudem muss Führung verlässliche und zweckmäßige Beziehungen zu externen Anspruchsgruppen entwickeln, denn neben der Bewältigung prinzipieller Heterogenität und Inkonsistenz von Zielen und Zielsystemen, kommt es in Bildungseinrichtungen auch auf den sensiblen und kompetenten Umgang mit einer Vielfalt von Anspruchsgruppen an (z.B. externe Lehrende, Kunden, Aufsichtsorgane, politisch Zuständige). Darüber hinaus ist die Führung in Bildungsorganisationen für eine fortwährende (Weiter-) Entwicklung und kompetente Steuerung hin zu einer wandlungsfähigen und lernenden Organisation (mit-)verantwortlich. Um eine entsprechende Lehr-, Lern- und Kooperationskultur zu entwickeln, muss sie organisationsspezifische Visionen, Richtungen und Ziele entwerfen und reflektieren. Des Weiteren muss sie deren Umsetzung und Erreichen bewerten und gegebenenfalls neu ausrichten sowie unterschiedliche organisationale Prozesse und Strukturen neu gestalten (vgl. Leithwood 1994). Zudem ist sie gehalten, die Menschen in Bildungseinrichtungen zu fördern und sich entwickeln zu lassen und dabei auch mit vielfältigen Konflikten umgehen zu lernen. Ein wirksames Führen von Bildungsorganisationen erfordert daher sowohl ein breites Repertoire von fachlichen, individuellen und sozialen Kompetenzen und entsprechenden Verhaltensweisen, als auch Kenntnisse unterschiedlicher Methoden und Verfahren zur praktischen Gestaltung und Umsetzung.

Häufig werden dabei bewährte Konzepte von profitorientierten Organisationen auch auf den Non-Profit-Bereich zu übertragen versucht – unter dem Etikett „New Public Management" hat sich in letzter Zeit hierfür geradezu ein starker Trend entwickelt. Dazu gehören beispielsweise Management-Funktionen wie Finanzierung, Personal, Marketing oder Controlling (vgl. z.B. Anheier 2005; Anthony/ Young 2003; Tiebel 1998; Eschenbach 1998; Eschenbach/Horak 2003; Buber/ Meyer 1997). Allerdings lassen sich Managementinstrumente und -konzepte sowie Führungstechniken und -verfahren aus einem Anwendungskontext in erwerbswirtschaftlichen Organisationen nicht (immer) unmittelbar und linear auf die Führungspraxis von Bildungseinrichtungen übertragen (kritisch hierzu etwa Laske/Meister-Scheytt 2003). Auch wenn solche Managementprinzipien in Teilbereichen wirkungsvolle Instrumente bieten, dürfen sie nicht als generelle Anwendungs- oder gar Erklärungsansätze über alle Bildungseinrichtungen gestülpt werden. Denn diese Institutionen lassen sich in der Regel nicht oder nicht primär an ökonomischen Maßstäben messen und entsprechend führen. Zudem ist nicht alles, was in privatwirtschaftlichen Organisationen „funktioniert", in Bildungsorganisationen – mit ihren spezifischen Leitorientierungen – anschlussfähig. Schließlich ist auch zu berücksichtigen, dass es für die „Bewährung" einzelner Instrumente oft keine einheitlichen Maßstäbe gibt, eine Beurteilung vor dem Hintergrund unterschiedlicher Interessen vielmehr zu sehr abweichenden Ergebnissen führen kann.

„Wer glaubt, dass ‚Management' eine Führungs- und Gestaltungskunst sei, die *unterschiedslos* allen Organisationen, also nicht nur Unternehmen, sondern auch Behörden, Kirchen, Vereinen, Schulen, Universitäten, sozialen und kulturellen Einrichtungen sowie Armeen verschrieben werden könne, weiß nicht mehr, dass dieses Management ein Produkt der Anwendung eines *wirtschaftlichen* Kalküls auf einen diesem Kalkül fremden Gegenstand, die Organisation, ist." (Baecker 2003, S. 15)

Als gesellschaftliche Dienstleistungsorganisationen und multidiskursive Organisationen (Beyes/Jäger 2005) erbringen Bildungsorganisationen Leistungen, die, um Peter Drucker zu zitieren, „das Leben von Menschen verändern" (Drucker 1990, S. X). Sie verfolgen in erster Linie eine an der Gemeinschaft ausgerichtete Zwecksetzung, ideelle Zielsetzungen bzw. Missionen. Mehr noch, häufig entstehen diese Organisationen aus einem Bedürfnis, das innerhalb einer Gemeinschaft empfunden und ausgedrückt wird. Die Aufgabe von Führungskräften in Bildungsorganisation unterscheiden sich von jenen in der Wirtschaft also dadurch, dass sich ihre Ziele, Strategien und Handlungen ausdrücklich auch auf das Wohl der Gesellschaft als Ganzes richten. Sie müssen also zwischen den Bedingungen und Erfordernissen einzelner Menschen, Gruppen und Organisationen sowie denjenigen der Gesellschaft ein Gleichgewicht finden. Daher müssen sie Zielkonflikte erkennen und mit ihnen im Dienste der Öffentlichkeit verantwortlich umgehen.

Gegenwärtig müssen Bildungsinstitutionen und ihre Führungsverantwortlichen veränderten ökonomischen Rahmenbedingungen (z.B. wachsender Ressourcenknappheit, stärkerer Leistungs- und Wettbewerbsdruck, Forderung nach systematischer Qualitätssicherung und -kontrolle) Rechnung tragen und den damit verbundenen vielfältigen Herausforderungen begegnen. Dazu gehören auch die kompetente Umsetzung innovativer und kreativer Lernformen und die Entwicklung einer zeitgemäßen Lern- und Dialogkultur. Denn Führung von Bildungseinrichtungen bewegt sich in komplexen, teilweise unbestimmten Situationen, die in ein Netz vielfältiger und verwobener Zusammenhänge technischer, sozialer, wirtschaftlicher und kultureller Art eingebunden sind. Über Routineaufgaben hinaus, sind Führungskräfte dabei zunehmend gefordert, einfallsreiche und innovative Lösungen für beständig neue Problemlagen zu finden.

In Anbetracht dieser spezifischen Zusammenhänge werden wir zunächst Widersprüchlichkeiten und Besonderheiten der Führung von Bildungsorganisation aufzeigen. Dabei werden auch die Grenzen einer direktiven Steuerung deutlich. Des Weiteren sollen verschiedene Möglichkeiten von Führungsstilen für Bildungsorganisationen vorgestellt und kritisch diskutiert werden. Im Anschluss an das integrale Modell, welches bereits in Kapitel 4 präsentiert wurde, wird dann abschließend ein integrales Orientierungsmodell für eine zeitgemäße und nachhaltige Führung in Bildungsorganisationen dargestellt.

6.2 Besonderheiten der Führung von Bildungsorganisationen

6.2.1 Lose Kopplung und Widersprüchlichkeiten in der Führung

Bildungsorganisationen können – wie bereits zuvor angedeutet – tendenziell als „lose gekoppelte Systeme" (Weick 1976; Orton/Weick 1990) verstanden werden, was für deren Führung weitreichende Konsequenzen hat. Denn dies bedeutet, dass sie Einheiten repräsentieren, die vor allem durch eine gleichzeitige interne Vielfalt und eine relative, wechselseitige Unabhängigkeit ihrer Untereinheiten gekennzeichnet sind. Zwar sind diese Untereinheiten (Individuen, Schulklassen, Abteilungen, Departments u.a.) alle in eine formale Struktur eingegliedert. Dies bedeutet aber keinesfalls, dass sich die tatsächlichen Entscheidungsabläufe, Macht- und Kooperationsbeziehungen regelmäßig entlang jener Linien und Einheiten bewegen, die das formale Strukturbild der Organisation prägen. Mit dem Bild der „losen Koppelung" soll außerdem zum Ausdruck gebracht werden, dass diese Systeme einerseits Bestandteile einer rationalen Ordnung umfassen, dass aber andererseits die Systemelemente und die Beziehungen zwischen diesen zugleich Gegenstand spontaner, ungeplanter und konfliktärer Veränderungen und Entwicklungen voller Überraschungen, irrationaler Erfahrungen und Unwägbarkeiten sein können (Orton/Weick 1990: 204f.). Wenn Bildungseinrichtungen demnach gleichzeitig offen und geschlossen, unbestimmt und rational, spontan und entscheidungsorientiert sind, muss dies die Führung dieser Einrichtung nicht nur berücksichtigen, sondern ist dies Teil dieser Verfasstheit.

Die dialektischen Unbestimmtheiten und Besonderheiten entstehen nicht – wie technokratische Rationalitätsmythen dies zuweilen glauben machen – aufgrund irgendwelcher Defizite wie z.B. unzureichenden Zielvorgaben, zu geringer oder zu wenig effizienter Planung, zu schwacher Führung, unzulänglicher Steuerung und Kontrolle oder einer zu „schwachen" Organisationskultur. Sie ist vielmehr Ergebnis von unvermeidbaren strukturellen und interpersonellen Widersprüchen und Mehrdeutigkeiten. Diese werden nicht zuletzt von den oben bereits erwähnten heterogenen Interessen, der Werthaltigkeit von Bildungsprozessen und den Professionalisierungstendenzen der internen Akteure genährt. Mögliche Widersprüchlichkeiten in Bildungseinrichtungen bewegen sich in folgenden beispielhaften Spannungsfeldern (vgl. u.a. Kappler 1995; Laske/Hammer 1997; Laske 1997):

- Anspruch auf Autonomie, Freiheit und Selbstbestimmtheit von Lernprozessen versus formale und tradierte Vorstellungen von kanonisierten Fachinhalten,
- effiziente Organisation von Lernprozessen und internen Organisationsabläufen versus Sicherung lern- und entwicklungsförderlicher Rahmenbedingungen,

- tauschwertorientierte Aus- und Weiterbildung (Bildungsabschlüsse als Berufsführerscheine oder -eintrittskarten) versus gebrauchswertorientierte Gestaltung von Lernprozessen (Bildung als Beitrag zur Persönlichkeitsentwicklung),
- Förderung kritischen und reflektierten Denkens versus Pflege von kulturellen Traditionen,
- Prozess- versus Ergebnisorientierung,
- Standardisierung versus Differenzierung,
- zunehmende Stofffülle und Zeitknappheit versus steigende Qualitäts- und Effizienzforderungen,
- freier Zugang versus Forderung nach Spitzenleistungen,
- Beachtung des Subsidiaritätsprinzips (Dezentralisierung von Entscheidungen und Schaffung multipler Entscheidungsarenen) versus Programmkoordination usw.

Bildungseinrichtungen sind dynamische Lebenswelten und Systeme mit heterogenen Interessen und Zielen, nicht zuletzt aufgrund fehlender stabiler Präferenzstrukturen und ambivalenter Funktionslogiken (z.B. Notwendigkeit zur gleichzeitigen Beachtung pädagogischer, rechtlicher und ökonomischer Rationalitäten).

Wird diese Vielfalt als konstitutives Element von Bildungseinrichtungen angesehen, ist es entsprechend die Aufgabe von Führung, diese zu erhalten, zu fördern und immer neu auszubalancieren. Gleichzeitig müssen aber auch übergreifende Visionen und Ziele entwickelt und diese durch Überzeugungsarbeit nach innen zu einer verbindlichen Orientierungsgröße gemacht werden. (Wolff 2006: 44) Führungskräfte in Bildungsorganisationen müssen also mit vielfältigen widersprüchlichen Ansprüchen, Erwartungen, Rollen, Konflikten und Anforderungen umgehen. So ist Führung in Bildungsorganisationen geradezu systematisch (Entscheidungs-) Situationen, Handlungslogiken und Widersprüchen ausgesetzt, aus denen es keine eindeutigen oder sicheren Auswege gibt, in denen sie aber dennoch ihre Handlungsfähigkeit beweisen muss (vgl. auch Neuberger 2000).

Wenn Führung in Bildungsorganisationen sich über verschiedene, oft in widersprüchlichen und konfliktreichen Beziehungen stehenden Strategien, Planungen, Steuerungsnotwendigkeiten und „Organisationspolitiken" vollzieht, dann verkompliziert eine solche „Mehrfachkopplung" die Managementaufgabe. Von den Führungskräften erfordert dies eine Art organisationaler „Mehrsprachigkeit". Damit meinen wir, dass – stärker noch als in Wirtschaftsunternehmen mit deren parallelen „Sprachen" und Denkmustern (z.B. der Ingenieure, der Vertriebsleute, der Controller usw.) – in Bildungsorganisationen Vermittlungsleistungen zwischen sehr unterschiedlichen wertbehafteten Positionen zu erbringen sind. So umfasst etwa Bildungsmanagement sowohl ein *dispositives Management,* also ein planerisches, organisatorisches, geschäftsführendes Gestalten und Steuern von Bildungseinrichtungen und -maßnahmen, wie auch ein *pädagogisches Management* mit dem Fokus auf pädagogisch-didaktische Gestaltung der Bildungsarbeit und der sozialen Beziehungen durch Personal- und Organisationsentwicklung für eine Lehr-Lern-Kultur (Decker 1995).

> **Einladung zum Nachdenken**
> Nehmen Sie noch einmal Bezug auf Ihre eigene Organisation: Welche Widersprüche würden Sie dort sehen, die sich nicht einfach als „sonderbares Verhalten" einzelner Organisationsmitglieder einstufen lassen?

Welche Konsequenzen lassen sich aus diesen ersten Ausführungen für die Gestaltung von Führungsprozessen in Bildungsorganisationen ableiten? Grundsätzlich definiert der organisationale Kontext die Spielregeln; er bildet den übergeordneten Rahmen, innerhalb dessen und nach dessen Regieregeln Führung stattzufinden hat. Herkömmliche bürokratische Vorstellungen über die Ordnungsmäßigkeit und die planmäßige Gestaltung von Abläufen und Strukturen und die zuweilen spontan-anarchischen, aber dennoch funktionalen, weil flexibilitätsfördernden Verhaltensweisen in Bildungseinrichtungen, müssen fast zwangsläufig miteinander kollidieren. Führung in Bildungsorganisationen stellt damit eine komplexe Form der Einflussnahme bzw. Intervention dar, deren Folgewirkungen – einschließlich der nicht geplanten Effekte – weder im Vorhinein unbedingt identifizierbar noch kalkulierbar sind. So basiert beispielsweise die Logik der „Universität" als organisierter Anarchie – mit ihren Interaktionen, Handlungsprogrammen und Strukturen – auf einer paradoxen Verfasstheit: „Die Paradoxie als Grundmuster durchwirkt letztlich alle Strukturen und alles Handeln in Universitäten, ist konstituierend für ihre Wirklichkeit. Und dies mehr als in Unternehmen: das Produkt von Universitäten ist schließlich Bildung und Komplexion der Modus ihrer Produktion" (Scheytt/Meister-Scheytt 2000: 423).

Aufgabe einer professionellen Führung in Bildungsorganisationen ist es daher, deren paradoxe Verfasstheit zu erkennen und zu akzeptieren und ihre Widersprüchlichkeiten praktisch zu bearbeiten. Führungsverantwortliche und „Führungssysteme" müssen auf diese Dilemmata und Interessensvielfalt kreative Antworten finden. Nur so können sie mit den aktuellen Herausforderungen wirkungsvoll umgehen und eine zeitgemäße und zukunftsweisende Führungspraxis verwirklichen.

6.2.2 Führung in Bildungsorganisationen zwischen symbolischer und materieller Ebene

In der Organisationstheorie haben sich vor allem Meyer und Rowan (1977) damit befasst, wie widersprüchlich verfasste Systeme auf Mehrwertigkeiten und Paradoxa reagieren. Sie haben festgestellt, dass (auch) zielpluralistische (Bildungs-) Institutionen dazu neigen, diese Problematik durch Herausbildung einer Art „Zweiebenen-Organisation" zu bewältigen, und bezeichnen entsprechende Strategien als „decoupling", d.h. als Entkoppelung von formalen Strukturen und Handeln (Meyer/Rowan 1977: 356).

Die erste der beiden Ebenen kann als *symbolische Ebene* identifiziert werden. Danach sehen sich Organisationen veranlasst, eine Rationalitäts- oder Legitimationsfassade zu entwickeln, die nach Innen und gegenüber der Umwelt verdeutlicht, dass alles Handeln und Verhalten der „guten" Ordnung entspricht und es für Dritte keinen Grund gibt, von außen in das System einzugreifen. Es geht also gewissermaßen um den Aufbau und die Sicherung des „schönen Scheins" von rationaler Planung, sorgfältiger Mittelverwendung oder verantwortungsbewusster Mehrung anvertrauter Werte. Formale Rechenschaftslegung und Bilanzierung (accountability), mediale (Erfolgs-) Berichte oder die sichtbare Dokumentation regelgerechten Verhaltens sind nur einige Beispiele dafür, wie diese Fassade gepflegt und mit „impression management" Legitimation zu gewinnen versucht wird: Der Mythos der Normalität galt schon in der Antike als kluge Kriegslist, wenn beispielsweise in Belagerungssituationen dem Gegner „business as usual" demonstriert wurde.

Symbolisches Handeln allein ist auf Dauer aber nicht hinreichend. Es bedarf nach Meyer/Rowan der Ergänzung durch eine *materielle Ebene*. Dies meint, dass komplexe Organisationen in der Lage sein müssen, immer wieder neu eine Balance zwischen der Differenzierung in Subeinheiten (d.h. Gewährleistung von Buntheit und Vielfalt) sowie deren Koordination und Integration zu finden. Durch die Formalisierung von Strukturen und Abläufen oder durch zentrale Steuerung und Kontrolle allein kann diese Aufgabe nicht gewährleistet werden – Dienst nach Vorschrift (also ein Verhalten, bei dem wirklich *alle* offiziellen Regeln einer Organisation eingehalten werden) gilt in modernen Organisationen heute als effizienteste Form der Sabotage. Notwendigerweise sollten Organisationen deshalb ein weiteres Paradoxon beachten: nämlich die systematische Entwicklung und Pflege jenes „abweichenden Verhaltens", das Systeme erst funktionsfähig macht. Dazu bedarf es u.a. der Freiheit zum Ausbrechen aus vorgegebenen Normen und des Mutes, offizielle Regeln zu ignorieren.

Sowohl die symbolisch-institutionale als auch die materiell-relationale Ebene sollen dazu beitragen, die für die Aufrechterhaltung organisationalen Handelns notwendigen legitimatorischen und materiellen Ressourcen sicherzustellen. Es wird immer wieder behauptet, dass gerade in Phasen intensiver Umweltveränderungen und wirtschaftlicher Engpässe dies eine noch zentralere Aufgabe der Führung in Bildungsorganisationen sei. Vor dem aufgezeigten theoretischen Hintergrund soll diese Frage nun näher behandelt werden. Dabei ist allerdings zu beachten, dass es deutlich zu kurz greifen würde, wenn nun – in (nicht!) bewährter führungstheoretischer Tradition – versucht würde, die Funktionen der Führung in Bildungsorganisationen ausschließlich unter einem personalistischen Vorzeichen zu interpretieren und damit an einer „great-man-Theorie" gebunden zu bleiben. Vielmehr ist es notwendig, Führung als relationalen – also in Beziehungen sich entfaltenden – Prozess in einem integralen Zusammenhang zu begreifen (vgl. Kapitel 6.4).

Erst dann kann die vorherrschende einseitige, personenzentrierte Perspektive von Führung mit ihrem heroischen Stereotyp überwunden werden, wonach Einflussnahme nur in eine Richtung, nämlich jene vom Führenden zum Geführten erfolgt, um „objektive" Zielvorgaben durchzusetzen.

6.2.3 Führung als symbolisches Handeln in verschiedenen Logiken

Unabhängig davon, ob sich Bildungsorganisationen in privater oder öffentlicher Trägerschaft befinden, müssen sie darum bemüht sein, die Wirkungen ihres Handelns und deren Kompatibilität mit den ihr von den verschiedenen Anspruchsgruppen (Stakeholdern) zugeschriebenen Funktionen zu belegen. Im eher selteneren Fall einer rein marktlichen Ausrichtung der Leistungsangebote mag dies noch relativ einfach erscheinen. Allerdings stehen auch hier kurzfristige und langfristige, quantitative und qualitative Aspekte zueinander im Widerspruch; sind klare Ursache-Wirkungszuschreibungen eher dem Griff in die technokratische Trickkiste und vereinfachenden Glaubenssätzen zu verdanken als „tatsächlichen" Kausalbeziehungen – es gilt jedenfalls das Prinzip: „Wirtschaftlicher Erfolg ist Legitimation genug!"

Offenkundig sehr viel schwieriger erscheint die Aufgabe der Legitimationsbeschaffung in jenen Bildungsorganisationen, in denen der Geldcode bislang noch nicht das Sagen hatte bzw. sich seine Stimme wohl in den jährlichen Budgetverhandlungen mit mehr oder weniger Erfolg Gehör zu verschaffen versuchte, im alltäglichen Betrieb dann aber im Vergleich zu den bildungspolitischen Zielen und Ansprüchen eine eher sekundäre Bedeutung erhielt. Zwar müssten die zur Begründung steigender Finanzbedarfe in den öffentlichen Diskussionen bisher vorgebrachten Argumente logisch weiterhin Geltung besitzen (z.B. Bildung als gesellschaftliches Kapital, eine Chance für die Jugend, Mitarbeiter und deren Know-how als wichtigste Ressource eines Betriebes usw.), dennoch muss den veränderten ökonomischen und politischen Rahmenbedingungen und Prioritäten auch symbolischer Tribut gezollt werden – schließlich können gegebene Abhängigkeiten in hierarchisch strukturierten Systemen nur um den Preis machtvoller Eingriffe von oben ignoriert werden.

Es stellt sich allerdings die Frage, wie weit dieser Tribut zu gehen hat? Ist es für die Führung von Bildungsorganisationen wirklich auf Dauer zielführend, sich dem aktuellen ökonomischen Dreigestirn von Rationalität, Effizienz und Produktivität zu unterwerfen? Aus mehreren Gründen mag es auch verführerisch sein, sich der Symbolik des Geldcodes anzupassen: Erstens scheint er sich gegenwärtig den ersten Rang als gesellschaftliches Leitmotiv erkämpft zu haben. Zweitens sind zahlreiche Träger von Bildungseinrichtungen (z.B. Gewerkschaften, Wirtschaftskammern, kirchennahe Institutionen) selbst einem ökonomisch vorgeprägten Legitimationsdruck ausgesetzt, den sie ihren Untereinheiten weitervermitteln. Drittens wirkt die Sprache der Zahlen als weithin akzeptierter Trivialisierungsmechanismus, mit dessen Hilfe die verwirrende Vielfalt und Unübersichtlichkeit der Realität zu ordnen versucht wird. Viertens schließlich stellt das „governing by numbers" ein verbreitetes und vor allem für jene wirksames Machtinstrument dar, die über Art, Gewinnung und Verwendung der entsprechenden Daten befinden (vgl. Rose 1991).

Das Spiel auf der Klaviatur vorwiegend wirtschaftlicher Erfolgskriterien ist für die Führung von Bildungsorganisationen aber nicht unproblematisch, kann doch die Sprache der Ziele nicht neutral bleiben. Wo eine bestimmte Rhetorik zur bestimmenden wird, werden Verhalten und Handeln in Organisationen wirkungsvoll geprägt – der Jargon des Managements punziert gewissermaßen den Weg des Managementdenkens, gibt also dessen Richtung vor. Der zunehmende Stellenwert von Quantitäten und von Input-Output-Relationen als kurzfristige Instrumente der Legitimationsbeschaffung, der Druck, z.B. in Schulen, Weiterbildungseinrichtungen oder Universitäten mit Mengen argumentieren zu müssen (z.B. Zahl und Belegungsquoten von Kursen, Zahl erfolgreicher Abschlüsse und Prüfungen, Menge der Publikationen oder Zahl von Kursabbrechern im Abrechnungszeitraum usw.), weil Qualität in Phasen finanzieller Knappheit keine hinreichende Überzeugungskraft mehr entfaltet, lässt selbst im Bildungsbereich einen Trend zur Massenproduktion aufkommen („massification of education", Gibbons u.a. 1994: 70 ff.), dem kaum mehr wirkungsvoll begegnet werden kann. Management wird so zum Kürzel für Mangelverwaltung, für das Beheben von Kurzschlüssen und deren Folgen, sowie für den Versuch, (finanzielle) Löcher zu stopfen. Die Konsequenz kann allerdings nicht lauten, bildungsbürgerliche Idealvorstellungen wieder zu beleben und die ökonomischen Produktivitätsnotwendigkeiten zu vergessen – zu sehr ist jener zum „institutionalisierten Rationalitätsmythos" (Meyer/Rowan 1977) geworden, der nur um den Preis ernsthafter Legitimationsprobleme zerstört werden kann.

Es wäre naiv anzunehmen, dass diese Entwicklung die ursprüngliche Identität von Bildungsorganisationen unverändert ließe. Die (Vor-)Herrschaft des Geldcodes lässt eindimensional erscheinen, was eigentlich nur aus der Perspektive mehrerer Dimensionen zu verstehen ist – die Vielfalt unterschiedlicher Funktionen von Bildungseinrichtungen wird einfältig zurechtgestutzt: Diese Dominanz droht nämlich die Interessen jener Stakeholder ins Abseits zu verbannen, die stärker auf die pädagogischen und persönlichen Entwicklungsziele in Bildungsorganisationen gerichtet sind. Längerfristig – so kann angenommen werden – dürfte eine derartige ökonomische Vereinseitigung ihrerseits gravierende Legitimationskrisen bewirken.

Gegenüber rein ökonomischen Kriterien und quantitativen Messgrößen sowie rein monetären Controlling- und Steuerungssystemen kommt es in wissensorientierten Organisationen – wie es Bildungseinrichtungen sind – vielmehr darauf an, auch weitere Kriterien verschiedener Anspruchsgruppen und qualitative Dimensionen für die Führung und Steuerung zu berücksichtigen.

Dies setzt allerdings voraus, dass von Seiten der Führung in Bildungseinrichtungen erkannt und transparent gemacht wird, dass diese Organisationen unterschiedlichen Logiken zugleich folgen müssen und dass diese Einsicht auch gegenüber jenen Interessensgruppen vertreten wird, die in der Ökonomisierung von Bildungsprozessen ein probates Rezept sehen. Dies erst bietet die Chance wechselseitiger Anschlussfähigkeit von Organisationen und ihren jeweiligen unterschiedlichen Bezugsgruppen (Mitarbeitern, Leistungsempfängern, öffentlichen Institutionen, Geldgebern, Massenmedien usw.). Führung in Bildungsorganisationen steht damit vor der Aufgabe, gleichermaßen die Identität zu bewahren und zu entwickeln, ein eigenes Profil aufzubauen, wie auch Raum für unterschiedliche Interessen zu lassen sowie gleichzeitig im Innen und nach Außen Grenzen zu ziehen wie durchlässig zu sein

Wir haben zu zeigen versucht, dass Bildungsorganisationen Lebenswelten und Systeme sind, in denen auch ökonomischer Druck bestehende Widersprüche nicht einfach unterdrücken oder beseitigen kann, sondern diese im Gegenteil offenbart und als produktiv zu bearbeitende hervorbringt. Dies beantwortet vielleicht die Frage, was als die Kunst professioneller Führung in Bildungsorganisationen zu bezeichnen ist. Im Weiteren werden wir daher nach einer Beschreibung von verschiedenen Führungsstilen, Möglichkeiten einer integralen Führung in Bildungseinrichtungen näher beleuchten.

6.3   Führungsstile in Bildungseinrichtungen

Wie bereits deutlich wurde, ist Führung ein komplexer Prozess. Dieser wird vom Verhalten und Handeln einer Führungskraft ebenso bestimmt wie durch das Verhalten und Handeln der Mitarbeiter, durch die jeweiligen Aufgaben und durch die Bedingungen der Organisation. Bevor wir die verschiedenen Dimensionen in einem integrativen Zusammenhang betrachten, konzentrieren wir uns zunächst auf mögliche Führungsstile. Aus dem breiten Spektrum des möglichen Führungsverhaltens stellen Führungsstile idealtypische Kombinationen mehrerer Komponenten dar. Diese sind nicht situations- und personenübergreifend konstant, sondern variieren in Abhängigkeit von situativen Faktoren (z.B. der Qualifikation der Geführten oder der Aufgabenart). Ein Führungsstil drückt damit längerfristig gültige, wiederkehrende Werte, Denk- und Verhaltensweisen und Merkmalskonstellation in den Beziehungen zwischen Führenden und Geführten aus, die deshalb nur schwer und über längere Zeit hinweg veränderbar ist. Es können mit Wunderer (2003: 203ff.) verschiedene Führungsstile unterschieden werden. Diese bewegen sich zwischen einer pro-sozialen Dimension (Teilnahme) und einer Machtdimension (Teilhabe) von Führung. Die Machtdimension der Führung umfasst die dem Mitarbeiter eingeräumte Entscheidungsbeteiligung beziehungsweise Autonomie; sie bringt gewissermaßen den Steuerungsanspruch der Führungsperson zum Ausdruck. Dagegen charakterisiert die pro-soziale Dimension der Führung die zwischenmenschliche Qualität der Führungsbeziehung, insbesondere das Ausmaß an wechselseitigem Vertrauen, gegenseitiger Unterstützung und Akzeptanz. Folgende Abbildung zeigt zunächst das Spektrum im Überblick:

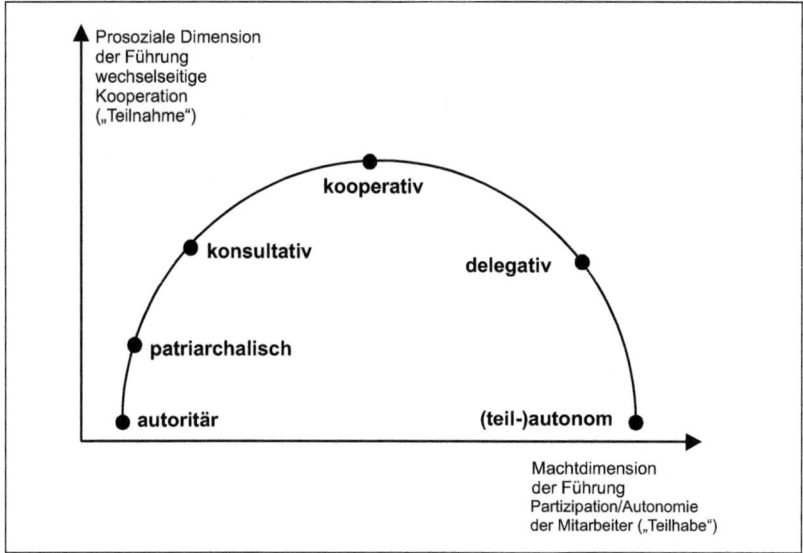

Abbildung 19:
Führungsstiltypologie nach Wunderer (2003: 210)

Bei diesen Führungsstilen handelt es sich um Idealtypen, die als vorläufige Beschreibungskategorien für Theorie und Praxis verständnis- und erkenntnisfördernden (Orientierungs-)Wert besitzen. Da sich die Stile in einem Kontinuum bewegen, sind die Grenzen zwischen den einzelnen Führungsstilen fließend. Je nach Typus der Bildungsorganisation und je nach aktuellen Erfordernissen werden Führungskräfte in verschiedenen Führungsphasen oder Situationen unterschiedliche Führungsstile anwenden. Denn je nach Kontext und Art von Bildungsinstitution erfüllen verschiedene Stile mehr oder weniger die Erwartungen der Mitarbeiter oder verändern deren Einstellungen. Da sich reales Führungs- und Kooperationsverhalten stets aus der Interaktion von Situation und Personen ergibt, ist eine Generalisierung oder Idealisierung eines „besten" Führungsstils grundsätzlich weder sinnvoll noch überhaupt möglich. Andererseits hilft eine differenzierte und polarisierende Diskussion des Verhaltenskontinuums angemessene Führungsstiloptionen (vgl. Weibler 2001: 292ff.) genauer zu beurteilen. Im Folgenden werden nun die einzelnen Führungsstile – in Anschluss an Wunderer (2003: 203ff.; vgl. auch Wunderer/Küpers 2003: 423ff.) – vorgestellt und hinsichtlich ihrer Bedeutung für Bildungseinrichtungen diskutiert.

6.3.1 Autoritär-patriarchalische Führung

Autoritäre Führung auf der Machtbasis formaler Hierarchie galt lange Zeit als wichtigster Steuerungs- und Koordinationsmechanismus in Unternehmen. Sie soll schnelle Entscheidungen bei Problemen und Durchsetzung von Lösungen sichern. Über ein allgemein akzeptiertes System von Übergeordneten und Weisungsempfängern werden stark arbeitsteilig differenzierte Wertschöpfungsprozesse organisiert. Die hierarchische Führung soll dabei die Transaktionskosten reduzieren, also die Kosten der Information und Kommunikation, die zur Vorbereitung, Durchführung und Überwachung von funktionalen Arbeitsprozessen erforderlich sind. Konstruktive Aspekte eines autoritativen Stils (z.B. Orientierung durch klare Richtungsvorgabe, Katalysatoreffekt durch Herausforderung) kommen im Rahmen von Bildungsorganisationen nur in Ausnahmefällen – etwa bei hemmender Orientierungslosigkeit oder problematischen Krisensituationen – zur Geltung. Ein autoritäres Vorgehen ist nämlich mit den meist demokratisch verfassten Bildungseinrichtungen, z.B. kollegiales oder rotierendes Führungssystem, i.d.R. nicht vereinbar. Zudem sind mit autoritärem Führungsverhalten besondere Gefahren verbunden. Dies gilt insbesondere bei gegenläufigen Erwartungen der Mitarbeiter: Selbstbewusste Experten und Fachleute lassen sich nämlich kaum nach dem Prinzip von Befehl und Gehorsam steuern. Unabhängig von der grundlegenden Werteproblematik stößt eine autoritäre Führung dort an Grenzen, wo selbstständiges und kreatives Denken und Handeln der Geführten eine funktionale Notwendigkeit darstellt. Diese Art von Führung sollte daher nur in Situationen, die durch Krisen, Unsicherheiten, Unklarheiten oder großen Zeitdruck gekennzeichnet sind, bzw. bei radikal notwendigen Restrukturierungen eingesetzt werden, die nur durch die (temporäre) Herstellung von Eindeutigkeit und Widerspruchsfreiheit überwunden werden können.

Einladung zum Nachdenken
Autoritäre Führung ist häufig mit der Erzeugung von Angst verbunden. Ein bekannter pädagogischer Grundsatz lautet: Angst macht dumm! – Ob man den Satz auch umkehren kann: (Nur) „Dumme" machen Angst!?

6.3.2 Konsultative Führungskonzepte

Bei konsultativer Führung werden Mitarbeiter, vorwiegend auf Initiative des Vorgesetzten, beratend tätig. Dabei sind das zwischenmenschliche Vertrauen, die Interaktion wie auch die Entscheidungspartizipation geringer ausgeprägt als bei der im Weiteren beschriebenen kooperativen Führung. Eine selbst initiierte Einflussnahme durch Mitarbeiter wird nicht besonders erwartet bzw. geleistet. Konsultative Führung bleibt damit eine Art „reaktive" Beratung der Führungskraft. Immerhin aber avanciert der Mitarbeiter beim konsultativen Führungsstil zum „Mit-Denker", der nicht – wie bei autoritärer und patriarchalischer Führung – überwiegend ausführt, sondern auf Anforderung oder Einladung beratend mitwirkt.

Konsultative Führung kann zur Entscheidungsvorbereitung sowie bei Problemen und Konflikten bei der Umsetzung von Restrukturierungsmaßnahmen in Bildungseinrichtungen eingesetzt werden. Vorgesetzte werden so in ihrer Urteilsbildung unterstützt und können zugleich mögliche Bedenken und potenzielle Implementierungswiderstände bei Mitarbeitern erkennen. Konsultative Führung ist besonders in folgenden Situationen erfolgreich:

- Mitarbeiter erwarten mehr Fremd- als Selbststeuerung und verfügen allenfalls über mittlere Fachqualifikation und Berufserfahrung.
- Die Führungskraft hat gute Fachkenntnisse und Einblick in die Arbeit der Mitarbeiter.
- Organisations- und Führungskultur weisen zentralistisch-autokratische Züge auf.
- Es bestehen einfache, wenig komplexe und entkoppelte Prozessstrukturen.
- Die Umweltsituation der Organisation ist turbulent, die Entscheidungs- und Durchsetzungszeit knapp.

Vorteile konsultativer Führung für Bildungseinrichtungen:
- Sie ist ein Vorbereitungs- und Übergangsstil für kooperativ-delegative Führung, der die Mitarbeiter zum Mitdenken anregt.
- Das Spezialwissen von Mitarbeitern z.B. zur Lösung von konkreten Problemen wird besser genutzt.
- Sie verbessert die Entscheidungsqualität von erforderlichen Maßnahmen durch zusätzliche Information und Argumentation.
- Die Mitarbeiterqualifikation wird durch Beschäftigung mit Entscheidungsproblemen der Vorgesetztenebene gefördert.
- Neue Vorgesetzte können sich gezielt und selektiv über Probleme und Konfliktlagen kundig machen, ohne zeitaufwändige Vorbereitungs- und Abstimmungsprozesse zu durchlaufen.
- Relevante Programme des Personalmanagements (z.B. Qualitätszirkel und Vorschlagswesen) werden damit vorbereitet und unterstützt.
- Da konsultative Führung in einer Hand liegt, gewährleistet sie größere Einheitlichkeit von strategischen und operativen Entscheidungen. Die Mitarbeiter wissen, wann und inwieweit sie von sich aus aktiv werden sollen, was zu einem selbst organisierten Engagement beiträgt.
- Der direkte und persönliche Abstimmungs- und Kommunikationsaufwand ist geringer, insbesondere bei schriftlichen Konsultationsverfahren. Weniger qualifizierte Mitarbeiter können leichter eingesetzt werden, was deren Selbstvertrauen stärkt.
- Es ist weniger Kooperations- oder Delegationskompetenz der Führungskraft und geringere Initiative und Einsatzbereitschaft der Mitarbeiter erforderlich und die Entscheidungszeiten sind kürzer.
- Die Vorgesetzten befürchten weniger, die „Kontrolle" zu verlieren. Gleichzeitig werden die Kontrollkosten minimiert. Dennoch können Führungskräfte unerwünschten Beeinflussungsversuchen von Mitarbeitern frühzeitiger begegnen.

Schließlich gilt ganz einfach, dass man nicht a priori davon ausgehen kann, dass Vorgesetzte immer mehr wissen als ihre Mitarbeiter und die gemeinsame Beratung von komplexeren Problemen in der Regel einen Erkenntnisgewinn und einen Zuwachs an Sicherheit mit sich bringt.

Nachteile und Grenzen konsultativer Führung für Bildungseinrichtungen:

- Qualifizierte und initiative Mitarbeiter fühlen sich nicht genügend einbezogen und werden so möglicherweise demotiviert.
- Konsultative Führung kann zur Verschiebung der Verantwortung auf Mitarbeiter führen, besonders bei unangenehmen oder kritischen Entscheidungen der Führungskraft.
- Die Einbeziehung von Mitarbeitern in Entscheidungsprozesse kann in eher autoritären Kulturen auch als Schwäche der Vorgesetzten ausgelegt werden. Dies kann zu einer Verschlechterung des Verhältnisses zwischen Führungskräften und Mitarbeitern führen.
- Konsultation im Entscheidungsprozess ist meist zeitaufwändiger als autoritäre Führung; sie erfordert von Mitarbeitern eine gewisse Problemlösungskompetenz, von Vorgesetzten die Fähigkeit, sich beraten zu lassen.
- Initiatives, unternehmerisches Verhalten von Mitarbeitern, die versuchen ihre Probleme selbst zu überwinden, wird nur wenig unterstützt.
- Teambildung und Beziehungsgestaltung werden wenig gefördert; diese sind aber für eine nachhaltige Entwicklung von Bildungseinrichtungen wichtig.

Mitarbeiter können bei konsultativer Führung Probleme beratend aufzeigen und bei der Entwicklung von Maßnahmen mitwirken. Sie eignet sich eher bei „niedrigerem Reifegrad" (vgl. Hersey/Blanchard 1988) von Mitarbeitern und Vorgesetzten, in Vorentscheidungsphasen und in spezifischen Stresssituationen. In Bildungsorganisationen und bei deren qualifizierten Mitarbeitern wird das verfügbare Experten-Potenzial jedoch oft nicht wirklich ausgeschöpft. Auch ist konsultative Führung für komplexe Probleme oder umfassende Restrukturierungsmaßnahmen nicht optimal. Sie stellt aber eine geeignete Vorstufe zur Weiterentwicklung in Richtung auf kooperative und delegative Führungsformen dar.

6.3.3 Kooperative Führung

Kooperative Führung baut auf den beiden Führungsdimensionen „Partizipation" und „pro-soziale Beziehungsgestaltung" auf. Während die erste Dimension auf den Grad der Beteiligung am Entscheidungsprozess verweist, bezieht sich die zweite auf die Qualität der interpersonellen Arbeits- und Führungsbeziehungen i.S. partnerschaftlicher bzw. gruppenbezogener Orientierung.

Was sind die Ziele und die Vorteile eines kooperativen Führungsstils? Kooperative Führung will teamorientierte Strategien und Maßnahmen gemeinsam entwickeln und umsetzen. Dahinter stehen die theoretische Überzeugung und die praktische Erfahrung, dass Mitarbeiter ihr individuelles Leistungspotenzial nur dann im Interesse der Organisation zur Entfaltung bringen, wenn die Kultur der Zusammenarbeit durch ein Mindestmaß an Anerkennung und Wertschätzung gekennzeichnet ist und Sinn und Zweck des Handelns in der Organisation klar und individuell anschlussfähig sind. Die Beachtung dieser Mindestbedingungen nachhaltiger Motivation wird umso wichtiger, je unabhängiger ein Mitarbeiter aufgrund seiner dienstrechtlichen Position ist (z.B. Beamtenposition) bzw. je leichter er berufliche Alternativen außerhalb der Organisation finden kann. Dies wiederum hängt nicht zuletzt von seiner Qualifikation und der damit verbundenen Expertenmacht ab. Gerade in Bildungsorganisationen, in denen Mitarbeiter einerseits über spezifisches Expertenwissen verfügen und andererseits aufgrund ihrer Wertestruktur oft sehr ausgeprägte Partizipationserwartungen besitzen, erscheint ein kooperatives Führungsverhalten oft als angemessen und stimmig. Es kann übrigens auch dazu beitragen, dass Mitarbeiter vorübergehend über problematische Arbeitsbedingungen hinwegsehen. Außerdem gelingt es in einem von Kooperation gekennzeichneten Klima i.d.R. sehr viel besser, die unausweichlichen Konflikte in (Bildungs-) Organisationen produktiver zu bewältigen (vorausgesetzt die Beteiligten haben zuvor gelernt, dass Kooperation und offene Kommunikation zwei Seiten einer „Führungsmedaille" darstellen und nicht als organisationsinterner „Nichtangriffspakt" missdeutet werden dürfen).

Allerdings hängt die positive Wirkung kooperativer Führung von der konkreten Ausformung der Beziehungen zwischen Führenden und Geführten in realen Arbeitssituationen ab. Da sie durch eine intensive, vielfach auch informelle Interaktion gekennzeichnet ist, setzt sie eine positive Beziehungsgestaltung und ein hohes Maß an persönlichem Vertrauen voraus. Damit erfordert dieser Führungsstil reife Persönlichkeiten von Führenden und Geführten, die sich insbesondere durch Selbstsicherheit, Offenheit, Toleranz, Spontaneität, Lernfähigkeit, Kritikmündigkeit und Konfliktfähigkeit auszeichnen. Andererseits nimmt kooperative Führung bei hoher Arbeitsteilung und hochstrukturierter Ablauforganisation, bei überwiegender Abwesenheit des Vorgesetzten sowie bei introvertierten Mitarbeitern einen niedrigeren Stellenwert ein, als bei geringer Arbeitsteilung, häufiger Anwesenheit des Vorgesetzten oder extrovertierten Mitarbeitern mit personellen Identifikationsbedürfnissen. Ihre Relevanz wird auch von individuellen Bedürfnis- und Motivstrukturen der Beteiligten beeinflusst. Mitarbeiter, die Bestrebungen zur Konfliktüberwindung erst dann entwickeln, wenn ihre sozialen und personalen Bedürfnisse befriedigt sind, werden auf sie anders reagieren als „Selbstläufer". Vorgesetzte, die kooperative Führung nur als Belohnungskonzept oder Anreizinstrument für erfolgreiche Mitarbeiter interpretieren, gewichten sie anders, als solche, die in ihr einen motivationalen Wert oder ein Mittel für Selbstorganisation sehen.

Gerade weil kooperative Führung oft als sozial erwünscht proklamiert und zu realisierten versucht wird, ist es wichtig, auch ihre Probleme und Grenzen zu berücksichtigen (vgl. auch Wunderer 2003: 224f). Folgende Aspekte sind dazu zu beachten:

- Zu anspruchsvolle kooperative Verhaltenspostulate entmutigen oder überfordern lernwillige und lernbedürftige Mitarbeiter.
- Für erfolgsorientierte, kalkulierende Führungskräfte erscheinen kooperativ gestaltete Führungsaktivitäten nur begrenzt attraktiv, auch weil die Praxis überwiegend nur den monetären Führungserfolg bewertet.

- Es besteht eine deutliche Differenz zwischen hoher Bedeutungseinschätzung durch eine „offiziell" positive Beurteilung und einer wesentlich geringeren Valenz bei der tatsächlichen Bewertung in der Praxis.
- Kooperative Führung wird oft zu wenig operationalisiert. Werden z.B. konkrete Lernziele oder -inhalte nicht definiert, erschwert dies eine Erfolgsbeurteilung.
- Die Verhaltensänderung von Vorgesetzten wird zu stark, jene von Mitarbeitern zu wenig beachtet. Daraus können sich Überforderungen der Vorgesetzten und Unterforderungen der Mitarbeiter ergeben.
- Zur Implementierung von kooperativer Führung werden bei Mitarbeitern vielfältige Fähigkeiten und Fertigkeiten vorausgesetzt, da die zeitlich strikte Trennung von Entscheidungsfindung und Umsetzung entfällt.
- Die Einführung kooperativer Orientierung wird auch durch mangelnde soziale Kompetenzen der Führungskräfte behindert, die bisher als „Alleinherrscher" die Mitarbeiter als reine Befehlsempfänger behandelten und bei diesen eine „gelernte Abhängigkeit" erzeugten.
- Mangelndes Vertrauen der Vorgesetzen, der Mitarbeiter sowie der Gruppenmitglieder untereinander für eine kooperative Orientierung schränken deren Umsetzung ein.
- Werden Erwartungen bezüglich kooperationsorientierter Führung nicht erfüllt, kann dies zu problematischen Folgewirkungen führen – etwa zum Rückfall in autoritäre Verhaltensweisen von Vorgesetzten, wenn Mitarbeiter die ihnen angebotenen Spielräume nicht rasch in der vom Vorgesetzten erwarteten Weise nutzen.

Als Fazit kann festgehalten werden: Die Praxis einer kooperativen Führung in Bildungseinrichtungen ist sinnvoll und entspricht den veränderten Werthaltungen von Mitarbeitern im Hinblick auf Selbststeuerung, partnerschaftliche Strukturen und Beziehungen. Auch korrespondiert sie mit neuen Formen der Organisations- und Arbeitsgestaltung in modernen Bildungsinstitutionen und trägt zur Prävention und Überwindung von Demotivation bei (vgl. Wunderer/Küpers 2003: 341).

Allerdings ist kooperative Führung sozial voraussetzungsvoll; d.h. sie stellt hohe Ansprüche an die Organisations- und Kommunikationsstruktur sowie die Qualifikation und Persönlichkeitsentwicklung aller Beteiligten. Die Attraktivität kooperativer Orientierung hängt immer auch von der Situation und der Aufgabenart ab. Möglichkeiten einer kooperativen Führung in Bildungsreinrichtungen müssen daher situations- und aufgabenspezifisch anwendbar sowie mit der bestehenden Kultur der jeweiligen Institution vereinbar sein. Schließlich ist nicht zu vergessen, dass wir auch in Bildungsorganisationen auf Akteure stoßen, die aufgrund ihrer Erziehung und Lebenserfahrungen eher kompetitiv ausgerichtet sind und die Arbeitskollegen als Rivalen um knappe Ressourcen oder Positionen wahrnehmen. Zudem tragen auch die zunehmend rauen Verhältnisse im Alltag von Bildungseinrichtungen dazu bei, dass das Ideal einer von Vertrauen getragenen Kooperationskultur nicht immer einfach zu realisieren ist. Insbesondere beim Fehlen der Voraussetzungen kooperativer Führung ist daher eine Kombination von kooperativer und delegativer Führung erfolgversprechender.

6.3.4 Delegative Führung

Dem lateinischen Ursprung entsprechend – „delegare" heißt zuweisen, übertragen, anvertrauen – kann Delegation als eine Übertragung von Rechten und Pflichten verstanden werden. Delegation im Kontext von Organisation bezieht sich zumeist auf eine vertikale Übertragung von Aufgaben, Kompetenzen und Verantwortung. Mit ihrer Aufgaben- und Zielorientierung ist diese Art von Führung gerade im Zusammenhang der Arbeitskoordination in Bildungseinrichtungen besonders geeignet. Führungskräfte und Mitarbeiter arbeiten dabei unabhängiger bzw. selbst-ständiger und führen gemeinsame Entscheidungsaktivitäten planmäßiger und systematischer durch. Die für den kooperativen Führungsstil charakteristische Gemeinsamkeit bei der Entscheidungsfindung und Umsetzung im Team ist weniger ausgeprägt. Da bei ihr die wechselseitige Interaktion geringer ist, muss bereits eine positive soziale Beziehung zwischen den Beteiligten bestehen. Ist diese gegeben, bietet sie für qualifizierte Mitarbeiter vielfältige Möglichkeiten einer selbst organisierten Tätigkeit.

Aufgaben- und zielorientierte Delegationskonzepte

- **Aufgabenorientierte Delegationskonzepte**

Eine aufgabenzentrierte Delegation bestimmt transparente, weitgehend personen-unabhängige und zeitlich generalisierte Handlungsbereiche, die sich oft in schrift-lich fixierten Strukturregelungen widerspiegeln (z.B. in Stellenbeschreibungen). Über detaillierte Aufgabenmerkmale (z.B. Aufgabenvariabilität oder -komplexität) wird der Entscheidungs-, Weisungs- und Verantwortungsumfang der jeweiligen Position festgelegt. Damit erhalten Mitarbeiter klar definierte Aufgabenbereiche mit abgestuften Kompetenzregelungen. So wird eine effiziente Aufgabenorientie-rung und -erledigung unterstützt (i.S. „Ich weiß, was ich tun muss und tun darf"). Eine nur bürokratische Delegation von Aufgaben blendet aber leicht persönliche Belange und Interessen, Vertrauen sowie Entwicklungsmöglichkeiten aus. Auch die Rückbindung an das Gesamtsystem ist nur teilweise gewährleistet: Mit klarer Aufgabenregelung sind nur Mittel zur Zielerreichung definiert, ohne die politische Ausrichtung (v.a. die Zielbildung) zu berücksichtigen.

- **Zielorientierte Delegationskonzepte: Transaktionale Führung**

Theorien zur Zielsetzung haben den Zusammenhang von Zielniveau, Akzeptanz der Ziele, Leistungshöhe und Zufriedenheit untersucht. Ausgewogene persönliche und berufliche Ziele und eine systematische und offene Rückmeldung über den Stand der Zielerreichung sind auch für hoch leistungsorientierte Mitarbeiter ent-scheidend. Dagegen begünstigen unspezifische, nicht herausfordernde oder über-fordernde Ziele eine „Low-Performance-Haltung" des Personals. Fokus der „trans-aktionalen Führung" ist es, dem entgegenzuwirken. Dieses Delegationskonzept wird nun genauer vorgestellt.

- **Definition und Merkmale transaktionaler Führung**

Transaktionale Führung umfasst die Klärung von Zielen und Wegen der Aufgabenerfüllung sowie leistungsbezogene Belohnungen. Dabei werden Werte und Bedürfnisse der Geführten als relativ feste Größe berücksichtigt. Nach einer Überprüfung
der Zielverträglichkeit (z.B. Arbeits- versus Mitarbeiterziele) werden Ziele möglichst klar definiert und (z.B. als Programme) operationalisiert. Entsprechend der
prozessorientierten Motivationstheorie hängt die Zielerreichung von Erfolgswahr-
scheinlichkeit, Valenz und Instrumentalität ab. Die Valenzen von Zielen und
Wegen zu ihrer Erreichung können intrinsisch oder extrinsisch sein. Ersteres ist
gegeben, wenn die Befriedigung unmittelbar in der Tätigkeit oder im Leistungs-
ergebnis liegen; letzteres, wenn sie durch Vermittlung, also indirekt über
gesonderte Anreize erfolgt.

- **Ziele und Merkmale transaktionaler Führung**

Transaktionale Führung
- geht von aktuellen Bedürfnissen und Präferenzen der Mitarbeiter aus und
  unterstützt sie (z.B. durch Information oder Qualifizierung),
- setzt an der Erwartung an, dass mehr Leistungseinsatz zu mehr Belohnung
  führt und sorgt für eine Übereinstimmung zwischen Erwartungen und Gegenleistungen,
- ist mit der Leistung der Mitarbeiter zufrieden, solange alles seinen geplanten
  Gang geht und ist daher nur in Phasen schrittweiser Veränderungen zweckmäßig,
- wirkt mit, spezifische Problemsituationen zu verändern, um Ziele zu erreichen,
- gibt Rückmeldungen über Fortschritte der Mitarbeiter und drückt Anerkennung aus,
- bietet Belohnungen und Anreize als Verstärkung von spezifischen Verhaltenserwartungen.

Bei der Vergabe von Belohnungen orientiert sich der transaktional Führende an
den Bedürfnissen und Präferenzen des Geführten. Eingegriffen wird von Seiten des
Führenden nur bei unbefriedigenden Ergebnissen bzw. auf Wunsch des Mitarbeiters (i.S. „Management by Exception"). Die Prinzipien der transaktionalen
Führung hängen eng mit der Logik des Management by Objectives (MbO) zusammen. Typisch für diesen Ansatz ist der Aufbau einer Zielhierarchie in einem ver-
schränkten „Top-Down- und Bottom-Up-Vorgehen". Oberziele werden dazu in
Subziele zerlegt und den verschiedenen hierarchischen Ebenen und Abteilungen so
zugeordnet, dass das Unternehmen insgesamt über ein inhaltlich abgestimmtes
Zielsystem geführt wird.

- **Ziel- und ergebnisorientierte Führung**

Der transaktionale Ansatz und das „MbO" finden ihre Umsetzung in einer Führung durch Zielvereinbarung. Diese bestimmt über Standardaufgaben hinaus Maßstäbe für den Leistungsbeitrag, klärt erforderliche Ressourcen und mögliche

Erfolgsanteile zur Zielerfüllung. Darüber hinaus hat sie folgende Funktionen, die gerade für Bildungsorganisationen besonders wichtig sind (vgl. Becker 2005: 364):

- **Empowerment** (z.B. Schaffung kreativer Freiräume und Verbesserung autonomer Handlungsentscheidungen und -spielräume)
- **Orientierung** (z.B. Festlegung von zielorientierten Meilensteinen, Meldepunkten, Rücksprachterminen und Unterstützungszusagen)
- **Information** (z.B. rechtzeitige und ausreichende Bereitstellung von Informationen zur zielorientierten Erfüllung der angestrebten Leistungen, Schaffung von Offenheit und Vergleichbarkeit der Leistungsstandards)
- **Motivation/Aktivierung** (z.B. Initiierung von Engagement und Verantwortung für selbst organisierte Tätigkeiten)
- **Optimierung** (z.B. Vereinbarung von herausfordernden Zielen mit der Möglichkeit der Übererfüllung)
- **Qualifizierung** (z.B. Förderung von Fach-, Methoden- und Sozialkompetenz sowie emotionalen Kompetenzen und damit eines Kompetenzerlebens)
- **Lokomotion** (z.B. Vereinbarung von attraktiven, materiellen und immateriellen Leistungsanreizen)
- **Beurteilung** (z.B. durch Maßstäbe für die zu erbringende Leistung und die geforderten Verhaltensweisen)

In integrierten Zielsystemen werden Ziele gemeinsam erarbeitet, ausgewählt und vereinbart. Zur praktischen Umsetzung gemeinsamer Zielvereinbarung und -beurteilung dient das Mitarbeitergespräch (vgl. Jetter/Skrotzki 2000). Wichtig ist dabei, dass der Mitarbeiter seine Kenntnisse, Möglichkeiten und Bedingungen aktiv und konstruktiv einbringen kann. Anstelle einer fremdbestimmten Zielvorgabe, bei der Zielgrößen für Umsatz, Termine und Verhaltensweisen vorgegeben werden, werden hier Ziele gemeinsam entwickelt. Dabei sind nur jene Einflussgrößen und Ergebnisse zu berücksichtigen, die der Mitarbeiter selbst beeinflussen bzw. mitgestalten kann. Zudem sind Gesprächsinhalte zur Operationalisierung von Zielvereinbarungen im Mitarbeitergespräch situationsgerecht dem Reifegrad der Unternehmung, der Führungskräfte und der Mitarbeiter anzupassen. Die Führungskraft überprüft im gemeinsamen Gespräch die persönlichen Zielvorschläge auf ihre Vereinbarkeit mit übergeordneten Zielen (z.B. der Abteilung oder Unternehmung) und schlägt Korrekturen oder Ergänzungen vor. Ist der Zielbeitrag bestimmt, können Prioritäten festgelegt und Aufgaben spezifiziert werden. Bei Zielvereinbarungen in Bildungsorganisationen ist es nicht immer einfach, eine eindeutige Messbarkeit von Zielen zu ermöglichen; dies macht es auch schwierig (und sozial voraussetzungsvoll), am Ende der Planungsperiode festzustellen, inwieweit diese meist qualitativen Ziele tatsächlich erreicht worden sind. Daher ist eine kontinuierliche Kommunikation und ein andauerndes Feedback über Machbarkeit, Maßnahmen oder Einflussgrößen zur Zielerreichung notwendig; auch kurzfristige Zielkorrekturen können sich als sinnvoll erweisen. Insbesondere ein 360° Feedback dient auch zur Entwicklung integraler Praktiken (vgl. Cacioppe/Albrecht 2000).

- **Vorteile ziel- und ergebnisorientierter Führung**

Wer den größeren Zielzusammenhang und Kontext überblickt, in den seine Arbeit eingeordnet, ist sowie über Prioritäten und Ressourcen zur Aufgabenerfüllung verfügt, ist auch bereit, Energien in seiner beruflichen Tätigkeit zu mobilisieren. Wenn ein Mitarbeiter seinen Beitrag als wichtig, wertvoll oder sogar unverzichtbar im Hinblick auf die übergeordneten Ziele empfindet, wird er sich eher für das gemeinsame Gelingen einsetzen.

Zielorientierte Führung und Kooperation

Im gelingenden Fall sind mit zielorientierter Führung und Kooperation folgende Effekte verbunden (manchmal sind es aber auch nur Hoffnungen). Sie
- erhöhen die Transparenz der Ziele von Bildungsorganisationen und vermeidet so Ziellosigkeit,
- verhelfen Mitarbeitern zu Rollenklarheit, Rollenakzeptanz, Arbeitszufriedenheit und erhöhter Leistung,
- stärken die Bereitschaft zur (Re-)Identifikation,
- entlasten Führungskräfte durch Partizipation der Mitarbeiter bei Zielbildung und fördern die Akzeptanz und Effektivität von Maßnahmen,
- fördern eine höhere Selbstständigkeit der Geführten in der Zielumsetzung und unterstützen Selbstorganisation,
- vermeiden eine negative Eskalation von Konflikten,
- eröffnen Zugänge zu neuen Betätigungsfeldern und Handlungsspielräumen,
- ermöglichen eine ziel- und ergebnisorientierte Bewertung und lässt Selbstwirksamkeit erleben,
- fördern das Engagement durch die bessere Kenntnis der Ziele,
- reduzieren die Konfliktwahrscheinlichkeit durch die intensivere Mitwirkung der Mitarbeiter schon bei der Zielvereinbarung und -entwicklung,
- fördern die Leistungsbereitschaft von Mitarbeitern durch eine verstärkte Selbstkontrolle über die Zielerreichung.
- entlasten Führungskräfte von operativen Entscheidungen,
- reduzieren Ungleichheitsempfindungen und fördern Zufriedenheit aufgrund einer transparenteren (Leistungs-)Entlohnung.
- erleichtern die Identifikation von Ursachen für positive oder negative Zielabweichungen, dies wiederum fördert ein personales und organisationales Lernen.

Vor allzu überzogenen Erwartungen gegenüber dieser Art von Führung muss allerdings gewarnt werden. Selbstverständlich gibt es auch mögliche Schattenseiten, die mit in das Kalkül einbezogen werden müssen. Mögliche Grenzen und Probleme zielorientierter Führung sind z.B.:
- Der Geführte wird als kühl und rational kalkulierender Entscheider („homo oeconomicus") angesehen, der sich vorwiegend über *extrinsische* Anreize steuern lässt, was leicht wichtige emotionale Dimensionen und *intrinsische* Orientierungen vernachlässigt.

- Voraussetzungen in der Organisationsstruktur, im Verhalten und hinsichtlich der Kompetenzen von Führungskräften bzw. der Bereitschaft der Mitarbeiter zur Verantwortungsübernahme sind nicht immer gegeben.
- Es wird unterstellt, dass Führende die Präferenz- und Bedürfnisstrukturen sowie die Situation und Pläne einzelner Mitarbeiter kennen und in angemessener Weise darauf reagieren. „Subjektive" Daten erschweren aber die Gestaltung transaktionaler Führungsbeziehungen.
- Es werden nur zweiseitige Führende-Untergebenen-Beziehungen oder der individuelle Standpunkt des Geführten beachtet. Es gibt aber Situationen, in denen andere Bedingungen (z.B. Kollegeneinflüsse, Gruppenprozesse, Schulungsmaßnahmen) für Führungskonsequenzen mitverantwortlich sind.
- Die Einstellungen der Führenden werden nicht erfasst.
- Die Interaktion von Führenden und Geführten führt im Zeitverlauf zu Lernprozessen und wechselseitigen Anpassungen der Ziel-Wertigkeiten (Valenzen) und Erwartungen; dies erschwert Verhaltensvorhersagen.
- Es fehlen Messinstrumente zur Evaluation des Führungsverhaltens.

Insgesamt betrachtet ist Führung durch Zielvereinbarung eine oft angemessene Methode der Förderung eigenverantwortlichen Handelns in Bildungsorganisationen, lässt sie doch den Mitarbeitern entsprechende Freiräume. Bei der Umsetzung der vereinbarten Ziele sind allerdings die Besonderheiten, Eigeninteressen und spezifischen Arbeits- und Handlungsbedingungen der Organisation und ihrer Mitglieder zu beachten. Zudem werden bei der Verknüpfung des Zielvereinbarungsprozesses mit variablen Vergütungssystemen diese oft als inkonsistent, widersprüchlich und spannungsgeladen wahrgenommen (vgl. Becker 2005: 373). Für einen integrierten Ansatz sind die transaktionalen Ziel-Weg-Konzepte gerade in Bildungsorganisationen durch eine wertorientierte transformationale Führung zu ergänzen.

Werte- und delegationsorientierte, transformationale Führung

- **Definition und Merkmale**

Werte- und visionsorientierte Delegation bezieht sich auf grundlegende Sinndeutungen, gibt Antworten auf das „Warum" des Handelns und vermittelt Orientierung. Wer die grundlegende Ausrichtung organisationalen Handelns kennt und für sich akzeptieren kann (also z.B. das Leitbild und/oder die Basiswerte einer Bildungseinrichtung), der wird auch seine Entscheidungs- und Handlungsspielräume sinn-voll und im Interesse der Organisation ausfüllen. Oder umgekehrt: wem die Zugehörigkeit zu einer Organisation sinn-los erscheint, der kann sich weder mit der Organisation noch mit seinem Handeln identifizieren. Zur Kommunikation der Visionen oder Missionen können Organisations- und Führungsleitbilder (vgl. Tschirky 1981) eingesetzt werden. Diese müssen jedoch über Ziele und Aufgaben funktions- bzw. positionsspezifisch operationalisiert werden. Eine besondere Anwendung und Umsetzung findet die werteorientierte Delegation in der transformationalen Führung.

- **Transformationale Führung**

In Erweiterung einer transaktionalen Führung stellt die sog. transformationale Führung eine sehr einflussreiche Führungskonzeption dar (Burns 1978; Bass 1985, 1990, 1998), die auch für Bildungseinrichtungen vielfältig untersucht wurde (vgl. z.B. Leithwood et al. 1996; Barnett et al. 2001; Day et al. 2000). Sie ist durch eine systematische Beeinflussung des Ziel-Anspruchsniveaus der Mitarbeiter gekennzeichnet. Transformational Führende heben die Werte und Motive ihrer Mitarbeiter auf eine höhere Ebene. Sie verändern damit deren Bedürfnisse und Präferenzen in einem gewünschten oder erwarteten Sinn. Folgende Auflistung zeigt einige zentrale Merkmale Sinn vermittelnder, transformationaler Führung.

- **Ziele und Merkmale transformationaler Führung**
  - Führung verfügt über eine instrumentelle Zielflexibilität und verfolgt sehr stark eine ideelle Orientierung; damit sollen Mitarbeiter für anspruchsvollere Ziele bzw. höhere Ebenen von Motivation und Moralität sensibilisiert werden.
  - Sie setzt bei den Valenzen von Zielen und Wegen der Mitarbeiter an.
  - Sie versucht, die wertorientierten Bedürfnisse und Präferenzen der Mitarbeiter zu ändern und vermittelt das Gefühl, einer „Berufung" zu folgen.
  - Transformationale Führung vermittelt eine anspornende Zukunftsvision.
  - Sie erweckt durch den Einsatz von Charisma und Identifikationsmacht Stolz darauf, mit der Führungskraft zusammenzuarbeiten.
  - Sie wird als wichtiges Symbol angesehen (z.B. für Erfolg und Leistung), indem sie überzeugend bestimmte Werte vorlebt.
  - Transformationale Führung vermittelt Mitarbeitern die Erwartung eines anzustrebenden Leistungsniveaus.
  - Die Führungskraft versteht sich eher als Coach und steht Mitarbeitern mit Rat zur Seite, wenn diese es brauchen.
  - Sie verlangt von den Mitarbeitern, dass sie ihre Meinungen und Beschwerden oder Vorschläge mit guten Argumenten untermauern.
  - Die Führung gibt den Mitarbeitern Anlass ihre Situation zu überdenken, sie in einem neuen Licht zu sehen und auch selbst zu verändern.
  - Sie veranlasst die Mitarbeiter, Probleme als herausfordernde Lernchance zur Weiterentwicklung zu betrachten und stärkt so ihr Selbstvertrauen.
  - Sie legt viel Wert auf zielgruppen- und situationsspezifische Problemlösungen, bevor Handlungsschritte unternommen werden.
  - Transformationale Führung ist in radikalen Veränderungsphasen am effektivsten.

- **Komponenten wert- und zielverändernder Führung**

Werte- und zielverändernde Führung			
individuelle Behandlung	**geistige Anregung**	**Inspiration**	**persönliche Ausstrahlung**
▪ Mitarbeiter individuell beachten ▪ Mitarbeiter individuell fördern	▪ etablierte Denkmuster aufbrechen ▪ neue Einsichten vermitteln	▪ über eine fesselnde Vision/Mission motivieren ▪ Bedeutung von Zielen und Aufgaben erhöhen	▪ Enthusiasmus vermitteln ▪ als Identifikationsperson wirken ▪ integer handeln
individuell	intellektuell	inspirierend	identifizierend

Abbildung 20:
Komponenten transformationaler Führung (vgl. Wunderer 2003: 244)

Diese Komponenten können von transformationalen Führungskräften in Bildungseinrichtungen spezifisch ausgestaltet werden (vgl. Leithwood et al. 1996). So vermag diese Art von Führung „visionäre" und anregende Inhalte anzubieten sowie emotionale Energien auf die Erreichung gemeinsamer Ziele der Bildungseinrichtung zu fokussieren. Auch können Mitarbeiter durch die Ausstrahlung einer integer und glaubwürdig handelnden Führungsperson aus Krisen herausgeführt werden. Durch die Komponente „geistige Anregung" werden etablierte Einstellungen aufgebrochen und neue Einsichten z.B. zur innovativen Selbstorganisation vermittelt. „Inspiration" kann mit einer Vision („Wir schaffen es") anspornen und die Bedeutung von Zielen für Aufgaben aufzeigen. Schließlich können durch „individuelle Beachtung" Mitarbeiter zielgruppen- und situationsspezifisch in ihren Problemlagen unterstützt werden (vgl. Louis et al. 1999).

- **Vorteile und Möglichkeiten transformationaler Führung**
  - In verschiedenen Untersuchungen wurden der transformationalen Führung – im Vergleich zu anderen Führungsstilen – erhöhte Effektivität und Effizienz bescheinigt (vgl. Seltzer/Bass 1990).
  - Die spezifische Wirkung der transformationalen Führung setzt dort an, wo extrinsische Anreize, Belohnung und Sanktionen oder andere instrumentelle Interventionen an ihre Grenzen kommen (vgl. Bass/Steyrer 1995, Sp. 2054).
  - In Erweiterung transaktionaler Führung, die auf einem rationalen Nutzenkonzept aufbaut und sich auf die kognitive Ebene konzentriert, wirkt transformationale Führung auf den „ganzen" Menschen und die Gesamtpersönlichkeit ein.
  - Statt mit extrinsischen Belohnungen zu locken, weckt sie Begeisterung für sachbezogene Werte, Ziele und Aufgaben.

- Transformational Führende erfüllen auch das Bedürfnis nach Vorbild-funktion, was sich empirisch als sehr wirksam zeigte.
- Schließlich fördert sie eine Wertepraxis, die zu konsistenten Einstellungen mit normativer Verbindlichkeit führen. Damit werden Probleme, die durch Dissonanz und Wertkonflikte verursacht wurden, konstruktiv überwunden.
- Eine transformierte Wertbasis bietet auch längerfristig eine Grundlage für nachhaltiges Engagement.

- **Voraussetzungen, Grenzen, und Gefahren transformationaler Führung**
  - Insbesondere die zwei Komponenten Ausstrahlung und Inspiration erfor-dern sehr selten gezeigte charismatische Führungsbegabungen.
  - „Charisma" ist kaum übertragbar und nur begrenzt lernbar; dazu gibt es Risiken und Missbrauchsgefahren sowie Abhängigkeiten von der Zuschrei-bung durch die Geführten. Auch kann die Dominanz einer charismatischen Führungspersönlichkeit die Effizienz der nachfolgenden Management-ebenen beeinträchtigen, die möglicherweise nicht über die Fähigkeiten strahlender Charismatiker verfügen (vgl. Nadler/Tushman 2004).
  - Es besteht die Gefahr, die Einflussmöglichkeiten der Führungskraft über-zubetonen und eine elitäre „Great Man"-Ideologie neu zu beleben. In An-betracht veränderter gesellschaftlicher Werte sowie der Forderung nach stärkerer Selbststeuerung in Bildungseinrichtungen ist eine solche ein-seitige Konzentration auf eine Führungspersönlichkeit unangemessen.
  - Transformationale Führung kann unkritisch idealisiert werden (vgl. Weibler 1997).
  - Auch kann sich damit die Passivität der Mitarbeiter verstärken. Dies kann besonders der Fall sein, wenn diese sich voll auf die Führungsleistung ihres charismatischen Vorgesetzen ausrichten und damit Eigeninitiativen unter-lassen.
  - Werden Erwartungen durch anspruchsvolle Visionen auf Dauer nicht realisiert, führt dies zu Enttäuschungen oder lähmt Initiativen. Eine Dis-krepanz zwischen Reden und Handeln kann zu Misstrauen führen und zu einer besonders starken Motivationsbarriere werden. Auch sollte eine dominante Vision des Führenden nicht die „kleinen Visionen" der Mit-arbeiter zur Überwindung der eigenen Situation verdrängen.

- **Fazit zur transformationalen Führung**

Erfolgsbedingung transformationaler Führung ist die Einbeziehung und Förderung der Mitarbeit zu selbstbewussten und „mündigen" Organisationsmitgliedern. Solche Mitarbeiter können auch ihre Vorgesetzten in ähnlicher Weise für Ziele und Projekte begeistern, sie also auch transaktional und transformational beeinflussen: Führung ist keinesfalls ein Prozess, der nur von „oben" nach „unten" gerichtet ist! Werden zudem noch ethische Grenzen (vgl. Oelsnitz 1999: 153f.) und situative Bedingungen für Einsatz und Wirksamkeit beachtet, bietet sich die wertorientierte transformationale Führung für eine integrative Führungspraxis in Bildungseinrichtungen an.

In Untersuchungen zur transformationalen Führung in Bildungsorganisationen wurde festgestellt, dass sie zu einer positiveren „Schul-Kultur" beitragen kann (vgl. z.B. Sashkin/Walberg, 1993). Allerdings wurden auch Grenzen und Gefahren einer einfachen Übertragung transformationaler Führung auf Bildungseinrichtungen hervorgehoben (vgl. z.B. Allix 2000; Ball 1987; Gronn 1996; Smyth 1989, 1993). Dies ist insbesondere der Fall, wenn sie als neues Kontrollinstrument eingesetzt wird. Daher gilt es besonders die Wirkungen der transformationalen Führung auf organisationale Bedingungen (vgl. Leithwood/Jantzi 2000) und organisationale Effektivität (vgl. Pounder 2001) sowie auf den Wandel (vgl. Ramsden 1998) von Bildungseinrichtungen zu beachten. Transformationale Führung wirkt in Bildungseinrichtungen zudem oft indirekt durch eine erhöhte Arbeitszufriedenheit (vgl. Griffith 2004). Die Umsetzung transformationaler Führung in Bildungsorganisationen bewirkt letztlich eine breitere Verteilung von Führungsverantwortung, die bis hin zu einer Führungsgemeinschaft (Grace 1995) bzw. „post-transformational leadership" führen kann (West et al. 2000).

- **Fazit zur delegativen Führung**

Delegative Führung mit ihren Prinzipien (z.B. Selbstorganisation, Eigenverantwortung und Ziel- bzw. Ergebnisorientierung) ist für Bildungseinrichtungen überaus relevant. Geeignete Mitarbeiter erhalten damit jene Freiräume, die zur kreativen Bewältigung von Aufgaben oder zur Lösung komplexer Probleme förderlich sind. Zur Realisierung delegativer Führung gibt es zudem spezifische Verhaltensempfehlungen und Leitsätze (vgl. Wunderer 2003: 236f.).

Insgesamt ist delegationsorientierte Führung sehr voraussetzungsvoll und erfordert von den Vorgesetzten die Fähigkeit und Bereitschaft, in ihr eine Chance und keine fachliche und soziale Enteignung ihrer Führungsmacht zu sehen. Notwendig sind vor allem hohes Vertrauen in Fähigkeiten, Verantwortungsbereitschaft, Loyalität und Motivation des Mitarbeiters. Die begrenzte oder fehlende Handlungskontrolle muss durch hohe Selbstkontrolle der Mitarbeiter sowie Ergebniskontrolle des Delegierenden ersetzt werden. Bei vielen Mitarbeitern und (!) Vorgesetzten sind diese Voraussetzungen und Fähigkeiten aber nicht optimal vorhanden bzw. müssen erst erarbeitet oder wieder gewonnen werden. Delegative Führung eignet sich daher nur für hinreichend qualifizierte und motivationsbereite Mitarbeiter und für Vorgesetzte, die bereit und in der Lage sind, Verantwortung weiterzugeben. Übersteigen die Handlungsspielräume die Möglichkeiten des Mitarbeiters, kann es leicht zur Überforderung kommen. Als Instrument ist delegative Führung daher im Einzelfall je nach Reifegrad der Betroffenen zu relativieren, zu spezifizieren und die spezifischen Organisations-, Beziehungs-, Anreiz-, sowie Entwicklungs- und Kontrollsysteme sind jeweils anzupassen.

Auch wenn delegative Führung hohe Anforderungen an die Führenden, Geführten und die Organisation stellt und lange Implementierungszeiten in Anspruch nimmt, wird sie wahrscheinlich vermehrt Einzug in Bildungseinrichtungen finden. Im Kontext wachsender Flexibilitätserfordernisse sowie steigender Qualifikation und Autonomiebedürfnisse der Mitarbeiter auch in solchen Institutionen wird sie noch sehr an Bedeutung gewinnen. Um auch langfristig wirksam zu sein, sollten die Wert-, Ziel- und Aufgabensysteme mit strukturellen und verhaltensbezogenen Aspekten in ein ganzheitliches und integrales Rahmenkonzept integriert werden, das wir nun vorstellen.

6.4 Integrale Führung in Bildungseinrichtungen

Aufbauend auf dem zuvor entwickelten integralen Modell (vgl. Kapitel 4) werden im Folgenden Möglichkeiten einer integralen Führung von Bildungseinrichtungen vorgestellt. Denn auch Führung ist immer eingebettet in einen funktional-strukturellen Systemzusammenhang und beeinflusst die Einzelperson wie die soziale Gemeinschaft und die Organisation. Daher stehen die „intra-subjektive" Sphäre des Bewusstseinsbereichs, die „objektivierte" Sphäre des Handlungs- und Verhaltensbereichs sowie die intersubjektive und interobjektive Sphäre im Kultur-bzw. Systembereich der Führung in einem wechselseitigen Zusammenhang.

Eine solche integrierende Betrachtungsweise entspricht nicht nur den Erfordernissen einer Führung in Bildungseinrichtungen, sondern auch einem zeitgemäßen Führungsverständnis überhaupt. Denn ähnlich wie in der Führungspraxis nimmt auch die Führungsforschung oft eine einseitige, personenzentrierte Perspektive ein. Einem heroischem Führungsstereotyp folgend wird eine einseitig gerichtete Einflussnahme vom Führenden zum Geführten zur Erreichung „objektiver" Ziel- und Zweckverhalte angenommen. Entsprechend wurden die vorherrschenden Auffassungen als individualistisch, objektivistisch und funktionalistisch kritisiert (vgl. z.B. Bass 1990). Oft unterschätzen herkömmliche Führungsverständnisse die vielfältigen und komplexen Erfahrungs- und Einflusszusammenhänge der Führungspraxis und deren Einbettung. Dies wird auch an der lang anhaltenden Vernachlässigung des Leiblich-Sinnlichen und des Ästhetischen (vgl. Küpers 2004) sowie der emotionalen Wirkungen im Führungszusammenhang deutlich (vgl. Küpers/Weibler 2005). Demgegenüber berücksichtigt eine integrale Führung gleichermaßen die individuellen und kollektiven Ebenen wie die Dimensionen des Inneren und Äußeren sowie deren wechselseitigen Zusammenhang. Die folgende Abbildung zeigt – in Anschluss an das integrale Grundmodell (vgl. Kapitel 4) – die verschiedenen Sphären und „Welten" des integralen Führungsmodells.

Jede der dargestellten Orientierungen bzw. Perspektiven würde ohne die anderen unvollständig sein, da alle hinsichtlich ihrer Erhaltung und Entwicklung voneinander abhängen. Was daher erforderlich ist, ist eine Betrachtung, die alle Quadranten, Bereiche bzw. Beziehungsgefüge gleichermaßen berücksichtigt, in denen sich die integrale Führungspraxis von Bildungseinrichtungen vollzieht.

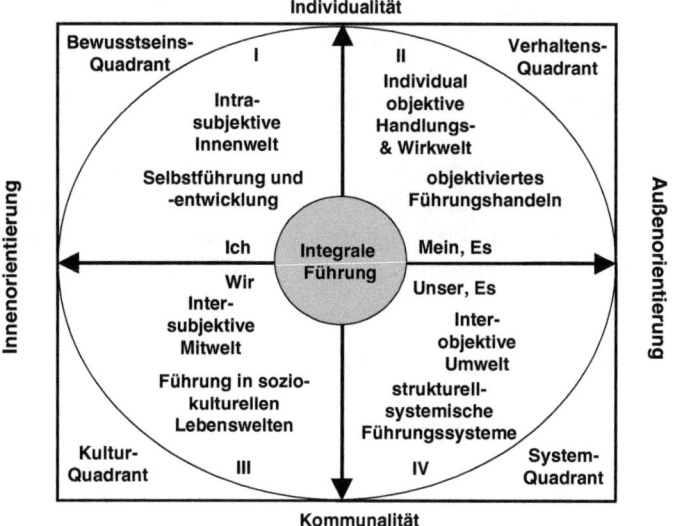

Abbildung 21:
Sphären und Welten integraler Führung

6.4.1 Intra-subjektive Selbstführung und -entwicklung (Sphäre I)

Wie bereits in Kapitel 4 beschrieben, betrifft dieser Innenbereich die individuellen Dimensionen, hier die von Führungskräften. Dies umfasst deren Einstellungen, Werte und Intentionen. Als Wirklichkeit des „Ichs", also der persönlichen Innenwelt, bezieht sich dieser Bewusstseinsbereich u.a. auf die emotionalen und kognitiven Selbstbeziehungen und inneren Werte. Damit gehen auch die (Handlungs-) Bereitschaften, Motivationen und Commitments sowie weitere Dispositionen des Einzelnen einher. Das individuelle wandelbare Wertesystem spiegelt die Gesamtheit der persönlichen Überzeugungen wider; aus ihm gehen auch spezifische arbeitsbezogene Werte hervor bzw. können Arbeitswerte auch Quelle grundlegender Werte sein (Ros et al. 1999).

Die verschiedenen Dimensionen dieses Bereichs beeinflussen auch den praktizierten Führungsstil (vgl. 6.3). Entsprechend der Innenorientierungen liegt der zentrale Ansatzpunkt zur Gestaltung in der Sensibilisierung, Kultivierung und Reflektion von wertegeleiteten Wahrnehmungen, des Fühlens, Denkens und Wollens einzelner Führungskräfte. Daher geht es hier um die selbst organisierte Förderung und Entwicklung eines wahrhaftigen Selbstverhältnisses, von (Selbst-)Motivation und um die Verinnerlichung von als richtig erkannten Werten. Die Weiterentwicklung eigener Haltungen und Wertvorstellungen kann beispielsweise durch Übungen zur Selbstreflexion, durch Maßnahmen zur Persönlichkeitsentwicklung und Techniken des Selbstmanagements und der Wertetransformation gefördert werden. Aufgabe einer integralen Selbst- und Persönlichkeitsentwicklung von Führenden sollte es sein, zu einer authentischen Lebens- und Führungspraxis beizutragen (vgl. Küpers 2006). Dies kann durch Einübung in bewusstes Erleben, durch Praktiken der Meditation (Robinson 2004) sowie erfahrungsbasierte und kritische Reflexion und Dokumentation, z.B. in Form eines Lerntagebuchs unterstützt werden, welches Erfahrungen, Beobachtungen, Fragen und Probleme oder (Miss-)Erfolge aufnimmt und reflektiert.

Eine solche Selbstbildung für Führungskräfte umfasst über die Besinnung auf das eigene Selbst- und Rollenverständnis hinaus auch eine Klärung des eigenen Bildungsbedarfs und entsprechende Planung und Umsetzung eigener Entwicklungsprozesse i.S. eines kontinuierlichen und selbst organisierenden Lernens.

6.4.2 Objektiviertes Führungshandeln (Sphäre II)

Dieser Bereich des Handelns und Verhaltens betrifft die Entwicklung und Praxis des Handlungsvermögens sowie v.a. von führungsspezifischen Wissenselementen, Fähigkeiten und Kompetenzen von Führungskräften. Aus deren Umsetzung ergeben sich Planungen, Entscheidungen, konkrete Aufgaben und Führungspraktiken sowie messbare Leistungen des Führungshandelns. Zur Entwicklung einer integralen Führung in diesem Bereich geht es – neben körperlichen (Antistress-) Trainings und regelmäßigen Erholungspausen i.S. einer Gesundheitsförderung und Prävention – um die Kultivierung einer ausgewogenen „work-life-Balance", die gerade bei vielen Vorgesetzen nicht im Gleichgewicht ist (vgl. Wunderer/Küpers 2003). Eine grundlegende Verhaltensänderung und Kompetenzentwicklung kann in dieser Sphäre durch Aus- und Weiterbildung und Qualifizierung, z.B. im Rahmen von „Management-Development-Programmen" unterstützt werden. Dazu treten führungsspezifisch ausgerichtete Möglichkeiten der Nachwuchskräfteentwicklung durch Maßnahmen der Personalentwicklung vor dem Hintergrund von Berufsbiografien und -phasen.

Damit geht auch ein entsprechendes Kompetenztraining einher. Dieses umfasst z.B. die Entwicklung emotionaler Kompetenzen, das Erlernen von Problemlösungstechniken, Verhandlungs- oder Konfliktlösungsfähigkeiten etc. (vgl. Wunderer/Küpers 2003: 385) sowie weitere Schlüsselqualifikationen für eine wirkungsvolle Führung. Zudem geht es hier um die Entwicklung besonderer Handlungskompetenzen für Bildungsmanager, damit sie in ihrem Arbeitsbereich professionell handeln können. Dazu gehören bildungsspezifische Fach-, Methoden- und Sozialkompetenzen, die situations- und problemangemessen balanciert werden müssen. Bildungsspezifisch gehören dazu auch Kompetenzen zur Führung akademischer Einheiten, z.B. Institute, Fakultäten, Universitäten oder Fachhochschulen (Knight/Trowler 2001).

Gerade die Entwicklung von individuellen und organisationalen Kompetenzen stellt auch eine strategische Führungsaufgabe dar, wobei eine Koevolution verschiedener Kompetenzen und Handlungsorientierungen anzustreben ist (vgl. Scheytt/Meister-Scheytt 2004: 152).

Insgesamt betrachtet sollte eine integrale Entwicklung von Führung einem ganzheitlichen Verständnis folgen (z.B. McCauley/van Velsor 2004). Dies versteht die Führungspraxis als eine zusammenhängende Verbindung von erfahrungsbasiertem „Handwerk", reflexiv-analytischer „Wissenschaft" und kunst- und einsichtsvoller Praxis (Küpers 2004). Dies erfordert allerdings eine integrative Entwicklung von Prozessen Einzelner mit Bezug zu Gruppen und der Gesamtorganisation, also interrelationale Bezüge zu den Bereichen der Kultur und des Systems mit ihren besonderen Herausforderungen und Spezifika im Bildungskontext. Neben den vielfältigen Wechselbeziehungen zwischen den beiden Sphären des Innen und Außen einzelner Führungskräfte ist Führung somit immer auch auf den intersubjektiven und interobjektiven Kontext zu beziehen.

6.4.3 Führung in soziokulturellen Lebenswelten (Sphäre III)

In dieser Sphäre nimmt Führung Bezug auf die zwischenmenschlichen Prozesse und kulturellen Rahmenbedingungen mit ihren identitätsbestimmenden Werten, Konventionen und Regeln für Gruppen bzw. (Sinn-)Gemeinschaften in der Organisation. Diese Welt des Intersubjektiven umfasst für Führungskräfte auch den Umgang mit geteilten Symbolen, Geschichten, ungeschriebenen Glaubenssystemen aber auch mit Tabus und informellen Normen der jeweiligen Kulturen. Führungspersonen beeinflussen und werden beeinflusst von dieser Welt des „Wir" mit ihren Sprachen, Symbolen, vielfältigen Kommunikationsweisen und kollektiven Bewusstseinssphären. Führung hat daher eine besondere Relevanz und Verantwortung für diese Lebenswelt des Sozialen (Organisationsgemeinschaft) und des Kulturellen (Organisationskultur).

Wenn Führung heißt „andere durch eigenes, sozial akzeptiertes Verhalten so zu beeinflussen, dass dies bei den Beeinflussten mittelbar oder unmittelbar ein intendiertes Verhalten bewirkt" (Weibler 2001: 29), dann hat dieses Verständnis auch eine besondere Bedeutung für die Führung von Bildungseinrichtungen. Damit ist Führung eine von Hierarchien relativ unabhängige Kategorie, d.h. nicht jeder Vorgesetzte ist unbedingt ein Führender und nicht jeder Unterstellte wird notwendigerweise geführt. Des Weiteren gilt, dass Führerschaft nicht „von oben" oktroyiert, sondern „von unten" attribuiert wird. Zudem lässt sich auch das wesentliche Ziel der Führung – das Bewirken eines intendierten Verhaltens bei Anderen – über bloße formal begründete oder zweckrationale Leitung nur teilweise realisieren. Vielmehr bedarf es grundsätzlich der Akzeptanz durch die Geführten, i.S. von „Führen und führen lassen" (Neuberger 2002).

Gestaltungspraktisch sollte Führung hier neben fortwährenden Rückmeldungen v.a. zur Entwicklung der gemeinschaftlichen Beziehungen und Kultur der Organisation beitragen. Dies bezieht sich dabei auf eine Fortführung bzw. Neuausrichtung des sozialen Miteinanders und ihrer Ordnung, um so Potenziale der gemeinsamen Reflexion und der Flexibilität für sinngebende Handlungen zu erhöhen. Allerdings ist zu beachten, dass es sich bei der „Kultur" um einen „weichen" und zugleich tief verwurzelten Bereich handelt, der gerade in Bildungsorganisationen nur schwer oder begrenzt wandelbar ist. So lassen sich Werte oft nur eingeschränkt und allenfalls mittelfristig verändern. „Kultur" ist nicht eine beliebig instrumentalisierbare Gestaltungsvariable für ein „Sinn-Management". Einer gezielt „verhaltenskanalisierenden" Gestaltung von Kultur bzw. einem mechanistisch-instrumentellen „Kulturmanagement" sind daher deutliche Grenzen gesetzt. Zudem erfordert ein sozio-technokratischer Ansatz kultureller Steuerung einen hohen Planungs-, Überzeugungs-, Kommunikations- und Kontrollaufwand. Orientierung und Inhalte einer kulturbewussten, sinnvermittelnden Führung folgen nicht der einseitigen Indoktrination erfolgsfördernder Werte und Normen, sondern richten sich auf gemeinsame Sinnpotenziale aus. Wobei „Sinn" nicht (vor-) gegeben, sondern gemeinsam und individuell gefunden, interpretiert und entwickelt werden muss.

Wie in Kapitel 4 angesprochen, betreffen Ansatzpunkte und Maßnahmen für eine praktische Gestaltung der Gemeinschaftssphäre – i.S. einer Beziehungs- und Kulturentwicklung – die Möglichkeiten der Personal-, Team- und Organisationsentwicklung. Diese werden ergänzt durch führungsspezifische Formen des Coaching, Counseling oder Mentoring (vgl. z.B. Partington/Stainton, 2003).

Hier kommen Formen direkter, situativer und interaktiver Führung mit ihrer Ausrichtung auf eine ergebnis- und wertorientierte Umsetzung von Partizipations-, Delegations- und Entwicklungsmaßnahmen zur Anwendung, wie diese in Form von verschiedenen Führungsstilen näher beschrieben wurde (vgl. 6.3).

Des Weiteren sollte Führung in diesem Bereich Praxisgemeinschaften oder informelle Organisationsformen anerkennen und unterstützen sowie die Entwicklung einer kooperativ-kommunikativen Kultur fördern (vgl. Kapitel 4). Schließlich ist es Aufgabe von Führung, kollektive Handlungsspielräume (z.B. Aufgaben-, Entscheidungs- und Kooperationsspielräume) und eine selbst organisierte Gestaltung in Arbeitskontexten von Gruppen zu ermöglichen. Mit verstärkter Selbstorganisation wandeln sich auch Orientierung, Rollen und Aufgaben der Führungskräfte in Bildungsorganisationen. Sie werden eher zu Coachs und Moderatoren, die die Prozesse begleiten und z.B. über Feedback unterstützen und wirken mehr als Bindeglied und Koordinationsmedien zu anderen selbst organisierenden Einheiten und zur übergeordneten Organisation. „Führung" *innerhalb* gruppenbestimmter Selbstorganisation ist zudem nicht mehr an Positionen gebunden, sondern findet auch über kritische Fragen oder konstruktive Vorschläge der Mitarbeiter statt, die sich wechselseitig herausfordern und eigenverantwortlich Beziehungsnetzwerke und Lernprozesse entwickeln.

Für das Lernen von Führungskräften in diesem Bereich bieten sich eine „kollegiale Beratung" oder Formen kooperativen Lernens an. Dabei kommt es zu einem gemeinsamen Austausch, zur Reflexion und Unterstützung mit anderen Kollegen, die in ähnlichen beruflichen Situationen stehen und deren Erkenntnisse dann in den Führungsalltag transferiert werden können.

6.4.4 Strukturell-systemische Führungssysteme (Sphäre IV)

In diesem Bereich geht es um die kollektiven Außendimensionen von Führung. Als inter-objektive Sphäre im äußerlichen Bereich der Organisation betrifft dies v.a. strukturell-systemische Führungsformen. Führung nimmt hier Einfluss auf äußere Bestimmungsgrößen wie z.B. Ressourcen und Technologien, Arbeits- und Produktionsbedingungen, Aufbau- und Ablaufstrukturen sowie Stellen- und Leitungsorganisation etc. Des Weiteren gehören dazu die institutionellen und strategischen Prozesse und Bereiche der Planung, Finanzierung und des Controlling sowie weitere institutionelle Bedingungen und äußere Einflüsse. Grundlegend umfasst dieser Bereich die Steuerung von ökonomischen (Mess-)Größen wie Effektivität, Effizienz, Produktivität und Leistungen sowie weitere Determinanten und Aufgaben im Verhältnis zu internen und externen Anspruchsgruppen.

Entsprechend dieser vielfältigen Inhalte kommen in diesem Bereich spezifische „Führungssysteme" zum Einsatz. Dazu gehören Informations- und Entscheidungssysteme und formale Regelungen zur Sicherung der Identität, Bestandssicherung und Produktivität von Bildungsorganisationen.

Dem Bereich einer indirekten Führung in Form von Medien der entpersonalisierten Führung oder Kontextsteuerung kommt eine besondere Bedeutung zu. Dabei geschieht die Steuerung nicht unter Anwesenden, sondern verdeckt und anonym durch „Führungs-Surrogate" oder Institutionen der Verhaltensbeeinflussung (v.a. Kultur, Werte, Bürokratie, Differenzierung, zeitlich und organisatorisch fixierte Abläufe). Zu den strategischen Führungssystemen gehören z.B. explizite und implizite Organisations- und Führungsgrundsätze sowie Honorierungs- und Anreizsysteme. Beide sollen gewünschte Verhaltensweisen leiten, auslösen und unerwünschte vermindern. Wobei bei Honorierungssystemen Gerechtigkeitsprobleme, insbesondere bei der Verteilung (z.B. durch eigene Unterbezahlung relativ zu Vergleichspersonen) oder bei den Verfahren zu beachten sind. Auch besteht die Gefahr, dass extrinsische Anreize die intrinsische Motivation verdrängen (vgl. Frey 1997), die gerade in Bildungseinrichtungen oft von zentraler Bedeutung ist. Zudem hat sich gezeigt, dass der Mythos und das „Marionettenmodell" einer verordneten oder induzierten Mitarbeitermotivation nicht funktioniert und eher zu demotivierenden Wirkungen führen (Wunderer/Küpers 2003). Angemessener und zielführender ist es, in Absprache mit den Betroffenen, Motivationsbarrieren abzubauen sowie (Rahmen-) Bedingungen zu entwickeln, die es erlauben, die im Irrgarten der Widersprüchlichkeiten formulierten Aufgaben und Ziele mit Aussicht auf Erfolg zu erfüllen und zu verwirklichen.

Aktuelle Gestaltungsaufgaben und Herausforderungen von Führung in diesem Bereich beziehen sich insbesondere auf Restrukturierungsprozesse von Bildungseinrichtungen, i.S. eines umfassenden „Change-Management". Insbesondere Veränderungen des Organisations- und Leitungssystems als Gesamtheit der Weisungs- und Kommunikationsbeziehungen im hierarchischen Gefüge tragen zur Neuausrichtung der Organisationsordnung bei.

Ferner ist Führung verantwortlich für die Verteilung von Ressourcen, den Einsatz und die Umsetzung neuer Organisationsformen und innovationsfördernder

Organisationsstrukturen, z.B. intra- und interorganisationale Netzwerkstrukturen. Mit all dem dient Führung zur Verbesserung funktionaler Strukturen und Prozesse sowie kritisch verwendeter Evaluations- und Controllingformen (vgl. Kappler 2003). Aktuell von besonderer Bedeutung ist auch eine führungsspezifische Mitwirkung an der Entwicklung von organisationalen Wissens- und Lernsystemen. Dabei kann auch das Lernen von Führungskräften durch den Einsatz von modernen virtuellen (Informations-, Kommunikations- und Lern-)Medien unterstützt werden.

Bei allen von der Führung eingeleiteten Formen eines strategischen Wandels muss allerdings der bildungsspezifische Kontext, z.B. eine akademische Kultur berücksichtigt werden, um die angestrebten Veränderungen zu integrieren und nachhaltig wirksam werden zu lassen.

6.4.5 Interdependenzen der Bereiche integraler Führung

Wie bereits in Kapitel 4 erwähnt, dient die analytische Aufteilung in die vier Bereiche – hier angewandt auf eine integrale Führung – nur als heuristisches Hilfsmittel. Damit wird die Komplexität der Phänomene und ihrer Inhalte besser zugänglich und interpretierbar. Entscheidend bleibt jedoch, dass die analytische Aufteilung und Konzeptionalisierung als Modell nur eine Landkarte ist, nicht aber der „Wirklichkeit" selbst entsprechen oder mit dieser verwechselt werden darf. Die „wirkliche" Organisations- und Führungspraxis selbst bildet sich holonistisch. Jede einzelne Sphäre repräsentiert daher nur einen Ausschnitt bzw. eine Perspektive innerhalb eines holonischen „Teil-Ganzen" der Bildungsorganisation. Aus dieser Perspektive entwickelt sich Führung durch das Innen und Außen und durch den Einzelnen und die Organisation in einem Zusammenhang von praktischen Interdependenzen und Wechselwirkungen. Folgende Abbildung zeigt die verschiedenen Formen integraler Führung im Zusammenhang. Die Doppelpfeile benennen dabei die Wechselwirkungen zwischen den Sphären und im Gesamtzusammenhang.

Werden einzelne Sphären nicht hinreichend integral beachtet, kommt es zu Ungleichgewichten und Pathologien. Konkrete Beispiele dazu wären ein Introspektions- und Reflexionspotenzial von Führungskräften ohne hinreichende Wahrnehmungs- und Kommunikationsfähigkeiten oder hoch entwickelte kognitive Führungsfähigkeiten bzw. Sachkompetenzen von Vorgesetzten ohne Beachtung ihrer Grenzen und emotionaler Aspekte.

Problematisch sind auch führungsspezifische Einzelmaßnahmen, die nicht mit dem Organisationsganzen koordiniert werden oder Gruppen mit guter Gemeinschaftskultur, die Einzelne isolieren oder nicht mit anderen Abteilungen kooperieren bzw. nicht zu einem Anschluss an die Gesamtorganisation bereit sind. Auch führen isolierte Investitionsentscheidungen im Außen, z.B. Anschaffungen von Informations- und Kommunikationstechnologien ohne Bezug zum Innen, d.h. zu ihren Anwendern, zur Ablehnung und vielfältigen Problemen.

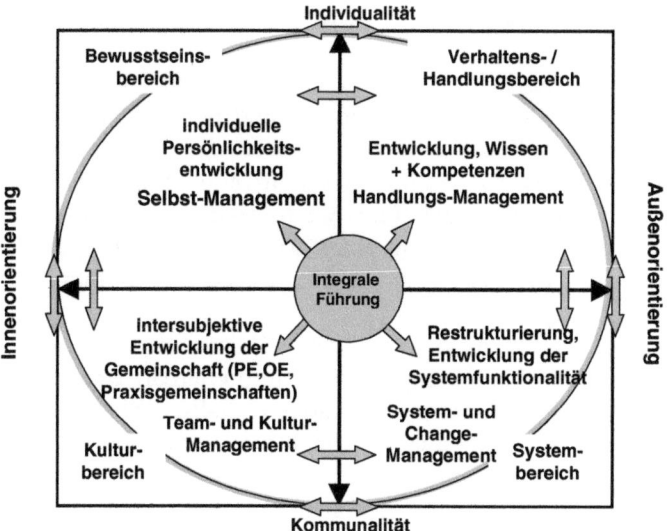

Abbildung 22:
Interdependenzen integraler Führung

Eine einseitige oder nicht-integrale Führungspraxis verursacht damit vielfältige Folgewirkungen mit problematischen und konfliktreichen Konsequenzen in der Organisation. Daher ist eine parallele Betrachtung und gleichwertige Berücksichtigung der Themen, Möglichkeiten und Probleme in allen genannten Sphären eine wesentliche Voraussetzung für Evolution. Erst eine solche ermöglicht ein gelingendes inneres und äußeres Wachstum von Organisationen und ihren Mitarbeitern. Das bedeutet z.B. konkret, dass zur Lösung von Aufgaben und Problemen im Führungsalltag sowohl subjektive und soziale bzw. kulturelle Zustände und Prozesse sowie systemische Strukturzusammenhänge integral zu berücksichtigen bzw. praktisch zu entwickeln und umzusetzen sind. Gerade weil mit den beschriebenen Zusammenhängen vielfältige Konflikte und ein erheblicher Koordinationsbedarf zwischen den Sphären einhergehen, liegt eine wesentliche Aufgabe integraler Führung darin, für eine Gesamtkoordination und -evaluation zu sorgen sowie bereichsübergreifende Schwierigkeiten, Konflikte und Probleme zu bewältigen.

Insgesamt betrachtet liegt der Vorteil des beschriebenen integralen Modells darin, Führung als ein vieldimensionales emergentes Ereignis zu verstehen. Mit dem Fokus auf verschiedene Einflusssphären und deren Zusammenhänge wird so ein ganzheitlicher Zugang und Umsetzung möglich. Damit geht es nicht mehr nur um das, was einzelne Führungskräfte als Eigenschaften „haben", sondern was zwischen Menschen und Organisationen gesamthaft geschieht und sich entwickelt. Eine solche Orientierung hilft, die inhärenten Probleme und Begrenztheiten eines atomistischen und mechanistischen Verständnisses von Führung und Organisationen zu überwinden und eher Prozesse des „Werdens" zu beachten. Auch die Beziehung zwischen Führenden und Geführten wird so als *wechselseitiger* Einfluss-zusammenhang zugänglich.

Wie wir gesehen haben, ermöglicht das Modell gleichermaßen subjektive, inter-subjektive und objektive bzw. interobjektive Sphären und Beziehungen von Füh-rung in einem interdependenten Zusammenhang zu sehen, die zielorientiert abzu-stimmen sind. Eine solche Sichtweise verhindert Beeinträchtigungen, die sich aus der Nichtbeachtung von Vernetzungen und wechselseitigen Abhängigkeiten ergeben. Ferner erlaubt sie die Entwicklung einer dringend benötigten dezentral ausgerichteten, „dienenden" Führung (Spears 1998), die gerade für Bildungsein-richtungen wichtig ist.

Aus integraler Perspektive ist diese Form von Führung auch als eine Art „Hebammenfunktion" für Lehr- bzw. Lernprozesse interpretierbar. Damit ermög-licht eine integrale Führung, Wege für eine nachhaltige Gestaltung von (Bildungs-) Organisationen zu entwickeln, um zukünftigen Herausforderungen im Bil-dungsbereich proaktiv begegnen zu können.

Für eine nachhaltige Umsetzung einer integralen Führung ist es von zentraler Bedeutung, auch Machtfragen und damit die mikropolitische Dimension von Orga-nisationen zu beachten. Wie dargestellt, setzt sich die Praxis der integralen Füh-rung aus einer Mischung von personalen, interpersonalen und sachlogischen bzw. strukturellen Dimensionen zusammen. Diese Komplexität entzieht sich einer ein-fachen Bewältigung und direktiven Steuerung. Auch in Bildungsorganisationen wirken verschiedene Logiken zusammen bzw. gegeneinander (vgl. Neuberger 1997: 378). Neben einer *Machtlogik* durch divergierende Interessen sowie ungleich-gewichtige Abhängigkeits- und Austauschverhältnisse der Mitarbeiter unter-einander und zu den Vorgesetzten, gibt es eine *Herrschaftslogik*, die sich in Ord-nungsvorgaben, Disziplinierungsprozessen und Normen ausdrückt. Zudem gibt es eine *Anpassungslogik* durch institutionalisierte Erwartungen, Verträge, Traditionen und Werte, die die Grenzen betrieblicher Autonomie zeigen. Andererseits wird in einer integralen Führung auch eine *Kooperationslogik* wirksam, mit der Planungs- und Koordinationsprobleme und Störungen im Ablauf und in Bezug auf die Quali-tät der Beziehungen einhergehen. Schließlich greift eine *Logik der Gefühle*, welche emotionale Dynamiken und Wirkungsprozesse ausdrücken und großen Einfluss auf die Entstehung und Entwicklung der Organisation und Führung nimmt, die aber selbst nur eingeschränkt und oft nur indirekt beeinflussbar oder steuerbar sind (vgl. Küpers/Weibler 2005).

Alle diese Logiken benötigen zu ihrer Umsetzung gleichzeitig transparente Information und paradoxerweise auch Intransparenzen und Mehrdeutigkeiten, weil damit Handlungsspielräume ermöglicht werden, die Pattsituation auflösen und zu responsiven Prozessen führen können.

Die Forschung und Praxis einer integralen Führung steht noch ganz am An-fang, weist aber viel versprechende Perspektiven auf (vgl. z.B. Gunnlaugson 2005; Pauchant 2005; Prewitt, 2004; Sanders et al. 2003). Neben einem weiteren For-schungsbedarf, insbesondere auch für spezielle Führungsformen und -evaluationen von Bildungsreinrichtungen sowie empirische Untersuchungen, besteht ein wach-sender Handlungsbedarf zur Umsetzung einer integralen Führung von Bildungseinrichtungen. Wobei es noch ein langer Weg sein wird, bis die Vision einer integrativen Bildungseinrichtung, und eine Integration von Weisheit, Intelligenz und Kreativität in der Führung von Bildungseinrichtungen (Sternberg 2005) verwirklicht sind.

Fragen zum Themenbereich
„Integrale Führung in Bildungsorganisationen"

- Was macht den Unterschied zwischen Führung in Bildungsorganisationen und Führung in Wirtschaftsunternehmen aus?
- Wie bestimmt sich ein professionelles Führungshandeln in Bildungsorganisationen?
- Bitte rufen Sie sich eine konkrete Führungssituation in Ihrer beruflichen Praxis in Erinnerung, die aus Ihrer Sicht besonders gut/besonders ungünstig verlaufen ist. Beschreiben Sie die Situation, indem Sie die folgenden Aspekte festhalten: Wer waren die Beteiligten (Funktionen, nicht Personen), wie entwickelte sich der Verlauf, welche Handlungen wurden jeweils gesetzt, welche Lösungsansätze wurden praktiziert und wie könnte man das Ergebnis beschreiben? Würden andere Personen die Situation ebenfalls als besonders gut/besonders ungünstig beschreiben? Wenn Sie jetzt noch einmal über die gewählten Beispiele nachdenken, welche Elemente, Verhaltensweisen oder konkreten Ergebnisse haben Sie dazu veranlasst, das Beispiel als „gut" oder „ungünstig" zu beurteilen?
- Welche Chancen und Risiken für Führende und Geführte können mit der Steuerung über symbolisches Führungshandeln in Bildungsorganisationen verbunden sein?
- Welche Vorteile bietet eine integrale Führung für Bildungsorganisationen?
- Welche Voraussetzungen sind zur Umsetzung einer integralen Führungskultur für Bildungsorganisationen notwendig?

Literatur zur Vertiefung

Cacioppe, R./Albrecht, S. (2000): Using 360° feedback and the integral model to develop leadership and management skills. In: Leadership & Organization Development Journal, Volume 21, Number 8 (2000), S. 390-404.

Edwards, M. (2005): The integral holon: A holonomic approach to organisational change and transformation. In: Journal of Organizational Change Management, 18, 3, S. 269-288.

Küpers, W. (2006): Integrale und authentische Führung; In: Wielens, H. (Hg.) (2006): Führen mit Herz und Verstand – integral und authentisch, Bielefeld; Bd. 2 Schriftenreihe, S. 335-378.

Küpers, W./Weibler, J. (2005): Emotionen in Organisationen, Stuttgart.

Sternberg, R. J. (2005): A model of educational leadership: Wisdom, intelligence, and creativity, synthesized International Journal of Leadership in Education Volume 8, Number 4 / October-December 2005, S. 347-364.

Weick, K. E. (1976): Educational Organizations as Loosely Coupled Systems. In: Administrative Science Quarterly 21, S. 1-19.

Wilber, K. (2001): Ganzheitlich Handeln. Eine integrale Vision für Wirtschaft, Politik, Wissenschaft und Spiritualität, Freiamt.

Wunderer, R. (2003): Führung und Zusammenarbeit, eine unternehmerische Führungslehre, 5. Aufl. Neuwied.

7   Stichwortverzeichnis

Anreiz 4.1
Anreiz-Beitrags-Balance 4.1
Anreiz-Beitragstheorie 4.1
Arbeitsteilung 1.5, 2.4, 2.5, 4.2.3
Arbeitsvermögen 1.5, 5.4.4
Arbeitsvertrag 1.5
Aufgabenanalyse 3.3

Bildung als Prozess 4.3.3
Bildung als Ergebnis 4.3.3
Bildungsorganisation 5.4, 5.4.1, 5.4.2, 5.4.4
brauchbare Illegalität 2.3
Bürokratie 2.6, 5.3
bürokratische Regeln 2.5

Delegation 6.3.4
Demotivation 5.4.4
Direktionsrecht 1.5

Effizienz 1.5, 2.5, 2.6
Empowerment 4.2.4, 6.3.4
Entkoppelung 2.6
Experte 5.1, 5.2, 5.3
Expertenorganisation 5.1, 5.2

formale Regeln 1.4
Formalisierung 2.5, 3.1
Führungsstil 4.1
Funktionalismus 4.3.2

Grenzen (von Organisationen) 1.5
Grundelemente der Organisation 1.5
Grundsatz der Einheitlichkeit von Aufgabe,
    Kompetenz und Verantwortung 3.2

Handlungsspielräume 6.3.4, 6.4.3
Heterarchie 4.2.4
Hierarchie 1.5, 2.5, 3, 5.2, 5.4.4, 6.3.1
Holon 4.3.1

Identifikation 4.2.1
Identität (subjektive, kollektive,
    objektive) 4.3.1
impression management 6.2.2
informelle Regeln 1.4
integrales Organisationsholon 4.3.4
Integrationsmodell 4.3

Job Enlargement 4.2.3
Job Enrichment 4.2.3
Job Rotation 4.2.3

klassischen Organisationslehre 4.1
Konzept des Spiels 2.7
Koordination 6.2.1, 6.2.2
kritische (Human) Ressource 4.1

Lebenswelt des Sozialen und Kulturellen 4.3.2
Legitimation 5.4.3
Legitimität 2.6, 4.3.2
Logik des Vertrauens 2.6
lose Koppelung 4.2.4, 5.1, 6.2.1
Loyalität 5.4.4

Macht 1.5, 2.7, 5.4.4, 6.2.1, 6.2.3, 6.3, 6.3.1
Machtlogik 6.4.5
Menschenbild 4.2.3, 4.3.2
Merkmale des Politischen 2.7
Mikropolitik 2.7
Mindest-Organisationsbedingungen 5.3
mitarbeitergerechte Organisationsformen 4.2.3
Mitgliedschaft 1.5
Motivation 4.2.1, 5.3, 6.3.3, 6.3.4, 6.4.1, 6.4.4

neoinstitutionalistische
    Organisationstheorie 2.6
neoinstitutionalistischer Ansatz 2.6
normative Organisationen 1.5

Opportunitätskostenprinzip 4.1
Organisation als Spiel 2.7
Organisationskultur 4.3.3, 5.2
Organisationsstruktur 1.5, 2.5, 2.7, 4.1, 5.1
Organisationsziele 1.5
organisierte Anarchie 6.2.1
Organizational Citizenship Behaviour 4.2.4

Partialinklusion 1.5
Passung 4.3.2
Person 4.3.2
Persönlichkeit 4.3.2
Personalentwicklung 4.3.3
Problemlösungssuche 6.3.2, 6.3.4, 6.4.2
Produktion von Wissen 5.4.4
Professionalisierung 5.4.4
Projektarbeit 4.2.4
prozessualer Organisationsbegriff 1.4

Qualitätssicherung 5.2

Rationalitätsmythen 2.6
Regeln (organisatorische) 4.3.2
Ressourcenpool 1.5

Selbstorganisation 4.2.4, 6.3.3, 6.3.4, 6.4.3
situativer Ansatz 2.5
Spezialisierung 5.1
Sphären, individuelle und kollektive 4.3.1
Steuerungsniveau 4.2.1
symbolisches Kapital 6.2.3

Taylorismus 2.1
Teilautonome Arbeitsgruppen 4.2.3

utilitaristische Organisationen 1.5

verhaltenswissenschaftliche
    Entscheidungstheorie 2.4
Verständnis vom Mitarbeiter 4.1
Vier-Sphären-Modell 4.3.1

wissenschaftliche Betriebsführung 2.1

8 Glossar

Arbeitsteilung
Eines der grundlegenden Prinzipien einer effizienten Arbeitsorganisation, bei der Aufgaben entsprechend den spezialisierten Kompetenzen der Arbeitnehmer/innen verteilt werden.

Arbeitsvermögen
Hierbei handelt es sich um jenes Potenzial, das der/die einzelne Arbeitnehmer/in aufgrund seiner/ihrer Fähigkeiten und Kompetenzen in die Organisation einbringen kann, sofern er/sie entsprechend motiviert ist (Leistungspotenzial). Es ist eine der zentralen Aufgaben von Personalmanagement und Mitarbeiterführung, Mitarbeiter so zu steuern, dass diese ihr Arbeitsvermögen auch in tatsächliches Leistungsverhalten „übersetzen".

Arbeitsvertrag
Rechtliche Grundlage eines Arbeitsverhältnisses, in dem die Rechte und Pflichten von Arbeitnehmer und Arbeitgeber formal festgehalten sind.

Aufgabenanalyse
Methode im Rahmen der Arbeitsorganisation, bei der die zu erledigenden komplexen Aufgaben in Teilaufgaben zerlegt werden und in einem folgenden Schritt (der Aufgabensynthese) zu organisatorischen Stellen zusammengefasst werden.

brauchbare Illegalität
Der Begriff stammt von dem Soziologen Niklas Luhmann. Er bezeichnet die verbreitete Alltagserfahrung, dass der Verstoß gegen organisationale Regeln durchaus zweckmäßig sein kann.

Bürokratie
Entgegen dem allgemeinen Sprachgebrauch geht die klassische Bürokratievorstellung davon aus, dass eine „gesatzte Ordnung" in Organisationen ein wichtiges Instrument von Effizienz ist. Bürokratie regelt nämlich die Ordnung von Abläufen und verhindert so willkürliche Eingriffe mächtiger Personen in der Organisation.

bürokratische Regeln
sind wesentliche, Ordnung schaffende Elemente einer formalen Organisationsstruktur. Verbunden mit ausgeprägten Steuerungs- und Kontrollansprüchen der Hierarchie werden sie von den Betroffenen oft als übertrieben, belastend und Handlungsspielräume einengend erlebt. Sie führen dann nicht selten zur Entwicklung von Umgehungsstrategien.

Delegation
beschreibt die Weitergabe von Entscheidungskompetenzen von Vorgesetzten auf hierarchisch nachgeordnete Stellen oder Entscheidungsträger.

Direktionsrecht
meint das Recht des Arbeitgebers, durch Weisungen an die Arbeitnehmer die Details der Arbeitsvollzüge von Situation zu Situation neu (und flexibel) bestimmen zu können.

Dissensdialog
kann als eine Kommunikationsform beschrieben werden, bei der versucht wird, konfliktäre Interessen im Dialog so zu bearbeiten, dass die Chance einer gemeinsamen und damit tragfähigeren Konfliktlösung besteht.

Effizienz
ist die zentrale Maßgröße für die Wirtschaftlichkeit von Prozessen. Sie beschreibt das Verhältnis von Prozessergebnis (Output) und Einsatzfaktoren (Input). Effizienz wird im Fachjargon oft in einem Atemzug mit Effektivität verwendet. Diese ist eine Maßgröße für die Zielerreichung (Output). Effizienz wird auch im Kürzel „doing things right" ausgedrückt; dagegen ist Effektivität „doing the right things".

Empowerment
ist der Versuch, Menschen für eine Aufgabe oder ein Ziel so zu begeistern, dass diese aus eigenem Antrieb versuchen, ihr Bestes zu geben (Förderung von Eigeninititaive und Selbstständigkeit). Dies soll durch die weit reichende Übertragung von Kompetenzen, Wissen und Befugnissen an die Mitarbeiter bewirkt werden.

Entkoppelung
bedeutet, dass einzelne Elemente einer Organisation (z.B. Abteilungen, Firmenteile) untereinander und von den Kernaktivitäten der Organisation getrennt werden, um einerseits rasch und flexibel handeln zu können, andererseits aber „das organisationale Gesicht" nach außen wahren zu können (etwa aus Gründen der Tradition).

Experte
eine Person, die aufgrund ihres besonderen Know-hows auf einem bestimmten Fachgebiet eine entsprechende formale oder informale Macht gegenüber anderen Personen oder Institutionen besitzt.

Expertenorganisation
ist eine „professional bureaucracy" (Henry Mintzberg), in der Entscheidungsprozesse im Wesentlichen von den „Professionals" beeinflusst werden. Diese beziehen ihre Einflussmöglichkeiten vor allem aus ihrem Spezialwissen, ihrer Expertenmacht, die ihnen eine relativ starke Verhandlungsposition gegenüber der formalen Hierarchie gibt.

formale Regeln
Mit ihrer offiziellen Festschreibung wird versucht, das Geschehen in Organisationen im Sinne der Erzeugung von Ordnung und Regelhaftigkeit zu steuern. Allerdings gibt es neben den formalen auch informelle Regeln, die nicht immer mit den offiziellen Normen einer Organisation übereinstimmen und sich im Alltag oft wirksamer erweisen als die formalen Regeln.

Formalisierung
ist eine Dimension zur Beschreibung von Organisationsstrukturen – sie wird traditionell auch als „Aktenmäßigkeit" von Sachverhalten bezeichnet.

Grenzen (von Organisationen)
bestimmen wesentlich die Identität einer Organisation: Es ist Aufgabe jeder Organisation, ihre Grenzen immer wieder neu zu bestimmen und sie nach Innen und Außen zu kommunizieren. Während die Geschehnisse innerhalb der Grenzen in der Regel genau beobachtet und gesteuert werden, entziehen sich die Gegebenheiten außerhalb der Organisationsgrenzen einer vergleichbaren Steuerung. Kernfaktor für die Bestimmung der Organisationsgrenzen ist das Element der Mitgliedschaft.

Grundelemente der Organisation
als Grundelemente von Organisationen gelten die Zielgerichtetheit der Organisation, die formalen Organisationsstrukturen, die Mitgliedschaft in Organisationen, die Gestaltung der Aktivitäten der Organisationsmitglieder und die Bestimmung der Grenzen der Organisation.

Grundsatz der Einheitlichkeit von Aufgabe, Kompetenz und Verantwortung

Dieser Grundsatz beschreibt eine Art „magisches Dreieck der sinnvollen Arbeitsorganisation": Nur dann, wenn diese drei Komponenten gut aufeinander abgestimmt sind, werden keine größeren „Verwerfungen" bei der selbstständigen Erledigung von Aufgaben durch Mitarbeiter zu erwarten sein.

Handlungsspielräume

sind eine zentrale Grundbedingung für eigenverantwortliches, selbstständiges und motiviertes Handeln von Organisationsmitgliedern – „nur wo es Raum gibt, kann sich etwas bewegen!"

Hierarchie

Ein in unserer Gesellschaft und in Organisationen fest verankertes und mit hoher Legitimation versehenes Prinzip der Steuerung. Das (oft unhinterfragte) Akzeptieren von Hierarchie wird in entsprechenden Sozialisationsprozessen sowohl in der Familie als auch in den offiziellen Erziehungsinstitutionen „eingeübt".

impression management

ist der Versuch von Akteuren in Verhandlungsprozessen, das Gegenüber mit Hilfe unterschiedlicher Taktiken (z.B. Schönreden, Drohgebärden, Andeuten guter Beziehungen zu mächtigen Personen, Imponiergehabe usw.) zu beeindrucken. Auch im Tierreich sind derartige Handlungsweisen weit verbreitet.

informelle Regeln

sind jene Regeln, die die meisten Mitglieder einer Organisation kennen (und oft auch beachten), obwohl sie nirgends offiziell niedergeschrieben sind.

Integration von Individuum und Organisation

hierbei handelt es sich um den immer wieder neu zu gestaltenden Versuch, das Verhältnis von Mitarbeitern und Organisation so produktiv zu gestalten, dass beide eine hinreichende Chance zur Realisierung ihrer jeweiligen Interessen haben. Eine „Vollintegration" von Mitarbeiterinnen und Mitarbeitern ist dabei sinnvollerweise nicht anzustreben.

Job Enlargement

eine Methode der Arbeitsorganisation, bei der versucht wird, die Monotonie eher gleichförmiger Aufgabenabfolgen durch eine Erweiterung der Aufgaben zu durchbrechen.

Job Enrichment

eine Methode der Arbeitsorganisation, bei der eine Arbeitsanreicherung in der Weise erfolgt, dass neben reine Ausführungselemente einer Aufgabe auch Entscheidungs- und Kontrollaufgaben treten. Ziel ist es, den Handlungsspielraum für die Beschäftigten zu erweitern und die Aufgaben interessanter zu gestalten.

Job Rotation

eine Methode der Arbeitsorganisation, bei der die Mitarbeiter nach einem vorgeschriebenen oder selbst gewählten Zeitrhythmus ihre Arbeitsplätze wechseln. Sinn dieses Arbeitsplatzwechsels ist einerseits die Vermeidung von Arbeitsmonotonie, andererseits der Aufbau eines breiteren Organisationswissens und die Sicherung von Aufgabenvielfalt.

Konzept des Spiels

hierbei handelt es sich um eine spezielle Sichtweise von Organisationen (siehe auch mikropolitischer Ansatz). Dabei wird davon ausgegangen, dass das Geschehen in Organisationen nie so weit determiniert ist, dass es nicht Spielräume gibt, welche von den verschiedenen Akteuren zur Verfolgung ihrer Interessen genutzt werden können. Das „Spiel" besteht gewissermaßen darin, diese Räume auszuloten, die eigenen Möglichkeiten zu erweitern (etwa durch Koalitionsbildung) und jene der Mit- oder Gegenspieler einzuschränken. Die Spielmetapher hat ein nicht zu unterschätzendes Erklärungspotenzial für die Analyse von Organisationen.

Koordination
Eine der zentralen Aufgaben von Führungskräften: die Abstimmung verschiedener organisatorischer Aktivitäten.

Laterale Organisation
propagieren die Überwindung formaler bürokratischer Ordnungen durch die Betonung informaler, netzwerkartiger Abstimmungsmechanismen. Kernkonzept ist die Einrichtung weitgehend selbstständig agierender Teams, die sich aus kompetenten und hoch motivierten Individuen zusammensetzen.

Legitimität
ist (der Glaube an) die Rechtmäßigkeit von Strukturen, Prozessen und/oder Regeln in Organisationen.

Logik des Vertrauens
ist eine Überlegung im Rahmen der neoinstitutionalistischen Organisationstheorie. Diese hält es für wichtig und hilfreich, wenn Organisationen gegenüber wichtigen gesellschaftlichen Bezugsgruppen eine Vertrauenskultur aufzubauen, um neben der Legitimität und der Rationalität auch eine emotionale Beziehungsgrundlage zwischen Organisation und Umwelt sicherzustellen.

lose Koppelung
ist eine Organisationsform, bei der nicht – wie in klassischen Organisations-Vorstellungen idealtypischerweise unterstellt – alle Teilbereiche eng miteinander verzahnt zusammenwirken und aufeinander abgestimmt sind. Lose gekoppelte Organisationen sind vielmehr ein Geflecht relativ autonomer Subeinheiten, die nur gelegentlich miteinander in Verbindung treten (z.B. gelten Universitäten mit ihren relativ selbstständigen Fakultäten oder Fachbereichen als typische lose gekoppelte Systeme). Aus der losen Koppelung resultieren oft entsprechende Probleme für die Steuerung und die Identität der Gesamtorganisation.

Macht
ist nach Max Weber die Chance, in einer sozialen Beziehung den eigenen Willen auch (aber nicht nur) gegen Widerstreben durchzusetzen. Sie ist einer der zentralen Faktoren, der das Geschehen in Organisationen bestimmt. Macht in Organisationen bzw. in sozialen Beziehungen ist dabei nichts objektiv Gegebenes, sondern eine Frage der subjektiven Zuschreibung. Grundlagen für die Zuschreibung von Macht können etwa sein: die hierarchische Position, die Fähigkeit, Dritte zu belohnen oder zu bestrafen, die Identifikation einer Person B mit der Person A oder auch das Expertenwissen des Machtausübenden.

Menschenbilder
Damit wird die Gesamtheit der deskriptiven und normativen Annahmen über den Menschen in Organisationen bezeichnet (Staehle/Sydow). Sie sind gewissermaßen die „mentalen Modelle" von konkreten Menschen über den Typus „Mensch"; man könnte auch sagen, sie umfassen die Gesamtheit unserer Urteile und Vorurteile über Menschen oder Gruppen. Als solche steuern sie auch unsere Verhaltensweisen gegenüber Dritten.

Merkmale des Politischen
Diese Merkmale beschreiben, weshalb Organisationen letztlich als „politische Arenen" charakterisiert werden können. Derartige Merkmale sind: Akteure und deren Interessen, die Inter-

subjektivität der Akteure, deren unterschiedliche Macht, deren wechselseitige Abhängigkeit, die Legitimation ihres Handelns, die Zeitlichkeit sowie die Ambiguität des Handelns und der Handlungssituationen.

Mikropolitik

ist ein organisationstheoretischer Zugang, der davon ausgeht, dass das Geschehen in Organisationen in hohem Maße das Ergebnis von Prozessen der Interessenauseinandersetzung zwischen Akteuren darstellt. Damit wird das Individuum nicht mehr als von Regeln und Strukturen weitgehend fremdbestimmtes Objekt angesehen, sondern gewissermaßen als selbst bestimmtes Subjekt angesehen (siehe auch Konzept des Spiels sowie Merkmale des Politischen).

Mindest-Organisationsbedingungen

Damit beschreibt E. Kappler jene Bedingungen, die für die Sicherung der Funktionsfähigkeit einer Organisation tatsächlich unverzichtbar sind. Er zielt auf die praktische Erfahrung ab, dass Organisationen mit zunehmendem Alter und zunehmender Expansion immer mehr Regeln und Vorschriften entwickeln, ohne dass deren Sinn noch hinterfragt wird. Dies führt mit der Zeit zur Übersteuerung und zu mangelnder Flexibilität der Organisation.

Mitgliedschaft

ist das Ergebnis der Tatsache, dass Personen eine – im weitesten Sinne formal abgesicherte – relativ dauerhafte Beziehung zu einer Organisation eingehen. Dies setzt nicht zwingend voraus, dass individuelle Ziele und Ziele der Organisation identisch sein müssen.

Motivation

beschreibt die Antriebskraft oder Leistungsbereitschaft von Menschen. Die Theorie unterscheidet dabei eine extrinsische, also von äußeren Faktoren (z.B. durch Geld) hervorgerufene, und eine intrinsische Motivation, die aus der Aufgabe selbst resultiert. Im Arbeitsalltag wird oft sehr instrumentalistisch unterstellt, dass Vorgesetzte ihre Mitarbeiter motivieren sollen. Es ist jedoch zu bezweifeln, dass Menschen von anderen direkt motiviert werden können – es geht bestenfalls darum, Rahmenbedingungen sicherzustellen, die sich positiv auf die Leistungsbereitschaft von Mitarbeitern auswirken können.

neoinstitutionalistische Organisationstheorie

ist ein organisationstheoretischer Ansatz, der stark auf den bürokratietheoretischen Arbeiten von Max Weber aufbaut. In deren Weiterentwicklung wird allerdings davon ausgegangen, dass in der Umwelt von Organisationen sehr unterschiedliche Kultur- und Referenzsysteme mit verschiedenartigen Rationalitätsvorstellungen gelten. Diese Vielfalt führt letztlich dazu, dass Organisationen wesentliche Energien investieren, um die eigene Rationalitätsfassade sorgfältig zu pflegen.

normative Organisationen

sind Organisationen, die aufgrund bestimmter gemeinsamer Wertvorstellungen ihrer Mitglieder entstehen und am Leben bleiben (z.B. Kirchen- und kirchliche Gemeinschaften, Parteien, Gerwerkschaften). Verlieren die gemeinsamen Grundüberzeugungen an Bindewirkung, so ist mittelfristig auch die Weiterexistenz der Organisation gefährdet.

Organisation als Spiel

(siehe Konzept des Spiels; Merkmale des Politischen; Mikropolitik)

Organisationskultur

ist der Sammelbegriff für jene (meist) ungeschriebenen Orientierungsmuster, Normen und Werte, und deren Symbolisierungen, die sich in einer Organisation im Laufe der Zeit herausgebildet haben und die das Verhalten der Organisationsmitglieder wesentlich prägen. Die Organisationskultur vermittelt den Mitgliedern Sinn und Orientierung und ist zentrales Element organisationaler Identität.

Organisationsstruktur

ist die durch Regeln geschaffene Ordnung eines sozialen Systems (Steinmann/Schreyögg). Damit soll nicht nur ein effizienter Aufgabenvollzug sichergestellt werden, vielmehr dienen Strukturen unter anderem auch dazu, Räume für neue Ideen zu schaffen, die Bearbeitung von Konflikten in geordnete Bahnen zu lenken oder die „Außenpolitik" der Organisation einheitlich zu gestalten.

Organisationsziele

sind jene Ziele, die von den dazu befugten Personen oder Gruppen zu offiziellen Zielen der Organisation erklärt wurden (Organisationen selbst können ja für sich keine Ziele formulieren).

organisierte Anarchie

Hinter dieser Bezeichnung verbirgt sich ein relativ neuer organisations-theoretischer Erklärungsansatz. Entscheidungen werden dabei als mehr oder weniger zufälliges Ergebnis organisatorischer Dynamik und nicht als rationales Ergebnis systematischer und zielgerichteter Entscheidungsabläufe verstanden. Im Laufe des Lebens einer Organisation setzen sich demnach jene Praktiken, Entschlüsse und Verhaltensweisen durch, die sich als erfolgreich für das Überleben der Organisation erwiesen haben. Organisierte Anarchien gelten oft als flexible Antworten auf Situationen mit hoher Komplexität und interner Widersprüchlichkeit.

Organizational Citizenship Behaviour

bezeichnet ein Verhalten von Organisationsmitgliedern, das dem eines „guten Bürgers" bzw. einer „guten Bürgerin" entspricht, bei dem also im Zweifelsfall der Gemeinnutz vor den Eigennutz gestellt wird.

Partialinklusion

bezeichnet den Sachverhalt, dass Individuen nur zu einem Teil – nämlich meist nur in ihrer Arbeitnehmerrolle – in die Organisation eingebunden werden sollen. Allerdings geben sie jenen Teil ihrer Person, der jenseits dieser Rolle liegt (z.B. als Angehöriger einer Familie) nicht an der Betriebsgarderobe ab. Deshalb weisen Organisationen (auf allen Hierarchieebenen) oft Verhaltensweisen ihrer Mitglieder auf, die auch als „dysfunktional" bezeichnet werden.

Problemlösungssuche

beschreibt allgemein die Verfahren, wie Organisationen Problemlösungen zu finden versuchen. Meist sucht man zunächst im Bereich des bisher Bekannten nach erfolgversprechenden Handlungsmöglichkeiten. In jüngerer Zeit wird vergleichsweise systematisch von erfolgreichen anderen Organisationen „abgekupfert" (Benchmarking).

prozessualer Organisationsbegriff

Dieses Organisationsverständnis legt den Schwerpunkt seines Interesses auf den Prozess des Organisierens, d.h. auf die Praktiken, mit denen organisationale Regeln geschaffen, aufrechterhalten und weiterentwickelt werden.

Qualitätssicherung

ist inzwischen auch in Bildungsorganisationen eine zentrale Aufgabe geworden: Systeme der Qualitätskontrolle und der Qualitätssicherung (z.B. durch mehr oder weniger komplexe Evaluierungsverfahren) nehmen zunehmend mehr Energie und materielle Ressourcen in Anspruch und werden zu einem wichtigen Wettbewerbsfaktor (z.B. Nachweis der Zertifizierung).

Rationalitätsmythen

Organisationen sind in der Regel bemüht, nach Innen und Außen den Eindruck des Vernünftigen, Rationalen zu vermitteln („es ist alles in Ordnung"). Hierzu bauen sie mit Hilfe von offiziellen Regelsystemen (z.B. Führungsgrundsätzen) häufig den Eindruck auf, dass diese geeignet sind, für wichtig gehaltene Ziele zu erfüllen. Der Mythencharakter ergibt sich daraus, dass der gemeinsam geteilte Glaube an die Wirksamkeit eine Grundbedingung für die Wirksamkeit selbst ist.

Ressourcenpool

Hierunter versteht man die Summe der verschiedenen, durch Verträge oder sonstige formale Bindungen abgesicherten Mitgliedschaften, über die die Organisation verfügen kann (s.a. Arbeitsvermögen).

Selbstorganisation

ist vor allem als Ersatz für hierarchische Steuerung anzusehen. Es bedeutet in erster Linie, dass Teams selbstständig an Problemlösungen arbeiten, um die Flexibilität und Lernfähigkeit der Organisation sicherzustellen. Im Vordergrund steht dabei die spontane Koordination von Teams, die problemlösungsorientiert je nach Situation mit wechselnden anderen Teams zusammen arbeiten. Leitbild ist hier die Vorstellung einer flachen Hierarchie.

situativer Ansatz

ist ein organisationstheoretischer Ansatz, bei dem vor allem das (Nicht-)Vorhandensein situativer Rahmenbedingungen in das Zentrum der Analyse gestellt wird. Statt der einen besten Struktur-Lösung (den „one best way") sucht man vielmehr die jeweils beste Lösung für unterschiedliche Situationen (den „one best way for each situation").

Spezialisierung

gilt als ein Prinzip einer effizienten Organisationsgestaltung, d.h. je spezialisierter die Organisation, desto differenzierter ihre Problemlösungsmöglichkeit im Hinblick auf eben diese Spezialisierungsrichtung, aber desto anfälliger auch, wenn die Spezialisierung nicht mehr gefragt ist („bei Spezialisierung weiß man von immer weniger immer mehr, bis man schließlich von Nichts alles weiß!").

symbolisches Kapital

wird neuerdings in Bildungsorganisationen thematisiert, in denen Wissen neben Human- und Finanzkapital tritt – im Gegensatz zu diesen beiden Kapitalarten allerdings meist nicht physisch greifbar ist („intangible asset").

Taylorismus

(siehe wissenschaftliche Betriebsführung).

utilitaristische Organisationen

sind im Gegensatz zu normativen Organisationen solche, deren Existenz auf Verträgen zwischen den Kooperationspartnern basiert und in denen das „Mitmachen" der Organisationsmitglieder vorwiegend durch die Aussicht auf materielle Belohnungen motiviert ist („Zweckbündnisse").

verhaltenswissenschaftliche Entscheidungstheorie

erklärt das Zustandekommen von Entscheidungen in Organisationen vor allem mit Hilfe der Einbeziehung psychologischer Erkenntnisse über das Verhalten von Individuen, Gruppen und Organisationen. Mit dieser Betrachtungsweise hat auch das Konzept der „beschränkten Rationalität" in die Entscheidungstheorie Einzug gehalten. Demnach versuchen Individuen zwar rational zu handeln – aber eben aus der Sicht ihrer jeweils subjektiven (und eben nicht: organisationalen) Vernünftigkeit.

wissenschaftliche Betriebsführung
Von Frederick W. Taylor zu Beginn des 20. Jahrhunderts entwickelte Form der Steuerung von Produktionsabläufen. Diese Form der Führung und Steuerung basiert auf den Grundprinzipien der Trennung von Kopf- und Handarbeit, der Vorgabe von Pensumleistungen, die bei Erreichung mit einem Bonus belohnt wurden (Akkordsystem), der sorgfältigen Personalauslese und der „Versöhnung" von Arbeitern und Management (Teilung des Zugewinns). Diese Form der Betriebsführung führte letztlich zu einer weiteren Dequalifizierung der Arbeitnehmer und zu deren weiterer Ausbeutung.

9 Literaturverzeichnis

Literatur zu Kapitel 1

Breisig, Th. (2003): Skript zum Modul Organisation für den Bachelor of Business Administration für Nachwuchsführungskräfte in kleinen und mittleren Unternehmen. Oldenburg.

Clegg, St./Kornberger, M./Pitsis, T. (2005): Managing and Organizations – An Introduction to Theory and Practice, London u.a.

Cyert, R. M./March, J. G: (1963): A Behavioral Theory of the Firm. Englewood Cliffs, NJ.

DiMaggio, P. J. (1983): The Iron Cage Revisited: Institutional Isomorphism and Collective Rationality in Organizational Fields. In: American Sociological Review 48: 147-160.

Etzioni, A. (1961): A Comparative Analysis of Complex Organizations. New York.

Gutenberg, E. (1983): Grundlagen der Betriebswirtschaftslehre. Bd. 1: Die Produktion. 24. Aufl. Berlin.

Kieser, A./Walgenbach, P. (2003): Organisation. 4. Aufl. Stuttgart.

Kosiol, E. (1962): Organisation der Unternehmung. Wiesbaden.

Küpper, W./Felsch, A. (2000): Organisation, Macht und Ökonomie. Opladen.

Laske, St./Kappler, E. (2006): Führung und Entwicklung von Bildungsorganisationen. In: Gütl, B./Orthey, F.M./Laske, St. (Hg.): Bildungsmanagement – Differenzen bilden zwischen System und Umwelt. München und Mering (im Druck).

Meyer, J. W./Rowan, B. (1977): Institutionalized Organizations: Formal Structure as Myth and Ceremony. In: American Journal of Sociology 83: 340-363.

Morgan, G. (1997): Images of Organization. Thousand Oaks, CA.

Schreyögg, G. (2003): Organisation: Grundlagen modernen Organisationsgestaltung. Mit Fallstudien. 4. Aufl. Wiesbaden.

Vanberg, V. (1982): Markt und Organisation. Tübingen.

Literatur zu Kapitel 2

Barnard, Ch. (1938): The Functions of the Executive. Cambridge, MA.

Bendix, R. (1960): Herrschaft und Industriearbeit. Frankfurt am Main.

Breisig, Th. (2003): Skript zum Modul Organisation für den Bachelor of Business Administration für Nachwuchsführungskräfte in kleinen und mittleren Unternehmen. Oldenburg.

Crozier, M./Friedberg, E. (1979): Die Zwänge kollektiven Handelns: Über Macht und Organisation. Königstein/Ts.

Cyert, R. M./March, J. G: (1963): A Behavioral Theory of the Firm. Englewood Cliffs, NJ.

Kieser, A./Walgenbach, P. (2003): Organisation. 4. Aufl. Stuttgart.

Küpper, W./Ortmann, G. (Hg.) (1992): Mikropolitik: Rationalität, Macht und Spiele in Organisationen. 2. Aufl. Opladen.

March, J. (1994): A Primer on Decision Making – How Decisions Happen. New York.

March, J./Simon, H. (1958): Organizations. New York.

Meyer, J. W./Rowan, B. (1977): Institutionalized Organizations: Formal Structure as Myth and Ceremony. In: American Journal of Sociology 83: 340-363.

Neuberger, O. (1995): Mikropolitik. Der alltägliche Aufbau und Einsatz von Macht in Organisationen. Stuttgart.

Roethlisberger, F. J./Dickson, W. J. (1939): Management and the Worker. Cambridge.

Schreyögg, G. (2003): Organisation: Grundlagen modernen Organisationsgestaltung. Mit Fallstudien. 4. Aufl. Wiesbaden.

Scott, R. W. (1998): Organizations. Rational, Natural, and Open Systems. 4. Aufl. Saddle River, OH.

Scott, W. R. (1995): Institutions and Organizations. Thousand Oaks, CA.

Simon, H. (1949): Administrative Behavior. A Study of Decision-Making Processes in Administrative Organizations. New York.

Taylor, F. W. (1911): The Principles of Scientific Management. New York.

Walgenbach, P. (2002): Neoinstitutionalistische Organisationstheorie – State of the Art und Entwicklungslinien. In: Schreyögg, G./Conrad, P. (Hg.): Managementforschung 12. Wiesbaden, 155-202.

Weber, M. (1980): Wirtschaft und Gesellschaft. 5. Aufl. Tübingen.

Woodward, J. (1958): Management and Technology. London.

Literatur zu Kapitel 3

Bea, F. X./Göbel, E. (2002): Organisation. 2. Aufl. Stuttgart.

Breisig, Th. (2003): Skript zum Modul Organisation für den Bachelor of Business Administration für Nachwuchsführungskräfte in kleinen und mittleren Unternehmen. Oldenburg.

Bühner, R. (1992): Organisation. 6. Aufl. München/Wien.

Chandler, A. D. jr. (1962): Strategy and Structure. Chapters in the History of Industrial Enterprise. Cambridge/London.

Gutenberg, E. (1983): Grundlagen der Betriebswirtschaftslehre. Bd. 1: Die Produktion. 24. Aufl. Berlin.

Hill, W./Fehlbaum, R./Ulrich, O. (1994): Organisationslehre. Bd. I. 5. Aufl. Bern.

Kieser, A./Walgenbach, P. (2003): Organisation. 4. Aufl. Stuttgart.

Kosiol, E. (1962): Organisation der Unternehmung. Wiesbaden.

Schreyögg, G. (2003): Organisation: Grundlagen modernen Organisationsgestaltung. Mit Fallstudien. 4. Aufl. Wiesbaden.

Literatur zu Kapitel 4

Alvesson, M. (1993): Organisations as Rhetoric: Knowledge-Intensive Firms and the Struggle with Ambiguity. In: Journal of Management Studies, Volume 30, Nr. 6, S. 997-1016.

Anheier, H. K. (2005): Nonprofit Organizations: Theory, Management, Policy, London/ New York.

Argyris, C. (1957): Personality and organization: the conflict between system and the individual. New York.

Argyris, C. (1975): Das Individuum und die Organisation. In: Türk, K. (Hg.): Organisationstheorie. Hamburg, 215-233.

Argyris, C./Schön, D. (1978): Organizational Learning: A theory of action perspective. Reading (MA).

Atkinson, J. W. (1975): Einführung in die Motivationsforschung. 1. Aufl. Stuttgart: Klett.

Bartölke, K./Grieger, J. (2004): Individuum und Organisation. In: Schreyögg, G./von Werder, A. (Hg.): Handwörterbuch Unternehmensführung und Organisation. 4. Aufl. Stuttgart. Sp. 464-472.

Bartscher-Finzer, S./Martin, A. (1998): Die Erklärung der Personalpolitik mit Hilfe der Anreiz-Beitrags-Theorie. In: Personalpolitik: wissenschaftliche Erklärung der Personalpraxis. München u.a., S. 113-145.

Brown, J. S./Duguid, P. (1991): Organizational Learning and Communities of Practice: Towards a Unified view of Working, Learning and Innovation. In: Organization Science, (2) 1: S. 40-57.

Bruggemann, A./Großkurth, P./Ulich, E. (1975): Arbeitszufriedenheit. In: Ulich, E. (Hg.): Schriften zur Arbeitspsychologie, Bd. 17, Bern.

Buckingham, M./ Coffman, C. (2002): Erfolgreiche Führung gegen alle Regeln – wie Sie wertvolle Mitarbeiter gewinnen, halten und fördern. 2. Aufl. Frankfurt/New York.

Burns, T./Stalker, G.M. (1961): The management of innovation. London.

Campbell, A. (1976): Subjective measures of well-being. In: American Psychologist, 2, S. 117-124.

Deci, E. L. (1975): Intrinsic motivation. New York.

Deci, E. L. / Ryan, R. M. (1985): Intrinsic Motivation and Self-determination in Human Behaviour, New York.

Dorow, W. (1982): Unternehmungspolitik. Stuttgart u.a.

Fisseni, H.-J. (1998): Persönlichkeitspsychologie: Ein Theorienüberblick. Göttingen.

Foerster, H. v. (1984): Principles of Self-Organization – In a Socio-Managerial Context. In: Ulrich, H./Probst, G. (Hg.): Self-Organization and Management of Social Systems. Berlin u.a., 2-24.

Gebert, D./Rosenstiel, L. von (1996): Organisationspsychologie: Person und Organisation, 4., überarb. und erw. Aufl. Stuttgart.

Grubitzsch, S. (2001): Organisations- und Fachbereichsstrukturen. In: Hanft, A. (Hg.): Grundbegriffe des Hochschulmanagements. Neuwied/Kriftel, S. 336ff.

Habermas, J. (1981a): Theorie des kommunikativen Handelns, Bd. 1: Handlungsrationalität und gesellschaftliche Rationalisierung. Frankfurt a.M.

Habermas, J. (1981b): Theorie des kommunikativen Handelns, Bd. 2: Zur Kritik der funktionalistischen Vernunft. Frankfurt a.M.

Hanft, A. (Hg.) (2004): Grundbegriffe des Hochschulmanagements, 2. Aufl. Bielefeld.

Heckhausen, H. (1989): Motivation und Handeln. 2., völlig überarb. und erg. Aufl. Berlin.

Kappler, E. (2006): Controlling in Bildungseinrichtungen. Münster.

Kieser, A. (1999): Unternehmungspolitik. Stuttgart.

Kieser, A. (2001): Organisationstheorien, 4. Aufl. Stuttgart.

Kieser, A./Kubicek, H. (1992): Organisation. 3., völlig neubearb. Aufl. Berlin.

Klimecki, R. G./Lassleben, H. (1995): „Organisationale Bildung" oder „Das Lernen des Lernens", unveröffentlichtes ResearchPaper Nr. 12 Universität Konstanz.

Kniehl, A.T. (1998): Motivation und Volition in Organisationen: ein Beitrag zur theoretischen Fundierung des Motivationsmanagements. Wiesbaden.

Kropp, W. (1997): Systemische Personalwirtschaft: Wege zu vernetzt-kooperativen Problemlösungen. München.

Kühl, St. (2002): Sisyphos im Management: die vergebliche Suche nach der optimalen Organisationsstruktur. Weinheim.

Küpers, W./Weibler, J. (2005): Emotionen in Organisationen. Stuttgart.

Lave, J./Wenger, E. (1991): Situated learning: legitimate peripheral participation. Cambridge.

Lawrence, P. R./Lorsch J. W. (1967): Organization and environment: Managing differentiation and integration. 7th pr. Boston.

Laws, J./Treixler, M. (1997): Fitness – ein Baustein zum persönlichen Wohlbefinden und beruflichen Erfolg. In: L. M. Hofmann/K. Linneweht/Streich, R. K. (Hg.): Erfolgsfaktor Persönlichkeit, München, S. 39-49.

Lewin, K. (1938): The conceptual representation and the measurement of psychological forces. Durham.

March, J.G./Simon, H.A. (1993): Organizations, 2. ed. Cambridge u.a.

Maslow, A. H. (1981): Motivation und Persönlichkeit. Hamburg.

McGregor, D. (1960): The Human Side of Enterprise. New York 1960.

Müller, G.F./Bierhoff, H.W. (1994): Arbeitsengagement aus freien Stücken – psychologische Aspekte eines sensiblen Phänomens. In: Zeitschrift für Personalforschung, 8, (4), S. 367-379.

Nerdinger, F. W. (1995): Motivation und Handeln in Organisationen: Eine Einführung, Stuttgart.

Neuberger, O. (1997): Individualisierung und Organisierung: die wechselseitige Erzeugung von Individuum und Organisation durch Verfahren. In: Theorien der Organisation: die Rückkehr der Gesellschaft. Opladen, S. 487-522.

Neuberger, O. (1985): Arbeit. Begriff, Gestaltung, Motivation, Zufriedenheit, Stuttgart.

Neuberger, O. (1985b): Unternehmenskultur und Führung, Augsburg.

Neuberger, O. (2002): Führen und führen lassen. 6. Aufl. Stuttgart.

Nickel, S./Zechlin, L. (2006): Die Suche nach einer optimalen Organisationsstruktur: zur Reform der dezentralen Ebene in Universitäten. In: Management von Universitäten: zwischen Tradition und (Post-)Moderne. München: Hampp, S. 193-205.

Nord, W. R./Fox, S. (1996): The Individual in Organizational Studies: The Great Disappearing Act?. In: Clegg, S./Hardy, C./Nord, W. (Hg.) (1996): Handbook of Organisation Studies. London, S. 148-174.

North, K. (2000): Unternehmensführung – Arbeitsorganisation – Wissensgemeinschaften – Sie sind die Keimzellen lebendigen Wissensmanagements. Nicht die Technik, sondern der Mensch steht in ihrem Mittelpunkt. In: IO-Management. Zürich, S. 52-62.

Ortmann, G. (1976): Unternehmungsziele als Ideologie: zur Kritik betriebswirtschaftlicher und organisationstheoretischer Entwürfe einer Theorie der Unternehmungsziele. Köln.

Ouchi, W.C. (1981): Theory Z.: How American Business can meet the Japanese Challenge. Reading (MA).

Pellert, A./Widmann, A. (2004): Personalmanagement und Nachwuchsförderung. Oldenburg: Carl-von-Ossietzky-Univ., Fak. I, Bildungs- und Erziehungswiss., Arbeitsbereich Weiterbildung.

Probst, G. J. B. (1987): Selbstorganisation, Ordnungsprozesse in sozialen Systemen aus ganzheitlicher Sicht, Berlin.

Ridder, H.G. (2005): Universitäten zwischen Eigensinn und strategischer Orientierung. In: Welte, H./Auer, M./Meister-Scheytt, C. (Hg.): Management von Universitäten, München und Mering, S. 107-119.

Romhardt, K. (2002): Wissensgemeinschaften: Orte lebendigen Wissensmanagements; Dynamik; Entwicklung; Gestaltungsmöglichkeiten. Zürich.

Rosenstiel, L. v. (1990): Organisationsklima in: Greif, S./Holling, H./Nicholson, N. (Hg.): Arbeits- und Organisationspsychologie: Internationales Handbuch in Schlüsselbegriffen, 2. Aufl. Weinheim (3. Aufl. 1997) Weinheim.

Schein, E. (1980): Organisationspsychologie. Wiesbaden.

Scherhorn, G. (1991): Autonomie und Empathie: die Bedeutung der Freiheit für das verantwortliche Handeln; zur Entwicklung eines neuen Menschenbildes. In: Biervert, B. (Hg.): Das Menschenbild der ökonomischen Theorie: zur Natur des Menschen. Frankfurt, S. 153-172.

Scheytt, T./Meister-Scheytt, C. (2004): Personalentwicklung als Element strategischen Wandels in Universitäten – Sondierungen zu einer wissensorientierten Theorie der Veränderung in Universitäten. In: Laske, S./Scheytt, T./Meister-Scheytt, C. (2004): Personalentwicklung und universitärer Wandel, München und Mering, S. 139-160.

Schmid, W. (1991): Auf der Suche nach einer neuen Lebenskunst: die Frage nach dem Grund und die Neubegründung der Ethik bei Foucault. Frankfurt am Main.

Schmid, W. (2000a): Schönes Leben?: Einführung in die Lebenskunst. Frankfurt am Main.

Schmid, W. (2000b): Philosophie der Lebenskunst: eine Grundlegung. 6. Aufl. Frankfurt am Main.

Schmid, W. (2004): Mit sich selbst befreundet sein: von der Lebenskunst im Umgang mit sich selbst. Frankfurt am Main.

Schreyögg, G. (2003): Organisation: Grundlagen modernen Organisationsgestaltung. Mit Fallstudien. 4. Aufl. Wiesbaden.

Schreyögg, G./Noss, Ch. (1994): Hat sich das Organisieren überlebt? Grundfragen der Unternehmenssteuerung in neuem Licht? In: Die Unternehmung 48, 17-33.

Scott, W.R. (1998): Institutions and organizations. Thousand Oaks.

Staehle, W. H. (1999): Management: eine verhaltenswissenschaftliche Perspektive. 8. Aufl. überarb. von Peter Conrad; Jörg Sydow. München.

Stengel, M./Rosenstiel, L. von (1987): Identifikationskrise? Zum Engagement in betrieblichen Führungspositionen. Bern.

Thommen, J.P. (1996): Betriebswirtschaftslehre, Bd. 3: Personal, Organisation, Führung, spezielle Gebiete des Managements. Zürich.

Ulich, E. (1994): Arbeitspsychologie. 3., überarb. und erw. Aufl. Zürich.

Weber, M. (1980): Wirtschaft und Gesellschaft. 5. Aufl. Tübingen.

Weick, K.E. (1995): Sensemaking in organizations. Thousand Oaks.

Wenger, E. C./Snyder W. E. (2000): Communities of Practice: Warum sie eine wachsende Rolle spielen. In: Harvard business manager. Bd. 22, Hamburg, S. 55-63.

Wilber. K. (2000): Eine kurze Geschichte des Kosmos. Dt. Erstausg, 4. Aufl. – Frankfurt am Main.

Wilber, K. (2001): Eros, Kosmos, Logos. Eine Vision an der Schwelle zum nächsten Jahrtausend, Frankfurt.

Wilber, K. (2001a): Ganzheitlich Handeln. Eine integrale Vision für Wirtschaft, Politik, Wissenschaft und Spiritualität. Freiamt.

Wilkins, A. L. (1984): The Creation of Company Cultures: The Role of Stories and Human Resource Systems. In: Human Resource Management 23(1): S. 41-60.

Wunderer, R./Dick, P. (2001): Personalmanagement – quo vadis? Analysen und Prognosen zu Entwicklungstrends bis 2010. 2. Aufl. Neuwied.

Wunderer, R. (2003): Führung und Zusammenarbeit. Eine unternehmerische Führungslehre. Neuwied.

Wunderer, R./Grunwald, W. (1980): Führungslehre. Bd. 1: Grundlagen der Führung. Bd. 2: Kooperative Führung. Berlin et al.

Wunderer, R./Küpers, W. (2003): Demotivation – Remotivation: wie Leistungspotenziale blockiert und reaktiviert werden. Neuwied.

Wunderer, R./Mittmann, J.(1995): Identifikationspolitik: Einbindung des Mitarbeiters in den unternehmerischen Wertschöpfungsprozeß. Stuttgart.

Literatur zu Kapitel 5

Alvesson, M. (1993): Organizations as Rhetoric: Knowledge-Intensive Firms and the Struggle with Ambiguity. In: Journal of Management Science 30, 997-1016.

Auer, M. et al. (1993): Mikropolitische Perspektiven der Personalentwicklung. In: Laske, St./Gorbach, St. (Hg.): Spannungsfeld Personalentwicklung. Konzeptionen – Analysen – Perspektiven. Wien, 153-169.

Baecker, D. (2000): Die Universität als Algorithmus: Formen des Umgangs mit der Paradoxie der Erziehung. In: Laske, St. et al. (Hg.): Universität im 21. Jahrhundert: Zur Interdependenz von Begriff und Organisation von Wissenschaft. München/Mering, S. 47-75.

Czarniawska-Joerges, B. (1993): The Three-Dimensional Organization. A Constructivist View. Lund.

Gibbons, M. u.a. (1994): The New Production of Knowledge. The Dynamics of Science and Research in Contemporary Societies. London/Thousand Oaks/New Delhi.

Grossmann, R./Pellert, A./Gotwald, V. (1997): Krankenhaus, Schule, Universität: Charakteristika und Optimierungspotenziale. iff-Texte 2. Wien.

Knights, D./Murray, F./Willmott, H. (1993): Networking as Knowledge Work: A Study of Strategic Interorganizational Development in the Financial Services Industry. In: Journal of Management Studies 39, 975-995.

Mintzberg, H. (1983): Power in and around organizations. Englewood Cliffs, NJ.

Mintzberg, H. (1992): Structures in Fives: Designing Effective Organizations. Englewood Cliffs, NJ.

Morgan, G. (1997): Images of Organization. Thousand Oaks, CA.

Neuberger, O. (1990): Widersprüche? In Ordnung!. In: Königswieser, R./Lutz, Ch. (Hg.): Das systemisch evolutionäre Management. Der neue Horizont für Unternehmer. Wien, 150-171.

Pellert, A. (1999): Die Universität als Organisation: Die Kunst, Experten zu managen. Wien.

Senge, P. M. (2000): Die Hochschule als lernende Gemeinschaft. Ein Widerspruch in sich oder realisierbare Zukunft?. In: Laske, St. et al. (Hg.): Universität im 21. Jahrhundert: Zur Interdependenz von Begriff und Organisation von Wissenschaft. München/Mering. S. 17-44.

Weick, K.E. (1976): Educational Organizations as Loosely Coupled Systems. In: Administrative Science Quarterly 21, 1-19.

Winch, G./Schneider, E. (1993): Managing the Knowledge-Based Organization: The Case of Architectural Practice. In: Journal of Management Science 30, 923-937.

Literatur zu Kapitel 6

Ackerman, R. H./Maslin-Ostrowskib, P. (2004): The wounded leader and emotional learning in the schoolhouse, School Leadership & Management, Volume 24, No. 3, August 2004, S. 311-328.

Allix, N. M. (2000): Transformational Leadership: Democratic or Despotic. Educational Management and Administration, Volume 28, No. 1, S. 7-20.

Anheier, H. K. (2005): Nonprofit Organizations: Theory, Management, Policy, London/New York.

Anthony, R. N./Young, D. W. (2003): Management Control in Nonprofit Organizations, seventh ed., Boston et al.

Baecker, D. (Hg.) (2003): Organisation und Management, Frankfurt/M.

Ball, S. J. (1987): The Micro-Politics of the School, London.

Barnett, K./McCormick, J./Conners, R. (2001): Transformational leadership in schools – Panacea, placebo or problem? In: Journal of Educational Administration; Volume 39 Issue: 1; 2001. S. 24-46.
http://www.emeraldinsight.com/Insight/viewContentItem.do?contentType=Article&contentId=839190

Bass, B. M. (1985): Leadership and performance beyond expectations. New York.

Bass, B. M. (1990): From transactional to transformational leadership: Learning to share the vision. Organizational Dynamics, 18(3), S. 19-31.

Bass, B. M. (1998): Transformational Leadership: Industrial, Military, and Educational Impact. London.

Bass, B. M./Steyrer, J. (1995): Sp. 2054 Transaktionale und transformationale Führung. In: Kieser, A./Reber, G./Wunderer, R. (Hg.): Handwörterbuch der Führung, Stuttgart, Sp. 2053-2062.

Becker, M. (2005): Personalentwicklung. Bildung, Förderung und Organisationsentwicklung in Theorie und Praxis. 4. Aufl. Stuttgart.

Beyes, T./Jäger, U. (2005): Erforschung multidiskursiver Organisationen, Die Betriebswirtschaft 6/2005, S. 625.

Block, P. (1993): Stewardship, Choosing Service over Self-Interest. San Francisco.

Bryman, A. (1996): Leadership and Organizational Transformation. In: International journal of public administration Bd. 19. Philadelphia, Pa., S. 849-872.

Buber, R./Meyer, M. H. (1997): Fallstudien zum Nonprofit Management, Stuttgart.

Burns, J. M. (1978): Leadership, New York.

Cacioppe, R./Albrecht, S. (2000): Using 360° feedback and the integral model to develop leadership and management skills. In: Leadership & Organization Development Journal, Volume 21, Number 8 (2000), S. 390-404.

Day, C./Harris, A./Hafield, M./Tolley, H./Beresford, J. (2000): Leading schools in times of change. Buckingham, UK.

Decker, F. (1995): Bildungsmanagement für eine neue Praxis. München.

Drucker, P. (1990): Managing the Non-Profit Organization, London.

Edwards, M. (2005): The integral holon: A holonomic approach to organisational change and transformation. In: Journal of Organizational Change Management, 18, 3, S. 269-288.

Elizur, D./Sagie, A. (1999): Facets of Personal Values: A Structural Analysis of Life and Work Values. In: Applied psychology: an international review Bd. 48. Oxford, S. 73-88.

Eschenbach, R. H. (1998): Führungsinstrumente für die Nonprofit Organisationen, Stuttgart.

Eschenbach, R. H./Horak, C. (Hg.)(2003): Führung der Nonprofit Organisation. Bewährte Instrumente im praktischen Einsatz. Stuttgart.

Frey, B.S. (1997): Markt und Motivation. Wie ökonomische Anreize die (Arbeits-)Moral verdrängen. München.

Gabele, E./Liebel, H./Oechsler, W.A. (1982): Führungsgrundsätze und Führungsmodelle. Bamberg.

Gebert, D./Boerner, S. (1995): Manager im Dilemma: Abschied von der offenen Gesellschaft? Frankfurt/Main.

Gibbons, M. u.a. (1994): The New Production of Knowledge. The Dynamics of Science and Research in Contemporary Societies. London/Thousand Oaks/New Delhi.

Grace, G. (1995): School Leadership: Beyond Education Management, London.

Greenleaf, R. K. (1997): On Becoming a Servant Leader. In: Public productivity & management review, Bd. 20, S. 336.

Griffith, J. (2004): Relation of principal transformational leadership to school staff job satisfaction, staff turnover, and school performance Journal of Educational Administration Volume 42 No. 3, S. 333-356.

Gronn, P. (1996): From Transactions to Transformations. Educational Management and Administration, Volume 24, No. 1, S. 7-30.

Gunnlaugson, O. (2005): Toward Integrally Informed Theories of Transformative Learning: Journal of Transformative Education, Volume 3, Number 4 (October 2005), S. 331-353.

Gütl, B./Franz, J./Laske, St./Orthey, F./Peer, M. (2001): Universitätslehrgang Bildungsmanagement II – Lehrgangskonzept u. Studienplan. Innsbruck, Bozen.

Hersey, P./Blanchard, K.H. (1988): Management of Organizational Behavior. Utilizing Human Resources, 5. Aufl. Englewood Cliffs.

House, R. J./Aditya, R. (1997): The Social Scientific Study of Leadership: Quo Vadis? In: Journal of management, Bd. 23, Thousand Oaks, S. 409-474.

Intagliata, J. (2000): Articles – Leveraging Leadership competencies to Produce Leadership Brand: Creating Distinctiveness by Focusing on Strategy and Results. In: Human resource planning, Bd. 23. New York, S. 12-23.

Jetter, F./Skrotzki, R. (Hg.)(2000): Handbuch Zielvereinbarungsgespräche: Konzeption, Durchführung, Gestaltungsmöglichkeiten; mit Praxisbeispielen und Handlungsanleitungen. Stuttgart.

Kappler, E. (1995): Welche Universität braucht die Gesellschaft?. In: Kappler, E./Scheytt, T. (Hg.): Unternehmensführung – Wirtschaftsethik – Gesellschaftliche Evolution. Gütersloh, S. 201-229.

Kappler, E. (2003): Zur Engmaschigkeit betriebswirtschaftlichen Denkens: Die controllierte Universität. In: Lüthje, J./Nickel, H. (Hg.): Universitätsentwicklung. Frankfurt/M., S. 253-272.

Knight, P.T./Trowler, P.R. (2001): Departmental Leadership in Higher Education. Buckingham.

Kropp, W. (1997): Systemische Personalwirtschaft: Wege zu vernetzt-kooperativen Problemlösungen. München.

Küpers, W. (2004): „Art and Leadership". In: Burns, J. M./Goethals, R. R./Sorenson, G. J. (2004): Encyclopaedia of Leadership, Thousand Oaks, CA., S. 47-54.

Küpers, W. (2006): „Integrale und authentische Führung"; In: Wielens, H. (Hg.)(2006): „Führen mit Herz und Verstand – integral und authentisch", Bielefeld; Bd. 2 Schriftenreihe, S. 335-378.

Küpers, W./Weibler, J. (2005): Emotionen in Organisationen, Stuttgart.

Laske, St./Meister-Scheytt, C. (2003): Wer glaubt, dass Universitätsmanager Universitäten managen, glaubt auch, dass Zitronenfalter Zitronen falten ... . In: Lüthje, J./Nickel, S. (Hg.): Universitätsentwicklung – Strategien, Erfahrungen, Reflexionen, Frankfurt/M. u.a., S. 163-187.

Laske, St. (1997): Führung als Management von Widersprüchen – Gedanken zur Steuerung von Bildungsorganisationen. In: Benedikter, R. (Hg.): Wirtschaft und Kultur im Gespräch, Bozen 1997, S. 139-159.

Laske, St./Hammer, R. (1997): Zur Autonomiefähigkeit der Universität – eine eher skeptische Nabelschau. In: Altrichter, H./Schratz, M. (Hg.): Qualitäten von Universitäten. 2. Aufl. Innsbruck, S. 27-47.

Leithwood, K. (1994): Leadership for school restructuring. Educational Administration Quarterly, 30(4), S. 498-518.

Leithwood, K./Tomlinson, D./Genge, M. (1996): Transformational school leadership. In: Leithwood, K. (Ed.): International Handbook on Educational Leadership, Norwall, MA.

Leithwood, K./Jantzi, D. (2000): The effects of transformational leadership on organizational conditions and student engagement with school Journal of Educational Administration; Volume 38 Issue: 2.

Louis, K. S./Toole, J./Hargreaves, A. (1999): Rethinking school improvement. In: Murphy, J./Louis, K.S. (Eds.): Handbook of research on educational administration. 2nd ed., S. 251-276. San Francisco, CA.

McCauley, C./van Velsor, E. (Eds.) (2004): The Center for Creative Leadership Handbook of Leadership Development (2nd ed.). San Francisco, CA.

Meyer, J.W./Rowan, B. (1977): Institutionalized Organizations: Formal Structure as Myth and Ceremony. In: American Journal of Sociology 83, S. 340-363.

Mintzberg, H. (2004): Managers not MBAs: a hard look at the soft practice of managing and management development. London.

Nadler, D.A./Tushman, M.L. (2004): Beyond the charismatic leader: leadership and organizational change. In: Managing strategic innovation and change: a collection of readings. New York, S. 563-576.

Neuberger, O. (1997): Personalwesen. Stuttgart.

Neuberger, O. (2000): Dilemmata und Paradoxa im Managementprozess. In: Schreyögg, G. (Hg.): Funktionswandel im Management: Wege jenseits der Ordnung Berlin: S. 173-219.

Neuberger, O. (2002): Führen und führen lassen, 6. Aufl. Stuttgart.

Oelsnitz, D. v.d. (1999): Transformationale Führung in organisationalen Wandel. In: Zeitschrift für Organisation, 68. Jg., Nr. 3, S. 151-155.

Orton, J.D./Weick, K.E. (1990): Loosely Coupled Systems: A Reconceptualization. In: Academy of Management Review 15, S. 203-223.

Partington, P./Stainton, C. (2003): Managing Staff Development. Buckingham/Philadelphia.

Pauchant, T. (2005): Integral leadership: a research proposal. Journal of Organisational Change Management, 18, 3, S. 211-229.

Pounder, J. S. (2001): „New leadership" and university organisational effectiveness: exploring the relationship Leadership & Organization Development Journal; Volume 22 Issue: 6.

Prewitt, V. (2004): Integral Leadership for the 21st Century, World Futures, 60, S. 1-7.

Probst, G.J.P./Naujoks, H. (1993): Autonomie und Lernen im entwicklungsorientierten Management. In: Zeitschrift Führung + Organisation: ZfO. Stuttgart, Bd. 62 (1993), S. 368-375.

Ramsden, P. (1998): Learning to Lead in Higher Education, Routledge, New York.

Robinson, P. (2004): Meditation: Its Role in Transformative Learning and in the Fostering of an Integrative Vision for Higher Education. Journal of Transformative Education, Volume 2, Number 2, S. 107-119.

Ros, M./Schwartz, S.H./Surkiss, S. (1999): Basic individual values, work values, and the meaning of work. In: Applied Psychology: an international review, 48 (1), S. 49-71.

Rose, N. (1991): Governing by Numbers: Figuring out Democracy. In: Accounting, Organizations and Society 16, S. 673-692.

Sanders III, J. E./Hopkins, W. E./Geroy, G. D. (2003): From Transactional to Transcendental: Toward an integrated theory of leadership. Journal of Leadership and Organizational Studies, 9, 4, S. 21-30.

Sashkin, M./Walberg, H.J. (1993): Educational Leadership and School Culture, Berkeley, CA.

Scheytt, T./Meister-Scheytt, C. (2004): Personalentwicklung als Element strategischen Wandels in Universitäten – Sondierungen zu einer wissensorientierten Theorie der Veränderung in Universitäten. In: Laske, St./Scheytt, T./Meister-Scheytt, C. (2004): Personalentwicklung und universitärer Wandel, München und Mering, S. 139-160.

Scheytt, T./Meister-Scheytt, C. (2000): Das ausgesparte Zentrum: Zum Widerspruch des Anspruchs eines professionellen Hochschulmanagements. In: Laske, St. et al. (Hg.): Universität im 21. Jahrhundert: Zur Interdependenz von Begriff und Organisation der Wissenschaft. München/Mering, S. 419-446.

Seltzer, J./Bass, B.M. (1990): Transformational Leadership: Beyond Initiation and Consideration. In: Journal of Management, S. 693-703.

Smyth J. (ed) (1989): Critical Perspectives on Educational Leadership. London.

Spears, L.C. (1998): Insights on Leadership: Service, Stewardship, Spirit, and Servant-Leadership, New York, NY.

Sternberg, R. J. (2005): A model of educational leadership: Wisdom, intelligence, and creativity, synthesized International Journal of Leadership in Education Volume 8, Number 4 / October-December 2005, S. 347-364.

Sydow, J. (1993): Strategische Netzwerke: Evolution und Organisation. Wiesbaden.

Tiebel, C. (1998): Strategisches Controlling in Non Profit Organisationen, München.

Tschirky, H. (1981): Führungsrichtlinien: eine Grundlage zur Gliederung und inhaltlichen Gestaltung von Führungs-Richtlinien. Zürich.

Weibler, J. (1997): Unternehmenssteuerung durch charismatische Führungspersönlichkeiten? Anmerkungen zur gegenwärtigen Transformationsdebatte. In: Zeitschrift Führung + Organisation, Bd. 66, S. 27-32.

Weibler, J. (2001): Personalführung, München.

Weick, K. E. (1976): Educational Organizations as Loosely Coupled Systems. In: Administrative Science Quarterly 21, S. 1-19.

West, M./Jackson, D./Harris, A./Hopkins, D. (2000): „Learning through leadership, leadership through learning". In: Riley, K.A./Seashore-Louis, D. (Eds): Leadership for Change and School Reform, London, S. 30-49.

Wilber, K. (2001a): Ganzheitlich Handeln. Eine integrale Vision für Wirtschaft, Politik, Wissenschaft und Spiritualität, Freiamt.

Willmott, H. (1995): Managing the Academics: Commodification and Control in the Development of University Education in the U.K. In: Human Relations 48, S. 993-1027.

Wunderer, R. (2003): Führung und Zusammenarbeit, eine unternehmerische Führungslehre, 5. Aufl. Neuwied.

Wunderer, R./Küpers, W. (2003): Demotivation → Remotivation. Wie Leistungsbarrieren blockiert und reaktiviert werden, Neuwied.

Yukl, G. A. (2002): Leadership in organizations. 5. ed. Upper Saddle River, NJ.

Waxmann

MÜNSTER · NEW YORK · MÜNCHEN · BERLIN

STUDIENREIHE BILDUNGS- UND WISSENSCHAFTSMANAGEMENT

herausgegeben von Anke Hanft

Band 1

Ulrich Teichler

Hochschulsysteme und Hochschulpolitik

Quantitative und strukturelle Dynamiken,
Differenzierungen und der Bologna-Prozess

2005, 160 Seiten, br., 24,90 €, ISBN 978-3-8309-1566-9

Die quantitative und strukturelle Gestalt des Hochschulwesens gehört seit jeher zu den interessanten wie kontroversen Themen der Hochschulpolitik. Fragen wie die nach einer Erhöhung oder Verringerung der Studierendenquote, nach der europaweiten Vereinheitlichung der Studiengänge (Bologna-Prozess) sowie nach der Qualität des Hochschulstudiums sowohl im innerdeutschen als auch im internationalen Vergleich haben in den vergangenen Jahren an Aktualität gewonnen. Die Zukunft der europäischen Hochschullandschaft im Spannungsfeld von nationalen Besonderheiten und Differenzierungen auf der einen Seite und dem europäischen Trend zur „strukturellen Konvergenz" erscheint offener denn je.

Zu diesem komplexen Themenfeld will diese Studie ebenso informierend wie erklärend beitragen. International und zeitgeschichtlich vergleichend werden Grundzüge des Hochschulwesens vorgestellt, nationale Unterschiede und Entwicklungslinien beschrieben sowie verschiedene Leistungsanforderungen an und politische Konzepte für die Hochschulen aufgeführt. Schlüsselbegriffe bei dieser Diskussion sind einerseits die Expansion der Hochschulen hinsichtlich der Studierendenzahlen, andererseits die Differenzierung von Hochschulformen und Studiengängen – sowohl innerhalb der jeweiligen nationalen Hochschulsysteme als auch auf internationaler Ebene.

Band 2

Hans Pechar

Bildungsökonomie und Bildungspolitik

2006, 148 Seiten, br., 24,90 €, ISBN 978-3-8309-1594-2

Der Begriff „Bildung" hat im deutschen Sprachraum einen besonderen Klang: Bildung gilt als Selbstzweck, nicht als Mittel für andere Zwecke. Dieses Buch thematisiert Bildung aber aus einer ökonomischen und politischen Perspektive. Es wird nach den Kosten von Schulen und Universitäten gefragt. Und diese Fragen werden in einen politischen Kontext gestellt, denn in allen Ländern befindet sich zumindest ein Teil des Bildungswesens in öffentlicher Verantwortung. Der Autor greift die ökonomischen Argumente auf, die in der bildungspolitischen Diskussion laufend an Gewicht gewonnen haben und zeigt zugleich die Grenzen einer „Ökonomisierung" von Bildungseinrichtungen auf.

Diese Analyse umfasst alle Stufen des Bildungssystems, von der vorschulischen Erziehung bis zur Weiterbildung. Der Autor greift dabei eine Reihe hochaktueller bildungspolitischer Problemstellungen auf. Unter anderem diskutiert er die Frage, ob Bildung als öffentliches oder privates Gut zu sehen und von wem sie zu finanzieren ist, und leistet damit einen Beitrag zur Versachlichung der Diskussion über die Einführung von Studiengebühren.

Band 3

Stephan Laske, Claudia Meister-Scheytt, Wendelin Küpers

Organisation und Führung

2006, 170 Seiten, br., 24,90 €, ISBN 978-3-8309-1595-9

Bildungs- und Wissenschaftseinrichtungen als lernende Organisationen besitzen eine andere Logik als „normale" Organisationen und benötigen als relativ lose gekoppelte Systeme (Weick) andere strukturelle Bedingungen und Führungsphilosophien für die eigene Weiterentwicklung. Band 3 der Studienreihe beschäftigt sich mit der schwierigen Aufgabe einer professionellen Steuerung von Bildungs- und Wissenschaftseinrichtungen angesichts der aktuellen komplexen wirtschaftlichen, technologischen und gesellschaftlichen Rahmenbedingungen (und deren Dynamik).

Waxmann

MÜNSTER · NEW YORK · MÜNCHEN · BERLIN

Band 4

Erhard Schlutz

Bildungsdienstleistungen und Angebotsentwicklung

2006, 148 Seiten, br., 24,90 €, ISBN 978-3-8309-1646-8

Bildungsinteressierte haben prinzipiell die Wahl, ob sie einen Kompetenzzuwachs allein durch Eigenleistung erzielen oder sich dabei durch Bildungsdienstleistungen unterstützen lassen wollen. Differenzierter werdende Bedarfe verlangen von Anbietern zudem, Angebote variabler zu gestalten und an innovativen Bildungsdienstleistungen zu arbeiten, die das klassische Seminarangebot ergänzen oder überschreiten.

Indem er bildungswissenschaftliche und betriebswirtschaftliche Aspekte miteinander verbindet, legt dieser Band Grundlagen für eine bedarfsgerechte und innovative Angebotspolitik.

Band 5

Ekkehard Kappler

Controlling
Eine Einführung für Bildungseinrichtungen
und andere Dienstleistungsorganisationen

2006, 202 Seiten, br., 29,90 €, ISBN 978-3-8309-1647-5

„Controlling" meint Unternehmenssteuerung. Dies kann erreicht werden, wenn Menschen in Organisationen die Möglichkeiten und Grenzen der (Controlling-)Instrumente einschätzen können.

In Bildungseinrichtungen gibt es eine entfaltete Evaluierungsdebatte und -praxis. Sie hat deutlich gemacht, dass sich nicht alle entscheidenden Informationen in Zahlen ausdrücken lassen. Das soll nicht daran hindern, auch den zahlenmäßigen Ausdruck zu versuchen. Er wird in vielen Fällen hilfreich sein. Von vornherein wahrer als die Sätze ist er nicht. Auch Zahlen erzählen „nur" Geschichten – auf ihre Weise. Die Kommunikation von und über Zahlen und Wörter ist daher das besondere Thema dieses Buches.

Band 6

Margret Bülow-Schramm

Qualitätsmanagement in Bildungseinrichtungen

2006, 154 Seiten, br., 24,90 €, ISBN 978-3-8309-1752-6

Qualitätsmanagement in Bildungseinrichtungen ist seit Mitte der 1990er Jahre eine Kernaufgabe von Bildungseinrichtungen. Finanzmittelknappheit, Standortsicherung und internationaler Wettbewerb sind die Schlagworte, die mit diesem Prozess verknüpft werden.

In diesem Buch geht es darum, die Aufgaben von Qualitätsmanagement sowohl anwendungsnah wie umfassend zu analysieren.

Die Qualität der Angebote der verschiedenen Bildungseinrichtungen bei gleich bleibendem oder sogar sinkendem Etat zu erhöhen ist eine der zentralen Aufgaben des Qualitätsmanagements. Die optimale Nutzung der vorhandenen Ressourcen, der physikalischen Gegebenheiten und der Infrastruktur zur bestmöglichen Versorgung der Region mit Bildungsangeboten ist eine weitere. Und schließlich ist das Messen an anderen Anbietern, das Herausstellen der eigenen Stärken und der Nachweis der Fähigkeit, weltweit konkurrieren zu können ein drittes Feld.

In allen Bereichen ist eine Hinwendung zu ganzheitlichen Konzepten zu beobachten, die hierarchische Qualitätskontrollen ablösen sollen. Der Aufbau und die Inhalte der verschiedenen Qualitätssicherungskonzepte, die Frage ihrer Angemessenheit an die Erfordernisse des Bildungssektors sind Gegenstand der Reflexion. Die behandelten Bildungseinrichtungen reichen vom Kindergarten bis zur Weiterbildung mit jeweils differenten Zielen und Instrumenten. Ihre Analyse, ihr neuester Stand und ihre Handhabung stehen im Mittelpunkt des Buches, um so den Führungskräften und den Machern in Bildungseinrichtungen einen professionellen und kritischen Umgang mit Qualitätsmanagement zu ermöglichen.

Der europäischen Dimension von Qualitätsmanagement wird insbesondere im Hochschulbereich Rechnung getragen, der dabei ist, sich als Vorreiter einer europäischen Gestaltung von Qualitätsmanagement zu profilieren.

Waxmann

MÜNSTER · NEW YORK · MÜNCHEN · BERLIN